KB064423

울릉도 오딧세이

울릉도 오딧세이

인류학자의 시선

전경수 지음

月城人

이한우 님

박외분 님

두 분의 영전에 삼가 졸저를 바칩니다.

차례

머리말

책머리에

오딧세이. 나는 어디서 와서 어디로 흘러가는가? 너는 어디서 와서 어디로 흘러가느냐? 그 과정에 나와 너는 무엇을 하고 있는가? 울릉도 오딧세이. 울릉도는 어디서 와서 어디로 흘러가는가? 그 과정에서 울릉도는 무엇을 하고 있는가? 울릉도는 스스로 무엇을 하고 있다고 말하기 전에, 스스로 너무나도 타자화된 모습으로 드러나 있는 것이 오딧세이에 대한 답일 것 같다. 장기간의 공도정책이란 버림받음의 대상이었고, 근대화 이후 일본 제국주의자들의 침략 대상이었고, 육지로부터 일시적인 피난살이를 하는 사람들이 점철되었던 살림살이의 모습을 보여준다. 타자화를 빼면, 울릉도 살림살이는 별로 남는 것이 없을 지도 모른다. 이런 생각을 하게 되는 과정은 현재라는 시간의 노예가 내 머리 속에 들어박혀 있기 때문이다. "지금 내가 무엇을 하고 있지?" 얼떨떨한 질문이다. 그럴 수밖에 없다. "지금"이라는 현재를 인식한다는 것은 무한한 시간과의 싸움일 수밖에 없기 때문이다. 시간과의 싸움에서 승리를 구가할 수 있는 영웅이 있을까? 어느 누구의 의지와도 관계없이, 바람과 물의 흐름과도 관계없이, 지구 심연의 화염 속에서 들끓는 용암의 용솟음과도 관계없이 진행하는 것이 시간이다. 단 한순간도 붙잡을 수 없는 것이 시간이다. 현재라는 시간을 붙잡는 순간, 나는 이미 과거라는 시간의 광주리 속에 담기고 만다. 그래서 우리는 "지금 내가 무엇을 하고 있지?"의 질문에 대해서 얼떨떨할 수밖에 없다. 그래서 과거에 안주한 시간에 익숙한 역사를 논의하는 지도 모른다. 미래를 결정하는 것은 과거라는 생각을 할 수밖에 없는 것 같다. 과거가 미래의 거울이라고 주장들을 하고 있다. 천만의 말씀. 그러한 주장은 위작이다. 과거를 미래의 거울로 볼 수 있는 눈의 유무에 달린 것이다. 그 눈은 어떻게 생길까? 그 눈은 항상 따라붙는 상상 현재의 확장성에 달린 것이다. 현재를 상상하는 것은 지극히 자연스러울 수 있다. 과거와 미래 사이의 순간적으로 정지된 시간의 공간을 나는 현재라고 상상할 수 있다. 숨을 참고 있는 그 3분 이내의 시간이 현재일까? 물리적인 시간이 아니라 상상의 시간이다. 상상시간은 종과 횡으로 확장할 수 있다. 종횡으로 무진장 확장할 수 있다. 모두들 익숙해 있는 현재 상상을 전제로 한 오딧세이의 스토리텔링이 가능하게 된다.

울릉도는 어디에서 와서 어디로 가는가? 인류학자가 도전하는 울릉도 오딧세이는 울릉도의 역사와 동물과 바다와 전복과 풍우와 향나무와 명이와, 오징어를 쫓아다니는 사람이 가세하여 종횡으로 통구미의 바닷가로부터 성인봉을 왔다 갔다 하면서 짜깁기를 하는 과정에 직조되어 나가는 살림살이를 말한다. 우산국은 말하면서, 우산국의 수도와 궁성 자리는 내몰라라 하고, 대간첩작전으로 초토화된 와달리는 내팽개치면서 저동의 관해정만은 차지하려는 야심가들도 함께 만들어가는 살림살이를 겨냥하는 것이 오딧세이를 구성하는 조각들이 된다. 독도의 이름을 자기 마음대로 "타케시마"라고 고쳐서 작명하는 시마네현 지사의 목소리가 독도 상공의 괭이갈매기의 울음소리와 함께 보태어져서 그려지는 덩어리를 울릉도의 살림살이라고 이해한다. 독도가 있어서 울릉도가 있는 것이 아니고, 울릉도가 있어서 독도가 있다는 논리를 분명히 하기 위해서 울릉도 살림살이를 오딧세이로 포장하려고 한다. 사람이 있어서 울릉도와 독도가 있는 것이 아니고, 돌섬과 돌섬의 샘과 가지가 있었기에 울릉도와 독도가 있는 것이라는 논리로 울릉도 오딧세이를 그리려고 한다.

본서의 저변을 흐르면서 이론적 주춧돌 역할을 하고 있는 것은 공생주의와 문화주권론이다. 전자는 생태계를 바탕으로 하는 커먼스commons 사상을 배경으로 생태계를 구성하는 모든 요소들이 하나의 덩어리로 얽혀서 연결되어 있는 관계망으로 이해되어야 한다는 점을 전제로 한다. 하나의 덩어리를 구성하는 모든 요소들은 우열없이 상호작용적으로 기능하고 있는 생태권이 하나의 모델이 된다. 이 모델 속에서는 생명체와 무생명체의 차별도 없다. 사람과 동물의 차별도 없다. 대기권과 수문권과 암토권 그리고 생물권이 상호 얽혀서 하나의 거대한 시스템을 구성하고 있다는 사상이다. 그 시스템 속에서 살아가는 사람은 나비와도 지렁이와도 새와도 그리고 심지어는 바이러스와도 함께 얽혀 있다. 공생주의 사상 속에서는 식민주의나 제국주의는 용납될 수가 없다. 물론 생태계라는 개념이 제대로 성립되지 않았던 시대이기는 하지만, 이미 한 세기도 전에 설파되었던 크로폿킨Pyotr Alekseevich Kropotkin(1842~1921) 의 사상이 여기에 상당히 근접하고 있음을 이해할 수 있다. 인류학자 말리노브스키Bronislaw Malinowski(1884~1942)가 그렸던 트로브리안드Trobriand Islands 사람들의 삶의 모습이 모델로 드러난 쿨라Kula가 하나의 실천 모델인 셈이다. 작은 섬들이 제각각의 장끼를 발휘하면서 살아가지만, 여러 섬들이 연합해서 호혜주의를 바탕으로 의례적 방문을 통한 교환을 하면서 살림살이를 이어가고 있다. 이 실천 모델 내에서는 누가 누구를 지배하거나 착취하거나 억압하는 행위는 설 땅이 없다. 제1차 세계대전이 진행중이던 기간 동안 서태평양의 외딴섬에서 유배 아닌 유배생활을 살아가면서 터득했던 삶의 원리였던 것이다. 쿨라는 인간이 발명했던 공생주의 모델의 실천 양식이었던 것이다. 문화의 문제를 중심에 둔다는 논리는 인류학자들의 논리 기반이다. 잠자리가 생존권이 있고, 고래가 생존권이 있는 것처럼 생물권의 구성원들은 모두 예외 없이 생존권이 있다. 포유류와 사람이 생존권이 있는 것처럼, 사람에게는 특유한 문화라는 것이 살림살이의 작동에 기여하고 있다. 생물체로서의 생존권과 함께 사람은 집단을 구성해서 살아가면서 집단의 문법으로 작동하는 문화를 핵심에 둔 권리, 즉 문화주권론을 분명하게 설정하는 윤리의 논리가 필요하다. 상대적으로 힘이 강한 집단이 상대적으로 힘이 약한 집단을 함부로 대하지 않아야 한다 또는 상호존중을 해야 하는 신사협정을 지켜야 한다는 주장들이 모두 문화주권에 기반하고 있다. 공생주의와 문화주권론은 각각의 이론적 배경을 갖고 있기도 하지만, 이론적으로 상호작용적인 관계에 있기도 하다. 공생주의가 확실하게 확립되지 않는 관계망 속에서 문화주권론이 옹호되기는 쉽지 않다. 전자가 실존적 보편성의 후견인이 역할을 하는 이론이라면, 후자는 현상학적 특수성의 역할을 담당한다. 보편과 특수의 인식론이 전자와 후자의 관계를 연결하는 사상적 기반이 됨을 역설하고자 한다.

이상과 같은 이론적 기반 위에서 나는 울릉도라는 섬에서 살아온 사람들이 엮어내어온 살림살이의 모습에 대해서 인류학적인 관심을 피력하려고 노력하였다. 울릉도는 한국 사회의 일원이기도 하지만 동시에 울릉도를 구성하는 많은 다른 요소들로 구성된 하나의 전체이기도 하다. 전체와 부분은 이렇게 상대적으로 톱니처럼 얽혀서 돌아가는 하나의 시스템인 것이다. 독도는 울릉도의 한 부분이다. 그리고 독도는 그것을 구성하는 여러가지의 생물체들과 생태권의 요소들인 물과 바람과 바위와 흙으로 구성되어 있다. 울릉도와 독도에 대해서 설명을 하는 과정은 이러한 논리를 배경으로 하기 때문이다. 울릉도를 구성하는 또 다른 한 요인인 학포라는 동네의 살림살이는 그 자체가 하나의 전체이기도 하지만, 학포 사람들의 살림살이는 울릉도라는 공동체의 부분을 구성하기도 한다. 이러한 공생관계 속에 제국주의 시대에 횡행하였던 식민 지배의 침탈 역사가 울릉도의 주민들뿐만이 아니라 그곳을 살림터로 살아왔던 가지라는 포유류로 하여금 멸종에 이르게 하였다. 본서는 그 과정을 역사적 자료로 생물학적 이론으로 종으로 횡으로 엮어서 설명을 하고 있다. 침략적 이데올로기가 배어 있는 지정학적 사상을 배격할 수밖에 없는 필자는 지정학Geopolitics 대신에 해정학Oceopolitics을 울릉도에 적용한 논리를 전개한다. 지중해와도 같은 동해바다에 우뚝 솟은 울릉도는 바다를 중심에 둔 패러다임의 논리를 요구한다.

나는 신념과 이데올로기 그리고 혼돈으로 영글어진 정치적 현안에 대해서는 직접적인 논의를 하지 않는다. 왜냐하면, 그러한 현안은 그 현안 자체가 사실을 왜곡할 가능성이 높기 때문이다. 누적된 역사의 귀납성에 익숙한 반복적 연습이 우리의 삶에 깊이 내재되어 있다. 의도적으로 정치성을 외면한 살림살이는 불가능한 시대에 살고 있는 우리들이 추구해야할 정치는 커먼스 정치라는 주장을 오딧세이의 미래지향적 결론으로 제시한다.

울릉도. 한반도의 부속 도서들 중에서 가장 멀리 떨어져 있는 섬. 그러나 지리적 거리보다도 심리적 거리가 더 먼 곳이라는 느낌이 드는 곳. 그곳에 하나의 지방자치조직이 있다는 사실을 아는지 모르는지. 그곳의 땅과 바다를 일구면서 살아온 사람들이 하루 24시간 1년 365일 지키고 있는 곳. 그곳은 대한민국 주권이 미치는 국경지대라는 사실을. 네 나라의 땅덩어리로 둘러싸인 바다가 있는 곳. 그곳에 해발 1,000미터에 가까운 산이 있다는 것을. 유행가 가사에서도 독도의 들러리로 등장하는 울릉도. 그곳에 대해서 모르는 것이 너무나 많아서 죄송해도 너무나 죄송한 마음이 드는 곳. 부속 도서인 독도에 묻혀서 안중에도 없는 울릉도. 결코 모르고 지나칠 수 없는 구체적인 사실들을 하나씩 점검해보기로 한다.

강원도나 경상북도에서 출항한 배가 울릉도를 향하면서 가장 먼저 만나는 장면은 가두봉의 전경이다. 해발 1,000미터 가까운 성인봉이 있지만 안개구름에 가려 있기 일쑤다. 가두봉은 울릉도의 관문이다. 가두봉의 가 자는 가지可支[1]의 가이고, 두는 머리 두이다. 가두봉이라는 지명은 오래전부터 울릉도 사람들이 가두봉을 울릉도의 으뜸 상징으로 여겨왔던 내력을 말해준다. 울릉도에 비행장을 건설하기 위해서 가두봉을 절단한다는 얘기가 들린다. 비행장 활주로를 확보하기 위해서 울릉도의 상

1 강치가 아니라 가지다. 이 책의 주된 목적 중의 하나는 잘못 알려진 사실을 바로잡고 가지의 이름을 복원하는 데에 있다.

징인 가두봉을 뭉개버린다는 얘기다. 울릉도에 정기항공로를 개설하는 것은 필수적인 일이다. 그러나 기술 발달이란 것을 생각해보면, 곧 수직이착륙 비행기가 상용화될 텐데, 그것을 기다리지 못하고 영원히 복구하지 못할 망나니짓을 추진하고 있다. 하기야 가지를 절멸시킨 인간 행동의 역사를 생각하면, 가두봉 하나쯤 사라진다고 눈썹 하나 까닥하지 않을 법도 하다.

왕조실록에 버젓이 기록되어 있는 가지라는 단어도 외면하고 있으니. 도대체 '한국인'들은 가지와 무슨 악연을 맺었기에 그토록 가지와 그의 흔적을 지우려는 것일까? 정말 알다가도 모를 일이다. 가지도 사라졌고, 가지라는 이름도 사라지고 있고, 이제 마지막 남은 가두봉이 사라질 운명에 처했다. 한쪽에선 사라져버린 유산을 복원한다고 있는 돈 없는 돈 다 모아서 야단법석이고, 다른 한쪽에선 세금을 써가면서 사라질 운명에 놓인 백척간두 상태의 유산을 없애겠다고 벼르고 있다.

독도의 서도에는 단물이 난다. 어부들이 그곳에서 식수를 얻을 수 있었다. 그곳에 단물이 나고, 단물이 고인 물웅덩이가 두 곳이나 있다. 20세기 초반에는 이곳이 전 세계적으로 가지의 최대 서식지였음을 말해주는 장소다. 일본인들이 이곳을 공격하여 가지의 새끼들을 잡아간 후, 가지는 절멸의 운명을 맞았다고 말할 수밖에 없다. 물웅덩이에서 바다로 흘러내리는 단물이 있기에 어부들도 단물의 혜택을 보았다. 그곳의 단물을 모은답시고, 집수정 설치를 위해 쌓은 시멘트 블록 담장은 생명수를 찾아온 가지들의 통로를 막아버렸다. 대한민국의 세금이 투입된 공사다. 단물의 냄새를 맡고 찾아온 가지들은 2미터 높이의 담장을 넘을 수 없었다. 어렵사리 명맥을 유지했던 가지의 종말에 결정적인 일격을 가한 셈이다. 지금이라도 저 시멘트 블록 담장을 걷어내야 한다. 독도의 자연을 회복하기 위해서. 그리고 가지들이 스스로 귀향할 수 있는 길을 열어야 한다.

일본 외무성이 발간하는 외교백서에는 독도가 일본 영토라고 명기되어 있다. 일본 정부는 줄기차게 독도의 영유권을 주장하고 "대한민국의 독도 불법 점거"를 외치고 있다. 시마네현에서는 "타케시마의 날竹島の日"을 제정하였고, 매년 독도 영유권을 주장하는 행사를 한다. 시마네현에 속한 오키노시마 곳곳에는 "죽도에서 한국 경비대 철수하라"는 현수막들이 1년 내내 걸려 있다. 다시 말하면, 주장의 일상화가 심화되고 있다. "죽도 영유권" 주장의 일상화가 목표로 하는 것은 무엇일까? 주장이 지나치면 신념이 된다. 다음 단계는 무엇일까? 행동일 수밖에 없다. 이에 대한민국 측의 대응은 어떠한가? 경비대가 주둔하고 대통령이 독도의 바위를 거닐고, 국경관광이 진행되고. 독도가 대한민국 영토임을 증명하는 가장 강력한 힘은 실효적 지배라고 생각한다. 실효적 지배에 힘을 실어주는 확실한 모습은 일상적 지배의 실천과 과시이다.

울릉도가 전면에 나서서 독도를 관리해야 한다. '우익'이라고 지목받는 단체가 아니라 울릉도 주민이 시마네현과 일본 외무성을 설득해야 한다. 울릉도 주민이 국제정치적 전면에 나서서 독도를 일상적으로 관리해야 한다. 독도 일상화의 주역은 울릉도 주민일 수밖에 없다. 세상은 끊임없이 변하고 있다. 독도 영유권이라는 것도 자칫 잘못하면 어떻게 될지 모른다는 개연성을 부정할 수 없다. 울릉도가 전면에 나서야 한다. 독도의 뒤에 가린 울릉도의 모습은 영토 일상화의 개념에 도움이 되지 못한다.

울릉도 유감: 국경이 닿는 곳

울릉도 풍광의 백미는 석포의 아침을 가득 채운 동녘 노을 속의 독도다. 울릉도에서 군 복무를 하던 어느 부사관이 찍은 빨간 아침노을 속에 흑점으로 드러난 독도. 스땅달이 이 장면을 보았다면 혹할 정도로 '적과 흑'의 조화가 저토록 두드러진 장면은 눈을 씻고도 보기 힘들다.

두번째를 꼽으라고 한다면, 나는 천부동에서 바라본 추산錐山[2]을 들겠다. 송곳바위. 세상을 돌아다니다 본 바위들 중에서 추산만 한 바위도 드물다. 리우데자네이루 코르코바도의 예수상과 마주하고 있는 사탕바위Pão de Açucar보다도, 남태평양 외딴

섬 티코피아의 퐁테코로Fong tekoro보다도 울릉도의 추산은 하늘을 찌르는 송곳의 모습으로 으뜸이다. 멀리서 보았던 중국 쓰촨성의 어메이산이 비슷한 모습으로 떠오른다. 솟아오른 빵 형태의 바위만을 보아왔던 서양인들이 도저히 상상할 수 없는 형태가 추산이다. 바라보고 있노라면 입이 다물어지지 않는다. 입이 정지 상태이니 말을 할 수가 없다. 말을 할 수가 없으니 그 아름다움을 형용할 단어를 찾아내지 못한다. 생각을 하면 말이 된다고 하지만, 생각을 해도 말이 나오지 않을 정도의 형상을 하고 있는 것이 추산이니, 이 바위에 대한 어떤 종류의 이야기도 전해지지 않는다. 있을 법한 전설도 없는 추산. 추산을 품고 있는 울릉도가 동해의 요석일 수밖에.

나는 티코피아의 퐁테코로를 본 적이 없다. 1828년에 프랑스인 루이 오귀스트 드 사숑Louis Auguste de Sainson(1801~1887)이 "티코피아의 해변에서Vu de la plage de Tikopia"라는 제목으로 그린 그림을 본 적이 있고, 『우리, 티코피아*We, the Tikopia*』(1936년 발행)를 저술한 레이먼드 퍼스Raymond Firth(1901~2002)가 찍은 사진에서 본 적밖에 없다. 퍼스의 스승은 말리노브스키다. 동쪽 바다로 갔던 말리노브스키보다도 더 동쪽 바다의 뚝 떨어진 해중에서 야로

---

2 전남 거문도에 있는 지명으로서 '추'는 바다에서 바라보았을 때 큰 바위나 절벽이 곧추 세워져 있는 곳을 지칭한다. 지명을 한자화하면서 거문도 방언에서 유래한 '추'를 송곳 추錐 자로 적었음을 알 수 있다.

그림1 천부항에서 본 추산

fieldwork의 경험을 배경으로 티코피아에 관한 토속지ethnography를 남긴 퍼스를 언급하는 이유는, 내가 하는 울릉도 작업의 인류학화anthropologizing에 조금이라도 보탬이 되도록 하기 위해서다.

60년대 후반 2년여 동안 이 섬에서 가족과 함께 생활했던 험프리 렌지Humphrey Lensye(1916~1977)라는 네덜란드 태생의 미국인이 있었다. 나는 그의 족적을 찾아서 미국의 워싱턴주에 있는 풀먼이라는 도시의 워싱턴주립대학교를 찾은 적이 있었다(2013. 1. 22~2. 7). 이 작업은 울릉군의 요청과 지원으로 이루어졌다. 대학 하나만 덩그러니 있는 도시라고나 할까. 겨울 동안의 풀먼은 정말로 썰렁했다. 뉴저지에 사는 그의 아들 짐이 풀먼으로 나를 찾아왔다. 렌지 교수가 살았던 집은 문이 굳게 잠겨 있었고, 짐과 함께 바깥에서 안쪽을 들여다보았다. 커튼에 가려진 거실이 희미하게 보였는데, 짐은 아버지의 작업이 그곳에서 이루어졌다고 설명했다. 렌지 교수가 찍었던 사진들이 아직도 제대로 알려지지 않고 있다.

아마도 렌지 교수(그는 워싱턴주립대학 영화학 교수를 역임했다.) 만큼 울릉도를 깊이 있게 연구했던 사람도 없을 것이다. 신상옥 감독, 최은희 여사, 김희갑 선생 등과 특히 절친하게 지냈다고 하며, 신 감독 일행은 울릉도로 렌지 일가를 찾아온 적도 있었다. 사실상 현대 한국 영화사에서 외면할 수 없는 분이 렌지 교수이기도 하다. 울릉도의 속살이 드러날 수 있는 사진들이 워싱턴주립대학 아카이브에 보관되어 있다. 이런 현장이 나의 회한을 부른다. 울릉도를 겉핥기로 훑어본 사람들이 울릉도에 대해서 이러쿵저러쿵한다. 아니, 울릉도는 아예 독도에 가려서 제대로 비추어질 기회를 박탈당하고 있다. 이것 또한 나의 회한을 부르는 요인인 것이다.

그는 울릉도에 관한 영화를 제작했다. 상영 시간이 27분 50초인 흑백 유성 영화《Island Doctor섬마을 의사》(1965년 제작)는 한국의 슈바이처라 불리던 이일선 박사의 실화를 바탕으로 한 영화다. 외딴 섬 울릉도에 들어간 의사가 처음에는 이방인으로 취급받지만 점차 자리를 잡고, 상수도 시설 건축 등을 통해 지역 사회의 보건 환경 개선에 크게 기여하는 과정을 그린 영화다. 연출은 전선명Chun Sun Myung이 맡았다. 역시 렌지가 제작한《Out There, a Lone Island먼 곳에 외로운 섬 하나》(1967년 제작)는 국제민속지 영화제에서 수상한 흑백 유성 다큐멘터리로 상영 시간이 1시간 6분 53초에 이른다. 제작사는 렌지가 설립한 오세아니아 프로덕션Oceania Production이고, 연출은 험프리 렌지Humphrey W. Leynse이며, 신상옥이 특별 협력한 것이 눈에 띈다.

울릉도는 우리에게 무엇인가? 옛적 우산국으로, 신라 이사부에게 점령당한 섬나라였으며, 고려-거란 전쟁 시기 동여진 해적에 의해 초토화되었으나, 고려 조정의 배려로 겨우 명맥을 유지했다. 조선왕조는 공도空島 정책을 펴서 정기적으로 관리를 파견하여 섬 주민을 끌고 나왔다. 『성종실록』 11권(1471년 8월 17일 기사)에는 공도정책의 실천에 관한 다음과 같은 구체적인 기록이 있다. 강원도 관찰사江原道觀察使 성순조成順祖에게 하서下書하기를, "지금 듣건대, 영안도永安道에 사는 백성들 가운데 몰래 무릉도茂陵島에 들어간 자가 있다고 하니, 사람을 시켜서 가서 그들을 체포하고자 한다. 세종조世宗朝에 일찍이 이 섬의 사람들을 찾아내어 토벌討伐하였는데, 지금 반드시 그때에 왕래한 자가 있을 것이니, 속히 찾아서 심문하도록 하라. 또 그 곳에 가기를 원願하는 자를 모집하고 아울러 선함船艦을 준비하여 아뢰라" 하였다(下書江原道觀察使成順祖曰: "今聞、永安道居民有潛投茂陵島者、欲使人往捕之。世宗朝嘗尋討此島人口、今必有其時往來者、可速訪問。且募願行者、竝備船艦以啓"). "영안도"는 조선시대에 함경도를 지칭했던 말들 중의 하나이다. 그래도 사람들은 대를 이어 이 섬에서 살아왔다. 1403년(태종 31년) 조선왕조의 공도 정책에 가장 민감한 반응을 보인 것이 일본의 대마번이었다. 1407년에 대마번은 울릉도로 이주 신청을 한 적이 있었다. 이는 당시 일본 막부에 의해 묵살되었으나, 1614년이 되어서야 대마번의 울릉도에 대한 관심은 철회되었다. 200년이 넘도록 야심을 흉중에 묻고 있었던 대마번의 의중에 대한 공부가 아쉽다.

동해 바다 망망대해 한가운데 홀로 서 있는 울릉도는 바닷길의 길잡이 역할도 한다. 해발 1,000미터에 가까운 성인봉은 바다를 건너 다니는 사람들에게 등대 역할을 하기에 충분하다. 고구려가 멸망한 후 발해는 일본과 해상무역을 실시했는데, 어쩌면 울릉도가 중간 거점이 되지 않았을까 생각해본다. 동해를 항해하는 사람들이 중간에 물을 얻고 잠깐 쉬어가지 않았을까? 1836년 일본에서는 "죽도 사건"이라는 것이 터졌다. 키타마에부네北前船 선박이 운항하던 당시 하마다번이 울릉도竹島를 근거지로 밀수했던 것이 발각되어, 궁극적으로 하마다번이 폐지되었다. 일본인들의 줄기찬 울릉도에 대한 관심을 읽어볼 수 있는 대목이다.

독도는 울릉도 속에서 논의된다는 설명방식을 채택하고 있는 흥미로운 저술이 일본인 우익 정치인에 의해서 발행되었던 점을 소개한다. 주인공인 크즈우 슈스케의 본명은 크즈우 요시히사葛生能久(1874~1958)이며, 치바현 출신이다. 1901년 대표적인 대륙낭인 우치다 료헤이內田良平와 함께 흑룡회(頭山滿이 고문)를 조직하였고, 우치다 사망 후 우익의 장로격으로 활동하였다. 크즈우의 저서는 한국의 해양과 어업에 관한 기초적인 정보를 수집한 내용으로 구성되어 있고, 도별로 정리되어 있다. 강원도에 대해서 기록되어 있고(葛生修亮 1903.1.4: 118-131), 그 속에 울릉도鬱陵島 난(葛生修亮 1903.1.4.: 120-124)이 배정되었다. 흥미로운 점은 저자가 울릉도 속에서 "양코도ヤンコ島"(葛生修亮 1903.1.4.: 123-124)에 대하여 설명하고 있다. 그 내용을 부분적으로만 발췌해

보면, 수년 전 야마구치현山口縣의 잠수 기선이 양코도에 출어하였는데, 잠수 시에 무수한 해마海馬(가지를 말한다) 무리들이 방해가 되었다고 한다. 그리고 이어서 수년 이래 5~6월에 오이타현大分縣 상어잡이 배가 출어하고 있다. 이 내용의 원출전은 크즈우가 1901년에 흑룡회의 기관지인 『흑룡계黑龍界』에 게재했던 것을 1903년에 발행한 자신의 저서에 옮겨 실은 것이다. 1901년 단문의 저자명과 1903년 저서의 저자명이 달리 나타난 것이 말해주는 것은 특별한 의미가 없다. 문장내용에 의해서 양자가 동일하다는 점이 확인된다. 그것이 출판과정에서 드러난 실수인지 아니면, 저자가 자신의 이름을 그렇게 의도적으로 표기한 것인지에 대해서는 알 수 없다. 중요한 것은 동일인물이라는 점을 확인하는 것이다. 그 본문은 다음과 같다. “**ヤンコ島** 鬱陵島より東南の方三十里、我が隠岐国を西北に距ること殆ど同里数の海中に於て、無人の一島あり。晴天の際鬱陵島山峯の高所より之れを望むを得べし。韓人及び本邦漁人は之れをヤンコと呼び、長さ殆んど十余町、沿岸の屈曲極めて多く、漁船を泊し風浪を避くるに宜し。然れども薪材及び飲料水を得るは頗る困難にして、地上数尺の間は之を牽けども容易に水を得ずと云う。此島には海馬非常に棲息し、近海には鮑·海鼠·石花菜等に富み、数年以前山口県潜水器船の望を属して出漁したるものありしが、潜水の際、無数の海馬の為に妨げられたると、飲料水の欠乏との

為に充分営業することを得ずして還りたりと云ふ、察するに当時の季節は恰も五六月にして、海馬の産期に当たりを以て、特にその妨害をうけたるものならんか。また、付近に鱶漁の好網代あり。数年以来五六月の候に至れば大分県鱶縄船の出漁するものあり。昨年春季同処より帰航したる漁夫に就て之を聞くに、出漁した出漁未だ二三回に過ぎざるが故に、充分の好果を得たりと云うべからずと雖も、毎季相応の漁獲あり。従来の経験上、其網代の状態及び鱶類棲息の棲息多きとより観察するに、必ずや良好の漁場たるを疑わずと、盖し営業者の為には尚充分探検の価値あるべし"(葛生修吉 1901.6.15: 13, 볼드는 원저자에 의한 것임). 이 문서는 몇 가지 점에서 중요한 의미를 갖고 있다. 첫째, 저자가 대표적인 일본 우익이었다는 점이고, 그 대표적인 우익 인물이 "韓國"의 강원도에 속해 있는 울릉도 속에서 "양코島", 즉 독도에 대한 논의를 하고 있다는 점이다. 둘째, 이 문서는 독도의 고유명칭에 대해서 "양코島"라고 하고 있으며, 죽도라는 명칭은 울릉도의 별칭으로 사용하고 있다. 셋째, 이 문서의 발행시기가 갖는 의미가 특별하다. 원출전은 1901년에 한국의 연해와 어장에 대한 관심 속에서 발표되었는데, 그것이 재차 1903년의 저서에 포함되었다는 점이다. 독도가 일본정부에 의해서 '무지주 선점'이라는 국제관례를 들어서 자신들의 영토로 귀속시킨다는 법령을 발표하였는데, 그러한 작업이 진행되는 과정에서 전개되었던

러일전쟁 당시의 시기라는 점이다. 환언하면, 크즈우의 문서는 "양코島"가 무주공산의 도서가 아니라 분명히 한국의 영토에 포함된 것이라는 인식의 배경하에서 작성된 것임을 증명하고 있는 것이다.

근대에 들어 울릉도는 러일전쟁에 나선 일본 해군의 요새 역할을 했다. 이때 러시아의 주력 함대가 울릉도 근해에서 침몰한 바 있다. 독도박물관에는 러시아 주력 해군의 유품이 전시돼 있다. 일본 제국주의는 19세기 말부터 울릉도의 나무들을 베어냈다. 교토역 근처의 히가시혼간지東本願寺 건물의 일부 기둥의 자재가 울릉도에서 베어낸 느티나무이다. 오키노시마 민가에도 울릉도의 목재로 지은 가옥이 있고, 또 인근에는 울릉도에서 파 간 향나무가 자라고 있다.

울릉도는 오래전부터 국제적 맥락 속에서 존재해왔다. 일본인 식민주의자들은 울릉도에 그들만의 터전을 마련하기도 했다. 가옥들도 일본식으로 지었으며, 신사도 지었고, 옹기와 갖은 가재도구도 가지고 왔다. 그들이 남긴 여러 가지 물건들은 지금도 울릉도에서 사용되고 있다. 일본의 일각에서 독도를 겨냥하고 있다는 이해는, 어쩌면 큰 오해이다. 독도의 다음은 울릉도일 수도 있다.

1947년 여름, 조선산악회(회장 송석하)는 제2차국토구명사업으로 울릉도/독도 학술답사를 실시했다. 나비 박사 석주명은

그림 2 일제가 남긴 건물. 1호 관사의 전경(왼쪽 위), 1호 관사의 후면에 있는 일제시대의 방공호(왼쪽 아래), 1호 관사의 지붕(오른쪽). 이곳에 사용된 기와가 시마네현의 하마다에서 운반되어온 소위 '이와미石見' 기와이다.

그림 3 일본식 건물의 모습. 도동 전진상회(왼쪽), 정 군수의 집(오른쪽)

그림 4일제시대 도동에 있었던 신사의 입구(왼쪽). 신사로 올라가는 계단이 "오모테산도表参道"의 역할을 한다. 토리이 류조鳥居龍藏가 찍은 도동 신사(오른쪽). 왼쪽 사진과 오른쪽 사진에서 보이는 토리이鳥居는 사라지고 없지만 계단은 남아 있다.

나리분지에서 석포로 내려오는 계곡의 나비들을 관찰하느라고 길을 잃어 어느 계곡에서 밤을 지새웠고, 다음 날 독도 상륙을 포기할 수밖에 없었다. 해방을 맞은 지식인들은 국토에 관심을 기울였고, 1946년에 제주도를, 이듬해에는 울릉도와 독도를 찾았다. 해방과 함께 '국토'의 인식과 재확인 작업이 필요한 시점에서 조국의 문화와 자연을 답사했던 것이다.

2006년 6월 자연보호중앙연맹(총재 이수광)의 답사반 일원으로 나는 울릉도와 독도를 찾았다. 개척한 지 120년이 넘는 역사를 지닌, 주민의 일상생활이 펼쳐지는 울릉도라는 섬의 현실이 국제정치의 역학에 얽힌 독도로 인하여 간과되고 있어서 너무나 안타까웠다. 연거푸 불어닥친 태풍 '나비'와 '매미'의 상처는 여전히 남아 있었다. 텔레비전의 기상 보도가 "태풍은 동해로 빠져나가서 다행입니다."로 끝나면 울릉도 주민은 아연실색하게 된다. 울릉도에는 아직 도착하지도 않았는데, "태풍 상황 끝"이라는 보도를 접하면, 내팽개쳐진 기분이 들게 마련이다. 울릉도 주민들은 줄곧 이런 식의 대접을 받고 살아왔다.

1950년대 독도의용수비대의 공훈을 칭송하는 사람들도 그들이 울릉도 사람이라는 점에는 소극적으로 대응한다. 울릉도 주민들은 이 점을 상당히 섭섭해한다. 독도는 울릉도의 연장선에 있다는 인식이 필요하다. 독도 해역의 해조류가 일본 시마네현에 속한 오키노시마가 아닌 울릉도의 해조류와 동일하다는 점을 과학적으로 증명하고 싶은 사람도 있다. 이것이 자연보호중앙연맹에 속한 해조류학자의 입장이다. 독도 갈매기는 오키노시마가 아닌 울릉도의 갈매기와 혈연적으로 유사함을 천명하고 싶은 것이다. 울릉도는 독도의 모체임을 입증해야 함에도 불구하고, 독도만을 따로 떼어서 논의하는 담론과 행위는 울릉도 주민들을 무시하는 처사이다. 필자는 동해 지정학(더불어 해정학海政學, Oceopolitics)의 관점에서 읽어내야 하는 울릉도와 주민의 삶에 대한 인문학적 소견을 이 책에 피력했다.

울릉도의 연로한 주민들은 '왜정 때'의 울릉도에 대한 기억이 생생하다. 당시 본토의 어지간한 도시에도 없었던 전기가 도동과 저동항에는 있었다. 일본 돗토리현 사카이미나토에서 배를 탄 사람들은 오키노시마와 울릉도, 청진을 거쳐서 북만주로 건너갔다. 이 항로 덕에 울릉도 사람들은 타 지역 사람과 물자를 접하고 국제적인 공기를 맛볼 수 있었다.

20년쯤 전에 일본의 토야마현에서 주최하는 '일본해학' 세미나에 참석한 적이 있었다. 그들은 '일본해(동해)'를 아우르는 커다란 그림을 그리고 있었다. 동해와 관련된 구석구석에 대하여 세밀한 정보를 공유하는 장이었다. 거기에 비해서 한국 측에서는 오키노시마에 대해서 얼마나 알고 있는가? 아니, 알려고 하는 의지는 있는가?

인구 1만 명 안팎의 섬과 부속 도서로 이루어진 울릉군. 우리

그림5 오늘날의 저동 상가(왼쪽)와 저동항(오른쪽 위),
과거 어민들의 가옥들이 일부 남아 있는 저동 구옥(오른쪽 아래)

그림 6 석포로 올라 가는 길의 선창마을에 있는 최초 이주 가옥과 이말남(1929년 생, 女) 씨

나라에서 가장 작은 군 단위 지방자치체는 여러가지 어려움에 부닥칠 수밖에 없다. 단위 농협은 이미 파산 상태이고, 도동 항구에 밀집한 호텔과 여관들도 망하기 직전이다. 한마디로 울릉도 사람들은 살아나가기가 팍팍하다. "탱개쳐서" 한 축으로 묶어내는 오징어 말리기에는 스무 번 이상의 손질이 가고, 여기에 드는 노임 3,000원은 모두 손등이 굽고 허리가 구부러진 노인들의 몫이다. 65세 이상의 노인 인구가 전체 인구의 14퍼센트를 넘으면, 초고령사회라고 하여 사회복지 차원에서는 초비상체제에 들어간다. 그런데 울릉도의 고령화율은 17퍼센트를 넘는다. 중앙 정부는 이런 사실을 알까? 이런 상황인데 정권의 실세들은 걸핏하면 헬리콥터를 타고 독도를 들락거린다. 독도에 갈 때 들르는 길목 노릇을 하고 있는 울릉도는 현대판 유배지로 취급받고 있는 셈이다.

울릉도에서 사람이 살아왔다는 것은 울릉도와 독도를 국토로 삼아 지켜왔다는 뜻이다. 이 논리가 그렇게도 이해하기 어려운가? 울릉도의 연장선에 있는 독도가 중요하다면, 울릉도에 대해서는 더더욱 정책적 배려를 아끼지 말아야 할 것이다. 독도 프리미엄을 누리기는커녕, 독도에 밀려서 아예 외면당하는 울릉도의 처지를 주민들이 크게 한탄하고 있다는 사실을 직시할 일이다. 울릉도 주민들이 등을 돌리는 날, 모두는 크게 후회할 것이다. 울릉도의 이미지가 독도에 가려져 있는 한, 우리는 울릉도도 독도도 제대로 이해할 수 없다.

권력과 일상

에스노그래피ethnography는 인류학의 기초를 구성하며, 삶에 대한 관찰과 문답을 담은 일차 보고 자료를 말한다. 에스노그래피는 삶에서 출발한다. 하루하루를 살아가는 사람들의 이야기를 엮은 것이 에스노그래피다. 일상을 살아가는 사람들의 모습이 에스노그래피인 셈이다. 살림살이의 모습을 그려낸 것이 에스노그래피이다. 그래서 인류학의 기초는 일상에 있다고 말한다. 그런데 사학史學을 구성했던 상당 부분은 일상을 외면하고 권력의 편에 서는 경향이 강했다. 사학의 대부분은 일상을 지배와 착취, 무시와 망각의 대상으로 보았다고 해도 과언이 아니다. 다행히도 사학이 일상에 대한 관심을 피력하기 시작한 것은 지극히 최근의 일이다.

"일상을 외면한 권력은 필패한다"는 역사의 교훈이 엄연히 살아 있음에도 불구하고 권력을 등에 업은 사학이 활개 치고 있다. 일상의 문자화가 역사의 속성이고, 일상이 문자화되는 과정에 개입하는 정치성이 어떻게 작동하는지를 망각한다면, 장래에 사학이 설 자리는 없어질지도 모른다. 정치성과 관련한 메커니

즘을 우리는 권력이라고 부른다. "피도 눈물도 없는" 권력 말이다. 일상의 문자화 과정에는 갈림길이 있으며, 여기서 에스노그래피와 히스토리오그래피가 갈라져 나간다. 일상에서 반복되는 무료함을 삭제하고 이런 과정을 은폐하는 식자층을 나는 권력추종 사학자라고 부르고 싶다. 문자가 제공하는 에너지를 먹고사는 사학이 권력의 이면에 은폐된 일상을 외면할 때, 사학은 민중(시민이라고 불러도 좋다.)에게서 멀어지게 된다. 그러나 에스노그래피는 다행스럽게도 반복되는 일상의 무료함에서 삶의 의미를 찾으려는 작업이기 때문에, 민중에게 외면당할 처지가 아니다.

나치의 폭정 아래서 살아남았던 수많은 '아담'들을 향해 하인리히 뵐Heinrich Böll은 "아담, 너는 (그때) 어디 있었느냐?"라고 물었다. 하인리히 뵐의 질문이 우리의 심금을 울리는 까닭은 무엇인가? 준동하는 전제 권력 아래서 하루하루 숨죽이고 살아갔던 이들의 삶에 대한 공감이 바로 답이다. 이 공감의 원천은 일상임을 알아야 한다. 아담이 살아남았다는 사실 자체가 권력의 패배를 증언하는 셈이다. 서슬 퍼런 권력 아래 하루하루를 살아낸 이가 바로 아담이다. 일상을 축적한 것이 삶이다. 삶을 살아내는, 그리고 살아내도록 한 과정이 살림살이다.

이처럼 아담의 일상을 그려내는 작업이 에스노그래피이다. 그래서 나는 『안네의 일기』를 전시戰時 일상의 에스노그래피로

간주하며, 전쟁인류학 교재로 삼을 수 있다고 생각한다. "인간의 생활과 그 생활이 내포하고 있는 문화들, 사람들, 습관들에 대해서 알고, 이해하고, 가치를 부여하기 위한 모든 기회 제공을 직업으로 하는 학문이 인류학이다. 그런데 나치인류학Nazi anthropology은 그 기회를 박탈했던 것이다."[3] 2차대전 중 아프가니스탄의 카불에서 히틀러와 히로히토가 두 손을 맞잡기로 약속한 바 있고, 그들이 구축했던 'H(히틀러의 두문자)-to-H(히로히토의 두문자)축'(일본에서는 대륙타통작전이라고 명명한 것)을 생각하면, "나치"의 자리에 "대동아大東亞"를 대입할 수도 있을 것이다. 요즈음 나의 주된 관심은 '대동아 인류학'이다.

먹고사는 일은 일상의 기초이다. 물질이 순환하는 구조에 착안했던 칼 마르크스의 『자본론』은 영원한 고전이 되기에 충분하다. 사람들은 먹기 위해서 음식 재료를 찾아 나서고, 땅을 파고, 기술을 개발하고, 도구를 만들어낸다. 음식의 재료들이 사라지고 없을 때는 이를 되찾고 싶어 하는 희망을 담아 특별한 행사(의례)를 열기도 한다. 후대의 연구자들은 이런 행위를 신앙의 일부로 파악하기도 했다. 삶은 구체적인 일상의 연속이다. 이는 유전자의 명령에 따르는 인간의 사회생물학적 행동과 밀접하게 연관돼 있으며, 사람들은 사회생물학과 문화결정론의 한계를

3 Schafft 2004: 253

극복하는 방안으로 생물문화적biocultural 개념을 일상의 인식에 적용하기도 했다. 일상이란 문화를 인식하고 설명하기 위한 한 가지 차원으로 볼 수도 있다. 특별하지 않으며 늘상 펼쳐지는 삶의 모습인 것이다. 그것이 살림살이다.

한편 일상이란 인간이 적응해가는 과정의 한 단면이기도 하다. 여기에는 '피와 눈물'이 있으니, 이를 기초로 삶의 과정을 드러내는 작업이 에스노그래피다. 그래서 에스노그래피는 소설과도 흡사한 면이 있다. 흐르는 눈물의 따스함과 솟구치는 피의 뜨거움에 담긴 의미를 공감하게 하는 일상의 기록이 에스노그래피다. 에스노그래피 읽기는 공감과 인내가 필요하다. 우리는 에스노그래피가 관리의 매뉴얼이 아니라 공생의 텍스트가 되기를 갈망한다. 관리는 수단이요, 공생은 목적이다. 관리란 근본적으로 식민주의적 발상에 기초한다. 지배와 헤게모니에 얽매여 있는 매뉴얼의 식민주의를 타파해야 한다. 우리가 문화를 이해하려는 이유는 공생하기 위해서다. 또 이것이 인류학이란 학문의 존재 이유이다. 공생, 함께하는 삶은 기본적으로 관계의 문제이다.

관계는 개체들 사이에서 전개되는 과정이다. 이는 개체뿐 아니라 집단 수준에서 펼쳐지기도 한다. 사회현상을 설명하기 위해 사회학자 게오르크 짐멜Georg Simmel은 '2인관계론'과 '3인관계론'을 제시했다. 전자든 후자든 간에 '관계'는 사회를 구성하는 가장 기본적인 개념으로 작동하고 있다. 한 걸음 더 나아가 지구상에서 펼쳐지는 모든 현상은 '관계'라는 개념 없이는 설명이 불가능하다는 점을 생태계는 잘 보여준다. 작은 세포에서 거대한 우주에 이르기까지 모든 현상은 본질적으로 관계에 기초하며 이를 반영하는 것이다.

사실 친구도 적도 관계의 표현이다. "천상천하 유아독존"이라는 말도 관계를 전제해야만 가능한 표현이다. 관계가 없으면, "독존"도 불가능하다. 관계 없이는 언어도 문화도 사회도 성립하지 않는다. 따라서 일상이란 현상도 관계를 전제로 한다. 중국문화를 설명하려는 모든 사람은 궁극적으로 '관계'에서 시작해서 '관계'로 끝나는 양상을 볼 수 있다. 관계는 중국인의 생활과 언행, 사상을 모두 담은 총체적 개념인 것이다. 중국 사회를 들여다보면, 관계 자체가 인류학의 문화 개념을 만족시키기에 충분하다는 생각이 저절로 든다.

따라서 문화를 이해하기 위한 두 축은 일상과 관계라고 요약할 수 있다. 전자가 종축을, 후자가 횡축을 구성하여 하나의 체계를 엮어가며, 이렇게 짜인 삶의 양상을 문화라고 이해한다면, 우리네 일상의 관계를 문화라고 설명할 수 있다. 우리는 이를 토대로 다양한 상황에서 드러나는 삶의 현상들을 설명할 수 있다. 이러한 논의의 대전제는 생태계이다. 생물학적 존재로서 인간의 활동은 주어진 환경에 대한 적응이라는 체계를 벗어날 수가 없다. 이런 인식이 문화이론의 토대이기 때문에 우리는 환경을 구성하는 생태계 전체의 문제를 인식해야 한다. 그렇지 않으면, 오만한 문화결정론에 함몰되어 생태계 범죄라는 멍에를 쓸 수밖에 없고, 궁극적으로는 멸종에 이를지도 모른다. 작금의 코로나바이러스가 이 부분을 공격하고 있음을 알게 된다.

현재 동아시아 지식인들은 영토 분쟁에 대한 대안을 모색할 책무가 있다. 지역이 지구의 운명을 좌우하는 세계화 시대에 동아시아의 문제는 더는 동아시아만의 문제가 아니다. 고도로 연결된 이 시대에 영토 확장과 대결을 추구하는 낡은 고위정치high politics는 더는 희망을 줄 수 없다. 미래지향적 출구가 전혀 보이지 않는 상황에서, 지금까지 동아시아의 역사와 문화를 일구어온 사람들의 안녕과 행복뿐만이 아니라, 지난날 인간의 만행으로 사라져버린 동물의 운명을 거울로 삼아, 미래를 열어갈 새 세대의 희망을 위해 새로운 가치관을 모색해야 한다. 나는 그 가치관을 공생주의라고 부른다.

문화주권: 관계의 에스노그래피

개체 수준에서 "내가 옳다"라는 주장을 반복하면 갈등이 일어나게 마련이며 결국에는 싸움으로 귀결될 수밖에 없다. "내가 옳다"가 집단 수준으로 확장되어 "우리가 옳다"라고 계속 주장하면, "너희는 그르다"고 말하는 셈이고, 옳음과 그름의 충돌은 집단 대결, 다시 말해 전쟁으로 이어지게 된다. 여담이지만, 전쟁이란 영어 단어는 '우리가 옳다(We Are Right=WAR)'라는 인식과 주장에서 비롯된 것이라는 데 일말의 수긍이 간다. 나의 아우 안케이安渓가 가르쳐준 농담이다.

"내가 옳다"의 근저에는 "나"의 주권에 대한 인식이 내재한다. "나"가 하나의 집단으로 영글면, 주권의 의미는 점점 더 선명하게 드러난다. 근대의 국가권력이 보장하는 주권의 시발점은 "나"와, "나"가 모인 "우리"라는 집단의 권리이다. 이 권리라는 현상의 가장 기초가 되는 개념이 생존권이고, 여기에는 인권이 포함돼 있다. 생존권과 인권을 위협하는 외부의 침략에 어떻게 대응할 것인가, 이러한 논의의 근저에 도사린 문제의식을 부각시키기 위해 문화주권이라는 문제를 제기하려 한다. 이 문제에 주의를 기울이기 위해 먼저 관계의 문화론을 펼쳐볼 생각이다.

관계라는 현상은 상대에 대한 인식을 전제한다. 관계를 구성하는 이들의 역할과 지위를 두고 봉건사회냐 시민사회냐를 논할 수 있을 것이다. 위계에 기초하느냐 평등에 기초하느냐에 따라 사회를 구성하는 요소들의 권력관계를 살펴볼 수 있다. 이런 문제의식에 기반을 두고 '민民'의 문제에 착안한 결과 '민중民衆'이라는 개념이 등장했다. 지배 대상에서 혁명의 주체에 이르기까지 민중에 대한 인식은 패러다임의 문제로 설정된 바 있다. 민중이 부각됨으로써 문화론을 펼치는 데도 상당한 변화가 요구되었다. 시민혁명을 경험하지 못하고 수동적으로 시민 개념을 받아들인 동아시아 사회에서, 관련된 논의는 서구와는 다를 수밖에 없다고 생각한다. 황도 사상에 기반한 황민에서 무정부주의자에 이르기까지 다양한 군상들이 뒤얽혀 있는 일본이 있고, 전제군주를 대체한 식민 권력에 항거하는 민족주의와 민중이 출현하여 암중모색하는 한국도 있고, 노농 중심의 공산혁명으로 반제의 구심점을 구축한 중국도 있다. 중국의 현대사적 역정과 비슷한 경험을 했던 북조선과 월남도 있다. 이 중 중국은 시민도 민중도 아닌 사회주의적 인간상을 지향하고 있다. 사실 현재 진행형의 개념인 민중에 대해 민중생활사에 입각해 접근하는 시도는 민중 논의의 문화론이라고 할 수 있다.

그러나 민중생활사 논의는 "관"에 대한 "민"이란 구도에서 진행되기 때문에, 의도적으로 삶의 일면을 과도하게 부각시키는 측면이 있다. 1차대전 전후 일본 학계에서는 일종의 완충지대로서 '일본 민속학'을 창안하였다. 관학결탁官學結託의 결과물이자 일종의 김 빼기라고 할까? 여기에 참여했던 학자들과 관련 논의를 보면, 민중을 관리하려는 국가가 주도했음을 알 수 있다. 서구의 학문 계통으로 포장하거나 시대의 한계라며 용인하는 사람도 있지만, 이른바 '민속학'이 전체가 아닌 부분만을 대변하고 있다는 점은 문제일 수밖에 없다. 나는 1930~40년대에 제국 일본에서 야나기타 쿠니오柳田國男가 주도했던 '일본 민속학'이 일상을 소외시킨 과거 지향적 삶에 충실하려는 노력의 일환으로 탄생했다고 본다.

나는 전체적인 삶의 양상을 보여주는 일상이라는 개념을 제안하고 싶다. 이는 사학이 외면했던 분야이며, 독립된 영역으로 존재하지 않고, 권력에 대한 긴장과 투쟁을 저변에 포함하고 있다. 일상은 때로는 사랑을, 때로는 분노도 담고 있다. 민중 생활이란 분명 일상의 일부이지만, 시종일관 부분을 보여줄 수밖에 없는 현상이고 개념이다. 20여 년쯤 전에 영남대의 박현수 선생이 시작하였던 '민중생활사 연구'는 이 학문의 기초가 되는 일상과 관계의 씨앗에서 너무 빨리 손을 떼고 말았다는 아쉬움이 있다. 일상과 관계에 대한 논의를 심화시키지 않고 얄팍하게 이해한 채로 민중생활 연구로 넘어간 이유는, 일상을 외면하고 권력에 빌붙었던 사학에 대한 도전 의욕이 앞섰기 때문일 것이다. 일상을 깊이 논의해 들어가면, 자연스럽게 민중 생활의 문제를 포함하게 되고, 궁극적으로 사학의 아부 대상인 권력의 중심을 포괄하면서 새로운 학문의 경지를 열어젖힐 수 있을 것이다. 높은 데서 군림하는 권력도 일상과 관계가 엮어내는 삶의 거울로 비추어야 한다는 것이 인류학을 공부하는 나의 신념이다. 서로 대립하고 헤게모니를 다투는 민중과 권력이 공존하는 일상과 관계를 보여줄 수 있으리라 믿는다. 바로 여기에 인류학이란 학문의 존재 가치가 있다고 생각한다.

문화주권은 상대성이 전제되고, 상대성이 인정되고, 상대성이 보장되어야 존립할 수 있다. 이른바 '중심주의'의 대표적인 현상 가운데 하나가 민족주의인데, 여기에는 상대성이 설 자리가 없다. 문화주권은 민족주의와는 다른 논리로 작동한다. 문화주권에 관한 논의는 민족들 사이에서 극단적으로 다르게 전개될 수 있다. 약소민족 입장에서는 문화주권을 지켜내려고 노력하겠지만, 사실은 쉬운 일이 아니다. 강대민족이 언급하는 문화주권은 입에 발린 소리에 지나지 않을 가능성이 크다. 근대에 들어 입장이 서로 다른 민족국가가 대립하다 분쟁으로 치달은 바 있고, 궁극적으로 약소민족의 문화주권은 무시되는 경향을 보여왔다. 이런 문제를 중재하고 약소민족의 입장을 대변하기 위해 국제기구들이 설립되었지만 현실은 녹록지 않다. 그럼에도 불구하고 문화주권에 관한 문제의식이 최근에야 나타났고, 세계 각국의 지식인들이 서로 연대하고 있다는 점에서 희망을 발견한다. 문제는 문화주권에 관심을 기울이는 지식인들이 아직도 고위정치의 하수인 지위에 머물러 있는 경우가 적지 않다는 점이다.

나는 100살에 관한 연구를 하다가 울릉도에 관심을 기울이게 되었다. 강원대 이칭찬 교수 부부와 함께 천부동의 박우영 할머니(당시 104세)를 찾아가는 길이었다. 그 후 울릉군의 적극적인 도움을 받아 울릉도에 관한 연구를 수행하게 되었다. 특히 정윤열 전 울릉군수는 전문가들이 제대로 보지 못한 문제를 지적하는 혜안을 보여주었고, 최수일 군수는 '울릉도포럼'을 행정으로 뒷받침해주었다. 당시 담당 과장이던 김기백 씨(전 독도박물관장)와 울릉도포럼의 업무를 맡아 궂은일을 마다하지 않았던 이승진 전 독도박물관장, 그리고 강경혜 학예사에게도 감사드린다. 울릉도포럼은 이제 세계 학계에서도 관심을 기울이는 학술 모임이 되었다. 처음 포럼을 조직할 때 도움을 주신 분들과, 정년퇴임한 지은이에 이어, 이 포럼을 추진해온 영남대 박성용 교수에게도 감사드린다. 박 교수의 노력으로 울릉도포럼은 이제 본격적인 궤도에 올랐다고 생각한다. 울릉도가 얼마나 널리 알려지는가 하는 문제는 앞으로 여러 가지 사안과 더불어 부각될 것이다.

지방이 살아갈 수 있는 길은 지방의 특색을 잘 살려가는 데 있다. 필자가 보기에, 울릉도의 경우 발전의 핵심은 건강과 행복에 있다. 어떻게 하면 울릉도와 주민이 더 건강하고 행복하게 살 수 있을까, 이 문제에 천착할 필요가 있다. 울릉도를 울릉도답게 가꾸어가는 일에 모두 합심하여 노력했으면 한다. 나는 오랫동안 자연보호중앙연맹 총재를 역임한 이수광 박사 덕분에 울릉도에 관심을 쏟았고, 졸저를 세상에 내놓게 되었다. "독도에 가린 울릉도"의 이미지를 벗어던지기 위한 용렬한 몸부림의 형태로 나온 것이 졸저이다.

울릉도의 자료 수집에는 독도박물관의 이승진 관장과 강경혜 학예사, 그리고 울릉군 김기백 과장의 도움이 컸다. 오키노시마의 자료 수집에는 관서학원대학의 야마 요시유키山泰幸 교수 그리고 오키노시마의 노베野辺 씨의 도움이 컸음을 밝힌다. 오사카 덴노지天王寺동물원에서는 가지의 박제품들을 관찰할 수 있었다. 이 과정에는 나의 친구이자 고고학자인 오노 사치오大野左千夫 선생의 도움이 컸고 동물원 관계자가 협조해주었다. 본문에 인용된 『오주연문장전산고五洲衍文長箋散稿』의 번역은 강원대 고민정 박사의, 일본어 지도의 번역에는 미야하라 요코 씨의, 축문의 검토는 심일종 박사의 도움을 받았다. 포항공대의 김구 교수와 김춘배 교수, 원주강릉대학의 장정룡 교수에게도 감사드린다. 내 연구에 조수로 참여했던 고범철, 제소희, 심재한, 지민주, 최미희, 이원휘 제군에게 감사드린다. 독도에서 1년간 생활한 경험을 전해주고 사진 자료를 제공해준 전충진 씨와 한문의 어려움을 자문해준 하영휘 아우에게도 감사드린다. 서울대학교 규장각한국학연구원과 한국연구원 도서관에 소장된 희귀자료들이 본 연구과정에 많은 도움이 되었다. 언제나 어려운 질문에 쉬운 답변으로 대응해주시는 오영식 선생에게도 이 자리를 빌어서 고마움의 말씀을 드리고 싶다.

이 책에 수록된 사진 중에서 촬영자 이름을 밝히지 않은 사진은 모두 필자가 찍은 것이다. 이 책을 구성함에 있어서 고마움의 인사를 드려야 할 분들은 실명으로 등장하는 울릉도 주민들, 특히 학포의 여러분들이다. 살림살이 과정의 쉽지 않은 사정과 속내를 털어서 이야기의 줄거리 작성을 가능하게 해주신 학포 주민들께 머리 숙여 고마움의 말씀을 드린다. 본서에 제공된 정보나 자료, 그리고 그러한 것들의 해석에 대해서 제현의 가차 없는 질정과 비판을 앙망한다. 필자의 잘못이 있는 부분에 대해서는 기탄없는 꾸짖음이 추상 같이 내려지기를 바란다. 마지막으로, 나의 원고를 편집하여 한 권의 책으로 출간해준 도서출판 눌민의 정성원 대표에게도 깊은 감사를 드린다.

2020년 11월 은곡마을 여여재에서

전경수

1장
문서와 기억
역사 재구성론

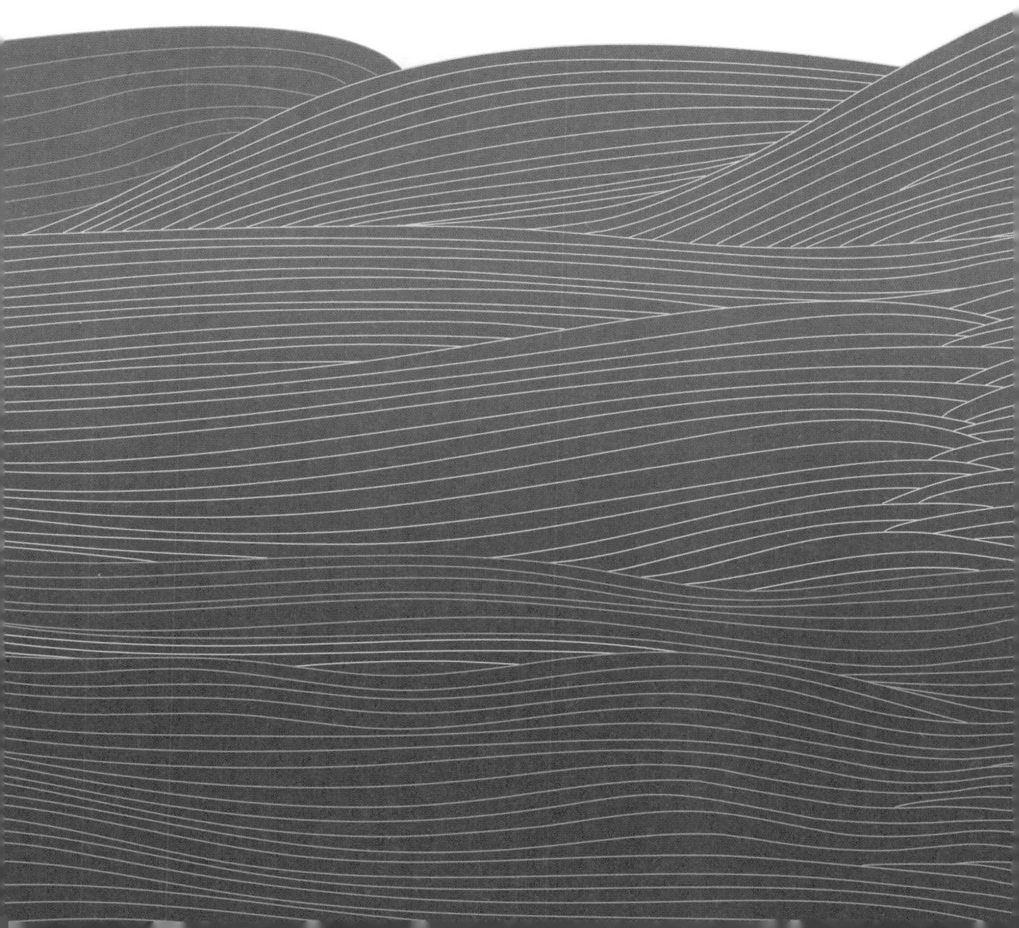

그림 7 울릉도 현포 고분과 필자(위, 블라디보스톡 인류학 고고학연구소의 크라딘Kradin 교수 촬영), 토리이 류조가 찍은 현포 고분(가운데), 평리 고분(추정, 아래)

울릉도와 독도의 개황

2006년 6월 19일(월)부터 동월 23일(금)까지 실시한 독도·울릉도자연실태종합학술조사단의 일원으로 인류학반이 참가하였다. 주최는 (사)자연보호중앙연맹이고, 후원은 동아꿈나무재단, 환경부, 동아일보사, 경상북도였다. 6월 19일 새벽에 서울에서 출발하여 동해항에서 울릉도행 쾌속선을 탔고, 울릉도에 도착한 것은 당일 오후 늦은 시간. 20일과 21일은 자료 수집을 위해서 울릉도의 여러 마을을 답사하였고, 22일에는 독도를 방문하였으며, 23일에는 귀경하였다. 따라서 3일간이라는 짧은 시간 동안 필자는 도동항의 오징어 건조장과 천부리의 백세인百歲人을 중심으로 짧은 보고문 형식을 남기기도 했다.

울릉도와 독도에 대한 학술적인 관심은 비교적 오래된 일이다. 일제시대 일본인 학자들의 답사기록들(鳥居龍藏 1918. 7. 1. & 1918. 9. 1. & 1924. 9.; 石戸谷 勉, 1917.1. & 1929. 1. 1.)로부터 시작하여 해방 후 1947년에는 조선산악회(회장 송석하)가 중심이 되어서 조직적인 학술답사를 실시한 바 있으며, 다음에는 국립박물관(1960년대)과 서울대학교박물관(1990년대)이 순차적으로 고고학적인 자료의 수집과 보고서를 작성하여 출판한 바 있다. 20세기 초에 제국일본이 발행했던 『地学雑誌지학잡지』에서 소개되는 것을 비롯하여, 조선총독부의 산림과 직원인 오카모토 킨조岡

本金蔵가 1912년에 울릉도의 식물표본을 채집한 바 있고, 이어서 조선총독부 기수技手였던 이시도야 츠토무(石戸谷勉, 1891~1958)가[4] 식물채집을 위해서 1916년에 울릉도를 답사했던 일정은 아래와 같다.

"7월13일夜야 京城發경성발, 14일夜 竹邊港 出港죽변항 출항, 15일 吾前 7時 鬱陵島廳 所在地 道洞港 着울릉도청 소재지 도동항 착, 正吾부터 道洞國有林 採集도동국유림 채집, 16일 本島最高峰 聖人峯 採集본도 최고봉 성인봉 채집, 17일 道洞-沙洞-玉泉洞-通五味-通九味-石門洞-南陽洞도동-사동-옥천동-통오미-통구미-석문동-남양동, 특히 천연기념물로 지정된 通九味의 후박나무(タブノキ타부노키), 石門洞의 참오동나무(キリ키리) 等을 보다, 18일 南陽洞-石峰-臺霞남양동-석봉-대하, 천연기념물로 지정된 南陽洞의 향나무(ビヤクシン비야쿠신) 自生地자생지, 臺霞洞의 솔송나무(ツガ츠가, 栂), 오엽송(ヒメコマツ히메코마츠), 너도밤나무(タケシマブナ타케시마부나) 等의 군락을 보고, 石峰 부근의 밀림에서 많은 수확이 있었다, 19일 臺霞-玄圃-老人峰-錐山-天斧洞태하-현포-노인봉-추산-천부동, 玄圃에서 붉나무(カチノキ카치노키)의[5] 천연기념물을 보고, 錐山 水源池附近 採集추산 수원지 부근 채집, 20일 天斧洞-羅里洞峰-羅里洞盆地-

---

4 삿포로농학교를 졸업한 후, 1911년 조선총독부 산림과에 부임하여 1913년 임업시험소장직을 맡았다. 1926년에는 경성제대약리학교실 강사, 1939년부터는 일본군 치하의 국립북경대학國立北京大學 교수가 되었다. 전후 일본대학 공학부의 강사를 거쳐서 동북대학 약대 교수를 지냈다.

卯峰-天斧洞, 羅里洞峰 密林천부동-나리동봉-나리동분지-난봉-천부동, 나리동봉 밀림에서 많은 수확이 있었고, 卯峰附近알봉 부근의 울릉국화(テリハギク테리하기쿠),[6] 섬백리향(イハジヤカウサウ이하지야카사)[7]의 천연기념물을 보다, 21일 天斧洞-臥達里-苧洞-道洞천부동-와달리-저동-도동, 주로 臥達里附近 採集와달리 부근 채집, 22일 道洞國有林一帶苧洞附近 採集, 本島 未記錄種도동 국유림 일대 저동 부근 채집, 본도 미기록종 어성초(ドクダミ도쿠다미) 群落군락을 발견, 7월23일 採集品의 整理채집품의 정리, 저녁 大東丸대동환[8]으로 鬱陵島出港울릉도 출항"(石戸谷勉 1917.1.: 105).

인류학적인 내용과 관련된 보고서로는 토리이 류조鳥居龍藏의 고분조사보고서와 조선산악회의 답사보고서 그리고 자연보존협회의 일원으로 참가하여 작성된 보고서가 있다. 동식물상과 석관에 대해 언급한 토리이의 보고는 지금까지도 잘 인용되고

---

5 ヌルデ누루데가 일반적인 이름이며, 옻나무과에 속한다. 단풍이 붉게 들어서 붉나무(鹽膚木[염부목]이라고도 함)라고 한다. 잎에 있는 벌레집을 오배자(鹽麩樹염부수의 虫癭충영)라고 하여 한약재로 이용된다.

6 이 식물은 일본에서도 오키나와 남부의 이리오모테西表 섬에서 확인되는 이름인데, 울릉국화와 동종인 지에 대해서는 식물학적으로 심층적인 연구가 필요할 것 같다. 이리오모테와 울릉도의 기후환경이 너무 다르기 때문이다.

7 イハジヤカウソウ이야지야카소가 올바른 철자이며, 학명은 Thymus quinquecostatus var. japonicus H.Hara이다.

8 대동환은 이듬해에 태동환으로 대체된 것으로 생각된다. "大正7(1918)年4月1日 朝鮮汽船が釜山鬱陵島間の命令航路を受け三菱造船所で建造費 20 余万円をかけ太東丸(267t · デーゼル · 14 ノット)を新造"(森須和男 2014.3.: 118).

있으나, 조선산악회의 제4회 국토구명사업으로 실시된 보고서의 존재는 흔적을 알 길이 없고, 자연보존협회의 일원으로 참가한 보고는 한상복과 이기욱이 공동으로 작성한 것(1981)이다. 근자에 영남대학교 민족문화연구소의 종합학술조사가 1998년 1월부터 6월까지 국사학, 법학, 국어학, 인류학, 고고학 분야로 구성되어 집중적으로 실시되었다(영남대 민족문화연구소 2003 & 2005).

울릉도에 관한 기존의 인류학적인 문헌들을 보면서 가장 관심이 가는 것이 역시 토리이 류조의 글이다. 그것이 울릉도에 관한 최초의 인류학적인 보고문이라는 점에서 뿐만이 아니라, 그 보고서가 만들어지고 발표되는 배경의 제국주의적 바탕에 대한 이해를 전제로 해야 한다는 점에서 더욱 관심이 간다. 토리이 류조는 울릉도에 관한 보고문을 발표하기 2~3년 전에 이미 제주도에 관한 보고문(鳥居龍藏 1914.11. & 1915.2.)을 발표하였다. 발표된 지면이 동일한《東亞之光동아지광》이라는 점을 주목한다. 이 잡지의 안목은 '동아'이며, 이미 몽고와 만주 그리고 중국과 대만에 관한 보고문들을 주로 제시해왔다. 제국 일본의 시베리아 출병에 동반했던 학자들의 글들이 적지 않게 게재되었던 점이 제국주의의 실천에 가담하였던 잡지의 소명이었던 모양이다.

토리이가 제주도에 관해서는 "민족학적"인 측면의 보고를 주로 담았던 데 비해서, 울릉도에 대해서는 "인종고고학적" 보고의 내용을 담았다(鳥居龍藏 1918.7.1. & 1918.9.1. & 1924.9.). 토리이는 일본 신화 상의 우사시마宇佐島를 울릉도로 비정하였다. 울릉도에 대한 토리이의 관심이 인종고고학적이었다는 점에 대해서 다음과 같은 생각을 하고 싶다. 인종학적ethnological + 고고학적archaeological 이란 말이다. 왜 인종학적이라고 했는지에 대해서는 특정할 만한 내용이 없지만, 고고학적이라고 적기한 이유는 분명하다. 우산국 유적과 유물이 표적이었다는 점을 증언한다. 그는 "1917년 11월 9일 출발하여 浦項포항(迎日灣)에서 배를 타고 鬱陵島울릉도에 건너갈 것이고, 거기서 5일간 체류한 후 다시 경상북도로 들어와서 경상남도를 거쳐서 경성에는 1918년 1월 12일 들어갈 생각이다"(『人類學雜誌』 32(11): 357-358)라고 보고하였다. 그의 울릉도에 대한 인종고고학적 조사기간은 단 5일 간이었던 점에 주목한다.

현재 서울의 국립중앙박물관 지하수장고에는 그가 수집하여 수장하였다고 생각되는 유물을 포함하여 울릉도의 유물이 1,009점에 달하고 있다. 조선총독부 촉탁의 신분으로 11월 9일부터 13일까지 5일간 그토록 많은 유물을 수집하였다는 것은 울릉도에 파견되어 있었던 경찰과 행정의 조력 없이는 불가능한 작업이었을 것이다. 그럼에도 불구하고, 그는 하나의 통일된 보고서를 남기지 않았다는 점을 지적하고 싶다. 당시의 제국주의적 지배 하에서 고고학적 조사라는 것의 과정과 결과를 보여주는 하나의 실례인 셈이다. 인종고고학이라는 학문의 이름으로 울릉도의 우산국 시대 유물들을 강제이동시킨 것은 제국주의 시대의 지배적 횡포였고, 유물 하나 하나에 대한 제대로 된 보고문을 남기지 않고 집합적으로 박물관에 수장시킨 것은 유산유폐遺産幽閉의 극단적 사례라고 말할 수밖에 없다. 박물관이라는 조직을 빙자한 유산유폐는 제국주의적 지배 양식의 하나였다고 말할 수밖에 없다.

1917년 조선총독부가 파견했던 촉탁인류학자 토리이에 의하여 강제이동당하였던 울릉도의 문화유산은 백 년이 넘도록 유폐 상태에 놓여 있다. 전언에 의하면, 울릉도에 우산국박물관이 설립되고, 국립중앙박물관의 울릉도 유물이 전시될 것이라고 한다. 중요한 유물들은 복제품으로 만들어져서 전시될 것이라는 소문도 있다. 해외로 유실되었던 문화유산들을 국내로 반입해야 한다는 운동이 거국적으로 전개된 지도 벌써 상당한 시간이 지났다. 문화유산 원적지 반환repatriation 운동이 세계적으로 전개되고 있고, 한국이 그 선도에서 운동을 이끌고 있다는 마당에, 서울의 지하수장고에서 한 세기가 넘도록 유폐되어 있는 울릉도의 문화유산들은 울릉도로 반환되는 것이 순리라고 생각한다.

왜 울릉도의 유산이 서울의 지하에 수장되어 있어야 하는가? 그것을 설명할 수 있는 논리를 따른다면 해외의 문화유산 원적지 반환운동은 가능한 것인가? 귀중한 문화유산들이 관리가 부실해지기 쉬운 울릉도로 이전될 수 없다는 논리인가? 그렇다면, 제대로 된 관리가 가능할 수 있도록, 울릉도에 시설을 갖추고, 제대로 된 관리를 할 수 있는 전문가를 파견하는 것이, 그동안 문화유산을 유폐시켰던 죄값에 대한 최소한의 속죄양식이며, 또한 한걸음 더 나아간 도리가 아닐까? 존재하지도 않는 "중앙"이라는 허상에 매달리는 행정편의주의를 혁파해야 한다. 그로 인하여 조각나고 멸실된 지방의 살림살이에 대해서는 어떻게 할 것인가? 여러 곳의 물건들을 한 곳에 집중시키니 사람들도 따라간 결과가 수도권 집중화다. 지방의 살림살이가 어려워진 이유는 뻔하다.

울릉도의 개황

울릉도는 동경 130도 47분에서 130도 55분, 북위 37도 27분에서 37도 33분에 위치하고 있다. 본토와의 거리는 포항과 217킬로미터, 동해(묵호)와 168킬로미터, 후포와 159킬로미터 떨어져 있다. 오각형의 화산섬으로 섬의 너비는 동서가 10킬로미터, 남북이 9.5킬로미터이다. 섬의 중앙에 주봉主峰인 해발고도 984미터의 성인봉聖人峰이 솟아 있으며 말잔등(967미터), 미륵산(900미터), 나리봉(813미터) 등이 주변에 연접해 있다. 울릉도는 경사가 가파른 종상화산鐘狀火山으로 지형은 대부분 30도 이상 경사져 있으며, 산봉우리 쪽에는 60도 이상 경사진 곳도 있다. 또한 울릉도는 본도本島 및 독립된 법정리로 존재하는 독도 이외에도 유인도인 죽도(1세대 4명 거주)와 무인도인 관음도, 삼선암, 공암, 북저암, 죽암, 딴바위 등의 부속 도서로 이루어져 있다.

울릉도는 군도 형태인 서·남해안 도서와 달리 고립도서 형태이기 때문에 본토와의 해상교통이 원활하지 않다. 현재 울릉도와 육지를 연결하는 정기선은 썬플라워호가 도동–포항 간, 한겨레호가 도동–묵호 간을 운행하고 있으며, 저동과 후포 사이에는 씨플라워1호가 운행하고 있다. 기타 해상교통으로는 도동과 독도를 잇는 삼봉호와 도동과 죽도를 잇는 우성훼리호가 있으며, 그 밖에 네 척의 해상유람선이 있다. 울릉도의 육상교통은 해안을 따라 나 있는 926번 지방도로인 일주도로를 중심으로 이루어지고 있다. 총 계획 44.2킬로미터 중 현재 39.8킬로미터가 개설되었으며 내수전–섬목 간 4.4킬로미터는 개설이 추진 중에 있다.[9] 1979년에 도동과 저동 간에 처음으로 버스가 운행된 이래 2006년 현재 총 6대의 버스가 운행되고 있으며, 택시는 52대가 운행하고 있다. 이밖에 관광객들을 상대로 한 렌터카 13대, 전세버스 31대가 운영되고 있다.

행정구역으로서 울릉군은 울릉읍과 서면, 북면의 1읍 2면으

9 울릉일주도로는 2019년 3월 29일에 전 구간이 정식으로 개통되었다.

로 이루어져 있으며, 울릉읍은 도동리, 저동리, 사동리, 독도리의 네 개 법정리, 서면은 남양리, 남서리, 태하리의 세 개 법정리, 북면은 천부리, 현포리, 나리의 세 개 법정리로 이루어져 있다. 울릉군은 2006년 12월 31일 현재 총 인구 9,550명(남자 4,995명, 여자 4,555명)[10]으로 경상북도 내 군 지역 평균 인구의 4분의 1에 채 못 미치는 작은 군이다. 울릉읍에 전체 인구의 70퍼센트인 6,733명이 살고 있으며, 특히 그중에서도 세 개 행정리로 구성된 도동리에 4,339명, 저동1리에 1,772명이 살고 있어, 도동항과 저동항 두 포구 일대에 군 인구의 64퍼센트가 모여 있다. 울릉도 인구의 또 다른 특성은 고령화가 심각하다는 것이다. 2006년 지자체 선거 당시 유권자 수는 7,751명이었으며 이는 전체 인구의 81퍼센트에 달한다.

이 수치는 나이 어린 세대가 매우 적다는 것을 의미하는데, 이의 가장 큰 원인은 중·고등학교 진학 시 학생들이 섬을 떠나는 비율이 매우 높다는 점을 들 수 있다. 도민들은 자녀들이 학력을 쌓아서 보다 높은 사회·경제적 지위를 획득하기를 바라는 마음에, 자녀들이 섬에 머물기보다 육지로 진학하기를 원한다. 도민들의 고교생 자녀들은 대부분 포항이나 대구, 멀리는 서울에서 취학하고 있다. 노인층의 비율도 매우 높아, 65세 이상이 1,609명(남

10 2019년 4월 기준 울릉군의 인구는 9,718명(남자 5,282명, 여자 4,436명)이다.

자 693명, 여자 916명)으로 전체의 16.8퍼센트나 된다. 85세 이상 노인도 92명이나 된다. 이와 같은 추세라면, 수년 내에 초고령사회(65세 이상 인구비 20퍼센트 기준)로 진입하게 될 것이다.

2006년 현재 울릉군 내 최고령자는 북면 천부리에 거주하는 만 107세의 박우영 할머니이다. 1899년에 태어나[11] 3세기에 걸쳐 살고 있는 박 할머니는 5대가 함께 살고 있다. 박우영 할머니는 고령의 나이에도 불구하고 아직도 제사 날짜와 가족의 생일 등을 정확히 기억하고, 집 앞 텃밭에 마늘을 직접 심고 수확까지 할 정도로 건강을 유지하고 있다.

울릉군 내 교육시설은 초등학교와 중학교는 분교를 포함해 각 6개와 5개가 있으나 고등학교는 도동리에 있는 학생 수 149명의 울릉종합고등학교 1개교에 불과하다. 중학교는 울릉읍에는 도동리에 울릉중학교, 저동리에 우산중학교의 2개교가 있고, 서면에는 남서리에 울릉서중학교와 태하리에 울릉중학교 태하분교의 2개교가 있으며, 북면에는 천부리에 울릉북중학교 1개교가 있다. 중학생 수는 총 280명이다. 초등학교는 울릉읍에는 도동리에 울릉초등학교, 저동리에 저동초등학교의 2개교가 있고, 서면에는 남양리에 남양초등학교와 태하리에 태하초등학

---

11 호적상의 생년월일은 1900년 6월 17일로 되어 있으나 본인이 돼지띠임을 분명히 기억하고 있었고, 혼인 연령, 출산 연령에 대한 기억도 일관된 점에서 실제 태어난 해는 1899년이고 출생신고가 1년 늦은 것이라고 추정할 수 있다.

그림 8 104세 박우영 할머니(2003년 현재)

교의 2개교가 있으며, 북면에는 천부리에 천부초등학교와 현포리에 천부초등학교 현포분교의 2개교가 있다. 천부4리인 석포동에 천부초등학교 석포분교가 있었으나 수년 전 폐교되었다. 초등학생 수는 총 539명이다. 각 초등학교는 모두 병설유치원을 보유하고 있으며, 그 밖에 도동리에 도동유치원과 진각종 사찰에서 운영하는 여래유치원이 있어 총 8개의 유치원이 있다. 육지로의 유학으로 인해 초등학생→중학생→고등학생 순으로 숫자가 감소하는 것은 이미 언급한 바와 같다. 특히 중학생 수가 초등학생 수의 절반 정도밖에 되지 않는다는 점에서 많은 수의 청소년이 중학교 진학에서부터 육지로 나간다는 것을 알 수 있다.

종교시설로는 기독교회가 37개소에 신도 수 총 2,548명, 천주교회가 2개소에 신도 수 총 785명, 불교 사찰이 11개소에 신도 수 총 910명이다. 새 배가 들어왔을 때나 배를 수리하고 처음 바다에 나가기 전에, 태하리에 있는 성황당에서 풍어와 안전을 기원하는 제사를 지낸다. 어촌 민속의 일부가 민간신앙으로 이어지고 있음을 알 수 있다.

농업

울릉도는 경사가 가파른 종상화산으로 이루어진 섬이기 때문에 농업은 전작田作에 치우쳐 있다. 십수 년 전까지도 전체 농경지에서 논이 차지하는 비율이 5퍼센트 가까이 되었고, 태하리와 나리에 제법 넓은 답작지畓作地를 볼 수 있었으나, 현재는 1,297.2헥타르에 이르는 농경지 전체가 전작지田作地이며, 논은 찾아볼 수 없다. 울릉군의 현재 농가 수는 717호로 농민 수는 1,641명이다.

주된 식량작물로는 감자와 옥수수가 있으며, 식량작물의 총 생산량은 61M/T[12]이다. 그 밖에 마늘의 생산량도 15M/T에 이른다. 그러나 이 수치들은 과거에 비해 현저히 감소한 것이며, 식량작물의 생산량은 1979년도 통계치의 0.5퍼센트 수준에 불과하며, 마늘의 경우 같은 해 통계치의 13퍼센트 수준이다. 식량작물의 재배가 줄어든 대신, 대부분의 농가 소득은 나물과 약초의 재배를 통해 이루어지고 있다. 약초로는 더덕, 천궁 등이 재배되며, 사삼의 경우 생산량이 189M/T에 이른다. 천궁의 경우에는 80년대 초엽부터 많은 양이 생산되었으나, 지력의 소모로 인해 생산량이 현저히 줄어들었을 뿐 아니라, 육지에서도 많은 양이 재배되어 가격이 폭락하여 현재는 대부분 나물 종류로 대체되었다. 울릉도 농업의 주된 작물은 다양한 종류의 나물들로, 도매로 육지로 팔려나갈 뿐 아니라 울릉도의 특산품으로 소매 포장되어 관광객들에게 판매되고 있다. 재배되는 나물로는 삼나물, 고비, 미역취, 부지깽이나물, 더덕 등이 있으며 생산량은 총 359M/T에 이른다.

---

12 M/T는 무게를 표시하는 단위로 메트릭톤, 즉 미터법상의 1톤을 말한다. 1톤은 1,000킬로그램이다.

울릉도의 대표적인 나물이자 이곳에서만 볼 수 있는 것으로 명이가 있다. 그러나 명이는 재배되지 않고 야생으로 자라는 것을 채취한다. 명이는 명이지나 명이김치를 만들어 먹으며, 날것을 그대로 쌈으로 먹기도 한다. 명이지는 다른 장아찌 종류처럼 간장으로 절이는 것이다. 간장, 현미식초, 설탕, 소금 약간을 사용해 담가서 사나흘이 지나면 먹을 수 있다. 명이김치는 멸치젓갈로 담그는데, 꽁치가 많이 나는 봄에는 꽁치젓갈로 담그기도 한다. 양념은 여타 김치의 양념과 똑같지만 마늘을 약간 적게 넣는다. 겉절이로 먹거나 익혀서 먹는다. 명이는 2월 말경 눈 위로 새순이 올라오는데, 이를 뿔명이라고 한다. 아직 잎이 벌어지지 않은 뿔명이는 파처럼 살짝 데쳐서 고추장을 찍어 먹거나 고추장 양념에 무쳐서 먹는다. 옛날에는 먹을 것이 없는 계절에 눈 위로 올라오는 이 풀로 죽을 끓여 먹어 명을 이었다는 데서, 명이의 이름이 유래되었다고 한다.

어업

울릉도의 항만시설은 해양수산부 관할의 도동항과 제3종 어항으로 저동항 등 3개 항, 도道 관할의 제2종 어항 3개 항, 군郡 관할의 소규모 어항 8개 항 등 총 15개 어항이 있다. 울릉도의 어가漁家는 786호로 총 어민 수는 1,998명이다. 채취되는 수산물의 종류는 오징어, 전복, 소라, 해삼, 문어, 새우, 미역, 꽁치, 가오리, 넙치,

가자미, 말쥐치 등이다. 울릉도의 어업은 오징어잡이에 집중되어 있으며, 여타 어종의 어획량은 오징어에 비해 미미하다. 2005년 전체 수산물 생산량 5,660M/T 중 5,270M/T, 총 어획고 158억여 원 중 140억 원이 오징어에 의한 것이었다.

일제시대 울릉도에 거주했던 조선인 가운데 어업에 종사하는 사람은 매우 적었으며, 대체로 농업에 종사하였다. 당시 울릉도의 어업은 거의 일본인들에 의해 이루어졌는데, 대부분이 오징어잡이를 위해 입도한 사람들이었다. 당시 도동의 주거지역은 지금은 복개된 도동천변을 따라 형성되었는데, 상류의 계단식으로 형성된 전작지 부근의 조선인 거주지역과 하류의 도동항 근처의 일본인 거주지가 뚜렷하게 분리되어 있었던 것도 이와 같은 직업 분포와 연관되었다. 해방 후 일본인들이 섬을 떠나면서 그 빈자리를 한국인들이 채우게 되었다. 당시에는 손으로 노를 젓는 소규모 목선을 직접 만들어 사용하였으며, 뗏목과 유사한 형태의 작은 '떼배'가 이용되기도 했다. 무동력 목선이 1960년대 중·후반까지 주종을 이루었으며, 1980년대 초반까지도 일부 사용되었다. 동력선은 1960년대 중반에 등장하기 시작했는데 그 시기의 동력선은 목선에 엔진을 단 것이었으며, 현대적인 디젤선은 1970년대부터 도입되었고, 1980년대 관 주도로 어선 대형화를 추진하면서 목선은 자취를 감추게 되었다.

오징어는 회유성 어종으로 날이 따뜻해짐에 따라 구주로부터 북상하여 북한 지역까지 올라갔다가 날이 추워지면 다시 남하한다. 울릉도의 오징어잡이는 오징어가 울릉도 근해에 회유하는 6월에서 12월까지 이루어진다. 특히 10월부터 12월까지가 성수기다. 목선으로 작업하던 당시에는 '로라'(손으로 채를 돌리는 롤러)나 '산자꾸'(손으로 낚싯줄을 직접 다루는 것)를 사용해 오징어를 잡았으며 오징어불도 전깃불이 아닌 기름불을 썼다. '로라'나 '산자꾸'는 80년대 초반까지 남아 있었다. 승선 인원은 배의 규모에 따라 작은 배는 혼자 작업하기도 하고, 큰 배에는 열 명씩도 탔다. 당시에는 배가 크지 않아 잡힌 오징어를 30~40축밖에 싣지 못하므로 오징어가 많이 잡힐 때에는 저녁, 밤, 새벽 세 번 왕복하기도 했다. 로라나 산자꾸로 조업하는 것은 공동으로 조업하는 것이 아니라 각기 혼자 작업하는 것이므로 누가 얼마나 잡은 것인지를 분명히 알 수 있다. 손으로 작업하던 시기에는 여럿이 함께 배를 타더라도 잡은 오징어를 공동으로 분배하는 것이 아니라 각자가 잡은 것에 소유권이 있었다. 그중 한 축(20마리)당 9마리(배에 따라서는 8마리나 10마리로 정해진 경우도 있었다고 한다.)를 선주에게 '선가'로 주고 난 나머지가 잡은 사람의 몫이 되었다.

조업이 기계화된 이후에는 선박의 규모는 커졌으나, 오히려 선장 혼자 타거나 두 사람 정도가 타는 경우가 많다. 이는 동력화로 인해 배를 모는 일 등을 혼자서도 쉽게 할 수 있게 되었기 때문이기도 하고, 한편으로는 여럿이 한 배로 조업하는 것이 동력선을 운영하는 비용을 고려하면, 수지 타산이 맞지 않기 때문이기도 하다. 생산이 예전만큼 잘되지 않을뿐더러 오징어의 가격도 불안정하기 때문이다.

도동의 경우, 조업은 2교대로 이루어진다. 저녁에 출어하여 새벽에 귀항하면, 그날 저녁은 잡아 온 오징어 중 살아 있는 것들을 포구 근처에서 회를 만드는 용도로 판다. 말려서 파는 것보다 회(5마리 1만 원)용이 더 수입이 좋다. 그러나 회의 소비량이 한정되어 있으므로 회로 팔 수 있는 산오징어가 하루에 몰리지 않도록 2교대를 유지한다.

오징어를 말릴 때에는 포구에 있는 덕장에서 바람과 햇볕으로 건조시키지만, 날씨가 좋지 않을 때에는 공장에서 '불 건조'를 하기도 한다. '불 건조'는 인위적으로 더운 바람을 불어넣어 주는 것이다. 공장이 없었던 시절에는 비가 올 경우 덕장에 널어놓은 오징어는 무용지물이 되어버리기도 했다. 당시에는 비가 오면 '이깟대'가 상할까 봐 오징어를 바다에 버렸다. 오징어는 어차피 쓸모없어지기 때문에 '이깟대'라도 건지려는 것이었다. 그러나 요즘은 공장에서 '불 건조' 할 수 있어서 '이깟대'를 버리지 않는다. 오징어 건조 작업은 엄밀히 구분된 많은 공정으로 이루어져 있으며, 인건비는 전 작업에 대해 책정되지 않고 각 공정에 대하여 1축을 단위로 정해져 있다. 오징어 건조 작업 과정은 다음과 같은 순서로 이루어진다(괄호 안은 1축에 대한 해당 공정의 인건비이다).

① 배따기(500원) | 할복하고 내장을 제거한다.
② 꼬지 끼기(100원) | '이깟대'에 오징어를 꿴다. '이깟대'는 오징어를 꿰어 덕장에 너는 꼬챙이로 오징어의 일본어인 '이까'에서 온 말이다. 울릉도에서 현재 이루어지고 있는 오징어 건조 방식은 일제시대 일본인들의 것을 이어받은 것으로 '이깟대'라는 용어는 그 흔적이라 할 수 있다. '이깟대'는 지름이 1.5센티미터가량 되는 대나무 막대기로 100개에 3~4만 원이며 수명은 2~3년 정도이다. '이깟대' 하나에 오징어 한 축을 꿴다.
③ 씻기(200원) | '이깟대'에 꿰어진 상태에서 맑은 물로 씻는다.
④ 덕장에 걸기(100원) | '이깟대' 채로 넌다.
⑤ 피우기(100원) | 배가 갈린 오징어의 몸체를 편다.
⑥ 탱개치기(200원) | '탱개'는 길이가 8센티미터가량 되는 가는 대나무 막대기이다. '탱개친다'는 것은 몸체를 펴놓은 오징어의 머리 부분에 '탱개'를 끼우는 것으로, 이는 펴놓은 오징어가 그 상태를 유지하게 함으로써 바람이 모든 부분에 골고루 들어가게 하기 위한 것이다. '탱개'는 한 상자에 4만 원인데, 한 상자면 70~80축을 말릴 수 있다.
⑦ 귀 디비기(100원) | 귀(지느러미를 일컫는다.)를 뒤집어준다.

그림9 오징어를 '탱개쳐'놓은 모습, 오징어 귀를 '디벼'놓은 모습,
오징어 귀를 '추어'놓은 모습, 오징어 귀를 펴놓은 모습(위에서 아래로)

⑧ 발 떠기(200원) | 오징어의 다리가 서로 붙은 채로 마르지 않도록 떼어준다.

⑨ 귀 추기(100원) | 귀를 뾰족하게 세워준다. 바람이 좋지 않아 잘 마르지 않을 때에는 '귀 춘' 후에 한 번 더 '발 떠기'를 한다.

⑩ 귀 피우기(100원) | 귀를 펴주어 몸 전체가 평평해지도록 한다.

⑪ 훑기(500원) | 오징어를 '이깟대'에서 빼내어 반듯하게 훑고 손질한다.

⑫ 널기(100원) | 오징어를 다시 널어 말린다.

⑬ 간추리기(100원) | 다 마른 오징어를 걷는다.

⑭ 저울 달기(축 짓기에 비용 포함) | 축을 짓기 위해 무게를 단다.

⑮ 축 짓기(600원) | 크기가 비슷한 것끼리 20마리씩 묶는다.

오징어 한 축을 건조하는 데 인건비는 도합 3,000원 정도가 든다. 이렇게 말린 후 '짝 지어 보낸다'. '짝 짓는' 것은 마른오징어를 상자 단위로 포장하는 과정을 말하며, 작은 것들은 100축이나 80축, 큰 것일 경우 60축이나 50축씩 포장한다. '보낸다'는 것은 도매로 판매하는 것을 말한다. 이와 같은 건조방식은 일제시대 울릉도에 들어와 오징어잡이를 하던 일본인들로부터 전수된 것인데, 10여 년 전만 해도 울릉도에서만 이런 방식을 사용하고 있었으며, 여타 지역에서 사용되던 방식보다 훨씬 효율적이었다. 그러나 이제는 육지에서도 울릉도의 건조방식을 도입했다.

오징어는 완전히 건조되는 데 3일이 소요된다. 그러나 요즈음은 이틀만 건조시켜 판매하기도 한다. 이런 반건조 오징어를 '피데기'라고 한다. '피데기'는 보존 가능한 기간이 짧은 대신 맛이 더 좋다는 평가가 일반적이다. 오징어도 잡히는 시기마다 이름이 다르다. 여름에 잡히는 오징어는 '피디기' 즉 '피'(껍질)만 있는 오징어로 육질이 빈약한 것이다. 가을에 잡히는 것은 '추동바리', 겨울에 잡히는 것은 '동삼바리'이며, '동삼바리'가 가장 육질이 두껍다.

오징어 이외에 잡히는 어류는 계절별로 달라진다. 가을이 시작되면서 복어와 방어가 잡히기 시작한다. 복어에는 여러 가지 종류가 있다. 민복, 까치복, 가시복, 졸복 등이 있으며, 졸복이 가장 크기가 작은 것이며, 민복이 가장 많이 잡힌다.

울릉도 해정학

1997년 울릉도의 도동리에 있는 약수공원 내에 국내 유일의 영토박물관인 독도박물관이 개관하였다. 독도박물관은 독도 및 조선해朝鮮海를 둘러싼 관련 자료를 발굴, 수집, 연구하고 그 결과를 전시, 홍보하고 있다. 특히 독도가 한국의 고유 영토임을 입증하는 일본 측의 고지도 및 고문헌들을 소장, 전시하고 있으며, 그 밖에도 독도의용수비대에 대한 자료들을 보유하고 있다.

해방 이후 울릉도에서 전개되었던 변화는 생태학적 조건에 따른 발전 전략의 방향에 의해서 좌우되었던 것으로 생각된다. 일제시대에는 도동항구가 일본인 중심의 수산업을 기반으로 하여 개발되었다고 한다면, 1960년대 초반 저동에 항만시설이 구축되면서 울릉도 수산업의 중심은 저동으로 이동했다고 말할 수 있다. 일제시대 도동은 거주지역이라는 측면에서 크게 두 영역으로 구분되었다. 항구 부분은 일본인 중심의 거주지역이었고, 산록 부분은 조선인들이 주로 거주하였다. 해방 후 일본인들이 떠나고 빈자리를 차지한 사람들이 현재 도동의 경제력을 장악하게 되었다. 지세 상地勢上으로 협소한 도동의 한계를 보완하기 위한 울릉도 발전 계획이 제시되면서 저동이 주목을 받게 되었고, 저동항만 시설 건설이 울릉도의 현재를 보여주는 모습이다.

저동항은 오징어잡이가 번성할 시대에 밀집했던 주거지역의 모습이 일부 남아 있고, 상업지역이 확산되는 모습을 보인다. 과거의 투막집 구조를 그대로 갖고 외양의 지붕만 너와에서 함석이나 슬레이트로 대체한 작은 규모의 가옥들은 아직도 주거용으로 이용되고 있다. 빼어난 경관을 배경으로 추진되고 있는 관광산업은 접근성과 이동성이라는 한계를 안고 있지만, 경상북도의 포항과 강원도의 동해를 연결하는 쾌속선의 배치로 일정 정도의 관광객을 유치하는 역할을 하고 있다. 섬 전체가 급경사의 해변이라는 조건으로 인하여 비행장의 활주로 건설이 검토되고, 육지와의 공로 연결이 앞으로 울릉도 관광산업의 활로를

그림10 도동 산록부(위)와 항구부(아래)

담보하고 있음은 분명하다. 문제는 비행장 건설로 인하여 필연적으로 발생할 수밖에 없는 자연 파괴를 어느 정도 최소화할 수 있는가 하는 과제이다.

긴급한 환자가 발생한다든지, 임산부의 출산을 원활하게 보완해야 하는 문제들이 담긴 도민들의 삶은 육지와의 접촉과 연결을 배제할 수 없다. 이러한 상황에서는 울릉도의 공항 건설은 필수적이다. 한편 울릉도에 건설될 공항은 울릉도의 산업구조를 크게 바꾸게 될 전망이고, 관광산업으로 인해 예상되는 타 업종들의 폐해를 어떻게 예방하고 원활하게 축소할 수 있는가 하는 과제들이 행정의 손을 기다리고 있다.

사실상 이러한 문제들은 남북관계의 진전과 대일본 외교의 문제들을 포함한 동해 활용의 미래산업이라는 측면에서 다루어져야 할 과제들이다. 지중해의 모습을 하고 있는 동해는 주변국가들과의 순탄한 항로 및 공로 연결을 예상할 수 있고, 해정학적海政學的 구도 속에서 울릉도의 역할이라는 측면을 기대하게 된다. 지정학적 실패의 국제정치적 경험을 반면교사의 긍정적 측면에서 살려야 하는 것이 해정학의 과제이다. 울릉도를 거점으로 한 방사형의 공로와 항로가 연결하는 삶의 구도는 울릉도의 좌표를 새롭게 인식하게 한다. 동해라는 지중해의 구도 속에서 복합적이고 다자적인 네트워크 체제 구축의 구심점이 될 수 있는 울릉도의 미래를 생각하게 된다.

문제는 팽창의 논리만으로는 울릉도를 지켜낼 수 없다는 것이다. 팽창하면 역류하는 것이 자연과 인생살이의 필연성이기 때문에, 팽창 과정에서 다가올 역류의 문제들을 미리 예방할 수 있는 장치들을 함께 준비하지 않으면 희망적 미래는 절망으로 빠져들 수 있다. 동해의 거점이라는 좌표의 해정학海政学에서 울릉도의 미래를 준비할 필요가 있다. 신라와 동여진으로부터 받았던 위협의 경험, 대마도로부터 풍미녀를 모셔왔던 우해왕의 혼인정책이 담긴 전설의 기억, 러일전쟁 이후 일본 제국주의 시대의 교통 요충지라는 삶의 모습, 그리고 국경 분쟁의 한일 갈등까지 다 아우를 수 있는 해정학의 구도를 창발해야 하는 과제가 울릉도의 미래 앞에 놓여 있다.

독도의 개황

독도는 도동항으로부터 동남방으로 87.4킬로미터 떨어진 동경 131도 52분, 북위 37도 14분에 있는 울릉도의 부속 도서로 행정구역상으로는 울릉읍 독도리(1번지~96번지)이다. 면적은 18만 7,554제곱미터이며 동도東島의 면적은 7만 3,297제곱미터, 서도西島의 면적은 8만 8,740제곱미터이다.

독도는 주도主島인 동도와 서도를 포함하여 모두 91개의 바위섬으로 이루어져 있다. 이 중 다수의 바위에 이름이 붙어 있는데 군함바위, 코끼리바위, 촛대바위, 지네바위 등은 대부분 생

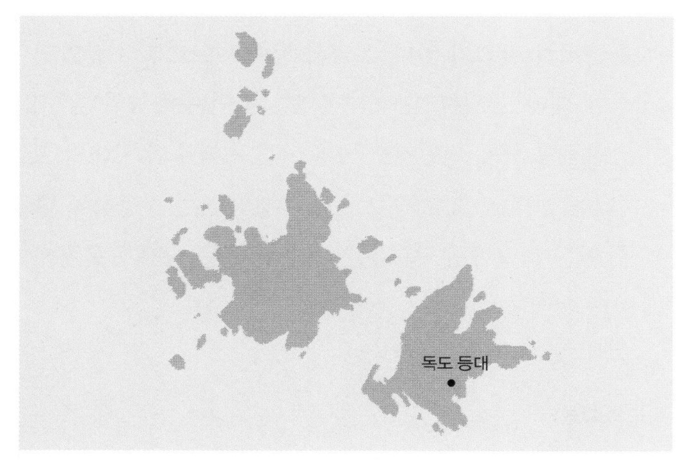

그림11 울릉군 울릉읍 독도리

김새에서 유래한 것이다. 특기할 만한 바위 이름으로는 '보찰바위'가 있다. '보찰'은 거북손이라는 표준어의 전라도 지역 방언인데, 경상북도에 속해 있는 독도의 지명에 전라도 방언이 사용된 것이다. 뿐만 아니라 울릉도민들도 '거북손'보다 '보찰'이라는 말을 익숙하게 사용하고 있다. 이는 개척령 이전부터 전라도와의 왕래가 많았다는 것과 무관하지 않다. 이른바 '나선羅船'이라는 전라도 출신의 배가 천부를 중심으로 많이 오고 갔다. 이들은 배 한 척에 타고 건너와 여름 동안 배를 건조하고 미역을 따고 고기를 잡아서, 각자가 울릉도에서 건조한 배 한 척씩을 몰고 돌아갔다. 1882년 울릉도 검찰사로 파견된 이규원李奎遠은 울릉도에 조선인이 140명이었다고 보고했는데, 이 중 115명이 전라도 출신이었다.

1980년대 이래 독도 지키기 운동의 일환으로 호적 이전 운동이 꾸준히 전개되어, 2006년 3월 31일 현재 독도의 호적 등재 인구는 총 577세대 1,919명이다. 호적 등재 인구수로 보면 대한민국 영토 내에서 가장 인구밀집도가 높은 섬인 셈이다. 호적 이전 운동이 낳은 원인과 결과에 대한 성찰이 필요한 부분도 있다. 그러나 주민등록 인구는 1세대 2명으로 김성도·김신열 부부 2명만이 실제로 서도에 주거시설을 구비하고 거주하고 있었다. 서도에는 이밖에도 어민 숙소와 저수탱크 등의 민간시설이 있다. 김성도 씨는 날씨가 좋은 날에는 독도 주변의 해역에서 어장 일을 하고 있었다. 동도에는 40여 명의 독도 경비대원이 상주하며 이를 위한 초소, 막사 및 헬기장 등의 시설과 등대 1기가 있다.

기록과 기억

하나의 바다를 가운데 두고 양자가 서로 권리를 주장하는 현상, 이전투구의 싸움판에 개입하고 싶은 생각은 없다. 그러나 현실적으로 한반도와 일본열도 사이에 있는 바다와, 바다 한가운데 있는 바위섬의 영유권을 놓고 양국이 공방을 벌이는 현실을 아예 도외시할 수도 없다. 필자는 재판에 임하는 법률가나 권력을 사용하는 정치인이 아닌, 사실을 추구하는 학자 입장에서 발언한다는 점을 분명히 하고자 한다.

본래 바다, 그리고 바다를 무대로 살아가는 사람들의 삶을 우리는 어떻게 생각하는가. 그들은 분명 육지를 배경으로 살아가는 사람들과는 다른 방식으로 살아가고 있을 것임에 분명하다. 바다를 배경으로 살아가는 사람들은 기본적으로 물고기를 따라다니고, 여러 가지 방법으로 물고기를 잡아 생계를 꾸려간다는 점을 지적할 수 있다. 따라서 공간적으로 고정된 '지역'이라는 사상적 배경을 기초로 한 관점과 '해역'을 바라보는 관점은 본질적으로 다르다. 해역을 지역처럼 생각하여 실효지배를 주장하는 입장은 재고할 필요가 있다는 점을 역설하고자 한다. 나는 지정학Geopolitics이 아니라 해정학Oceopolitics(전경수 2018. 7. 30. 참조)을 염두에 두고 있다. 즉 세상을 바라보는 세계관이라는 점에서, 해역은 지역과는 다르다는 점을 먼저 인정해야 한다. 그러한 세계관, 즉 삶의 방식이 현재 다툼의 대상이 된 해역에 어떻게 반영되어 있는가를 고찰하고자 한다.

일본에서는 '일본해'라고 주장하고, 두 개의 코리아에서는 '동해'라고 주장하는 해역, 그리고 이 해역에 존재하는 작은 바위섬의 명칭과 영유권을 둘러싼 공방은 끝이 보이지 않고 격렬한 감정을 불러일으킨다. 국가 수준에서 진행되고 있는 공방이 결국 전쟁으로 귀결될지도 모른다고 생각하면 전율이 흐른다. 역사적으로 외교 분쟁이 군사 분쟁으로 이어진 사례가 적지 않기 때문이다. 이러한 문제는 더 큰 맥락에서 다루어야 하기에 나는 외교적 정치적 맥락에서 이 문제를 바라보고 있지는 않다는 점을 고백한다.

외교 분쟁이란 기본적으로 문서에 기반하고 있다. 역사는 문자로 쓰인 글에 기반을 두고 있지만, 바다를 배경으로 살아가는 사람들이 인식하는 역사는 조금 다르다. 몸에 의한 역사가 있는가 하면, 물건에 의한 역사, 기억에 의한 역사, 구전(말과 노래 등)에 의한 역사도 있다. 문서에만 의존하는 역사로는 바다를 배경으로 살아가는 사람들의 삶의 방식을 온전히 설명할 수 없다. 문서에만 의존하지 않는 해민들의 생활방식이 있다. 국가권력을 배경으로 하는 문서들과 다르게 기억으로 구성된 삶의 영역이 있다. 소위 무문자사회의 역사를 어떻게 다룰 것인가, 이는 주로 인류학자들이 배타적으로 다루어온 토속지 분야에 속한다고 말할 수 있다. 문서와 기억이 일치하는 경우에는 별 문제가 없지만, 양자의 내용이 배치될 경우에는 상호 질적 비판의 과정을 거치는 것이 당연하다. 문서에 대해서는 일찍부터 '사료비판'(베른하임이 지적한 것)이 실행되었고, 기억에 대해서는 최근에 인류학자들이 문제를 제기한 바 있다. 이러한 문제의식의 발로를 사회적 기억social memory이라고 한다.

기억의 내용에 대한 질적 비판은 다음과 같이 수행할 수 있다. 첫째, 관련 문서와 비교 검토함으로써 기억의 타당성과 사실성을 검증할 수 있다. 둘째, 문제가 된 기억을 동일한 진술자의 다른 기억들과 비교 검토할 수 있다. 셋째, 기억의 내용을 진술자와 동시대를 살았던 사람들이나 동일한 경험을 공유한 사람들의 기억과 비교 검토하는 과정이 필수이다. 크로스체크가 필요하다는 말이다. 이러한 과정을 거쳐서 정리된 기억의 내용은 문서보다 큰 힘을 발휘할 수 있다. 왜냐하면 문서에는 작성 배경과 관련된 상황이 포함된 경우가 적지 않고, 후일 해석 과정에서 사실이 제대로 전달되지 않는 일들이 생기기 때문이다. 이를 감안하면 기억의 재생을 통해 서술된 내용에도 상당한 신뢰를 부여해야 하며, 이런 입장에서 토속지를 작성하는 사람들이 인류학자들이라고 말할 수 있다.

일본열도에 포함된 오키노시마를 중심으로 오키노시마 사람들의 삶을 기반으로 하여 작성된 문서들이 있고, 한반도에 가까운 울릉도를 중심으로 울릉도 사람들의 삶을 기반으로 하여 작성된 문서들이 있다. 물고기를 따라다니는 어부들의 삶은 문서뿐만 아니라 기억이라는 장치가 담은 언어로도 남아 있다.

현재까지 드러난 독도를 둘러싼 양측의 입장은 모두 문서에 기반하고 있다. 그러나 필자는 기억이라는 수단을 방법론으로 채용하고 있기 때문에, 문서가 아닌 어부들의 언어(문자가 아닌 구어를 말함)에 남아 있는 사실들을 정리해 나름의 문제의식을 피력하고자 한다. 이 책에서는 기억을 보완하는 수단으로만 문서를 이용하고 있기 때문에, 온전히 문서에 기초한 국제정치적 입장과는 시각이 다르다는 점을 분명히 하고 싶다.

필자가 관문참여觀問參與, observing-listening participation, OLP를 통해 수집한 정보들을 정리하여 생산한 중심 자료는 토속지명ethnotoponym이다. 일반적으로 지명은 대부분 행정 용어에 포함되어 있고, 법적 행정적인 효력을 발휘하는 고유명사들이다. 역사적으로 토속지명은 행정명의 배경이 된 경우가 대단히 많고 매우 구체적이고 상세하다. 왜냐하면 한 지역에 살고 있는 사람들은 자신들의 일상생활과 밀접한 지역에 구체적인 지명(또는 해명海名)을 붙이기 때문이다. 이는 방언에서 채록되기도 한다. 한 지역에 대한 토속지명에는 지역의 생활상을 읽을 수 있는 정보들이 상당히 많이 포함되어 있기 때문에, 인류학 작업에서 토속지명에 내포된 정보들을 분석하면 유익한 결과를 얻을 수 있다.

필자는 울릉도와 관련된 각종 지도들에 기록된 지명들을 채록하여 세월이 흐르는 동안 지명들이 어떻게 변천되고 있는지를 알 수 있는 도표를 작성했다(229~236쪽 부록1 참조). 이 지명들을 기초로 수집한 지명 정보들을 대조하고, 울릉도의 주민들로부터 지명들의 역사적 근원에 관한 정보를 수집하려고 노력했다. 그 결과 토속지명의 범주에 속하는 울릉도의 지명들 중 상당수가 전라남도 흥양 지방(여수, 고흥반도 인근, 거문도를 비롯한 도서지역) 방언에서 비롯되었음을 확인할 수 있었다. 울릉도의 토속지명이 흥양 방언과 일치하는 현상은 우연이 아니다. 그것은 체계적인 말꾸러미로 확인되고 있으며, 이것이 울릉도 토속지명의 특징이라고 말할 수 있다. 토속지명은 궁극적으로 해당 지역의 살림살이를 반영하고 있기 때문에 일상성의 논리와도 자연스럽게 연결된다.

필자는 토속지명에 등장하는 중요한 단어들을 이용하여 울릉도의 특산이라고 생각되는 생물들의 이름에 대한 분석도 시도하였다. 현재는 사라지고 없는 '가지可支'의 명칭이 토속지명에 각인되어 있는데, 이 자료들을 수집하여 가지가 절멸되는 과정을 구체적으로 밝히는 작업은 이 해역을 배경으로 살아온 사람들(울릉도 사람들과 오키노시마 사람들)의 삶을 이해하는 데 매우 중요하다. 이 문제를 엄밀하게 추적함으로써 자원과 관련된 환경적 생태적 과제들을 고민하는 기회로 삼을 수 있다. 절멸된 가지를 복원할 수 있는가, 왜 그래야 하는가와 같은 문제를 생각하는 기회를 제공하는 것도 본서의 임무라고 생각한다.

집필에 사용한 기본 자료들은 야로野勞, fieldwork를 통해 수집했다. 울릉도와 관련 해역을 방문하여 주민들과 인터뷰함으로써 문헌 자료들과 비교 검토할 수 있었다. 일본의 시마네현에 있는 오키노시마를 방문하여, 과거 이 마을 어부들이 울릉도와 주변 해역에서 실시했던 어로 활동과 관련된 자료들을 수집하고 면접을 실시하였다.

울릉도의 역지

'역지歷地'는 역사와 지리를 결합한 말이다. 한 지역과 주민 그리고 그들의 생활을 생각할 경우, 역사와 지리는 결코 분리될 수 없다. 그런데 소위 학문이라는 틀에서 두 주제는 분리 연구되어온 경향이 강하다. 이것이 수입된 학문을 받아들이는 쪽의 한계다. 한 가지 문제를 서로 다른 방향에서 볼 수 있다는 것이 사학이나 지리학의 출발점인데, 이를 받아들인 쪽에서는 양자를 별개로 생각하는 경향이 생기는 것이다. 이는 근대화 과정에서 벌어진 관점의 비극이라고 말할 수 있다. 서울대학교의 경우, 두 학문이 아예 별개의 분과로 조직되어 있다. 삶을 시간축으로 보는 것은 인문대학에, 삶을 공간축으로 탐구하는 것은 사회과학대학에 배치되어 후세들에게 잘못된 인식을 심어주고 있는 현실을 직시할 필요가 있다. 양자를 분리하는 것이 억지의 결과이지, 억지를 지적하는 태도가 억지일 수가 없다.

울릉도에서 사람이 살아온 역사를 바라보자면 기본적으로 바다라는 해양 환경을 고려해야 한다. 바다를 외면하고 울릉도를 생각할 수는 없다. 신라 시대, 이사부에 의해 우산국이 접수(512년)되는 과정도 바다라는 문제와 연관 지어 볼 필요가 있다. 이사부는 요샛말로 신라의 해군 제독이라 할 수 있다. 울릉도와 관련된 문제는 처음부터 끝까지 바다와 관련지어 재검토할 필요가 있다.

『세종실록지리지』(권153)에 의하면, 고려 의종 13년(1159년)에 울릉도 관련 기록이 나온다. 심찰사 김유립 등이 돌아와서 보고한 내용이다. 면적에 관한 구체적인 내용과 촌락이 일곱 군데 있었다는 점이 지적되었다. 더욱더 흥미로운 내용으로는 석불과 철종 그리고 석탑이 있다는 보고이며, 자호柴胡, 호본蒿本, 석남초石南草 등과 같은 약재들이 많이 있다는 점이다. 이 보고에 드러난 석불의 존재가 토리이 류조가 1917년에 찍었던 사진에 모습을 드러낸 석불일 가능성을 배제할 수 없다. 아울러, 토리이가 울릉도로부터 가지고 나와서 조선총독부 박물관의 수장고에 안치했던 금동여래입상의 존재에 대해서도 관심을 가지지 않을 수가 없다. 현재 국립중앙박물관의 소장품 번호 '본관6043'으로 명명되어 있는 17.8센티미터(전체 길이)/5센티미터(대좌높이)의 금동여래입상은(그림12) 통일신라 시대의 작품으로 인정되어 있으나 그 고졸한 모습의 법의 자락에서 우산국의 불교신앙을 느끼게 한다. 울릉도의 역지를 논하면서, 지난 백년간 수장고에 유폐되어 있었던 우산국의 사적을 새롭게 생각하게 된다. 석불이 놓였던 자리의 정확한 위치와 금동여래입상이 안치되어 있었던 자리, 그리고 우산국의 궁성에 대한 생각을 하게 된다.[13]

울릉도에는 남쪽에서 끊임없이 올라오는 쿠로시오해류(또는 흑조난류)가 있다. 이 해류를 타면, 남쪽에서 울릉도로 항해하기가 예상 외로 쉬울 수가 있다. 바다를 터전으로 삼고 살아가는 사람들이 계절과 해류에 대한 지식이 있음을 감안한다면, 거문도 사람들이 매년 한 차례씩 배를 타고 울릉도를 왕래했다는 이야기는 믿을 만하다. 다만 언제부터 거문도와 인근의 어민들이

13 世宗實錄地理志 卷153 江原道三陟都護府蔚珍縣: "毅宗十三年 審察使金柔立等回來告 島中有泰山 從山頂向東行至海一萬餘步 向西行一萬三千餘步 向南行一萬五千餘步 向北行八千餘步 有村落基址七所 或有石佛像鐵鐘石塔 多生柴胡蒿本石南草"

그림 12 국립중앙박물관에 소장된 우산국의 금동여래입상. 국립중앙박물관 배기동 관장과 천주현 연구관의 도움으로 사진을 얻을 수 있었음을 밝힌다.

울릉도와 울릉도의 해역으로 항해를 시작했는지는 알지 못한다. 이는 거문도 사람들의 어선 만들기 작업과 관련이 있는 듯하다. 거문도 일대에서 어선을 만들 만한 거목이 소진되자 주민들이 조선용 목재를 찾아 나섰다고 추정할 수 있다. 거문도 어민들의 살림살이를 배경으로 한 울릉도로의 항해는 우연이 아니라 필연이었다는 생각을 하게 된다. 그 항해는 거문도 사람들의 일상생활과 체계적으로 연동되어 있었다. 쿠로시오해류를 생각한다면, 거문도와 울릉도 사이의 항로는 생각보다 훨씬 오래전에 개척됐을지 모른다. 선사시대까지 거슬러 올라갈 수 있다는 얘기이다. 그 뱃길의 최초는 항해일 수도 있고, 어쩌면 표류일지도 모른다. 해양학자들께서 인류학자를 대동하고 거문도에서 울릉도까지 항해하는 기회가 만들어지길 바란다.

해양이라는 환경을 배경으로 구성된 역지라는 틀을 울릉도에 적용하면 타당한 가설이다. 쿠로시오해류의 흐름을 정밀하게 들여다본다면, 배를 타고 다니던 사람들이 어떤 방향으로 어떻게 이동했는지를 보다 정확히 알 수 있을 것이다. 역지에 기반한 인식으로 해양 세계를 조망하는 것이 결코 억지가 아니라는 말이다. 이러한 논리가 해정학의 기반이 된다.

그림13은 쿠로시오해류의 흐름을 대체적으로 보여준다. 해류가 이동하는 기본적인 구도는 좀처럼 변하지 않는다. 쿠로시오해류가 제공하는 환경에 적응하여 살아가는 사람들의 적응 방

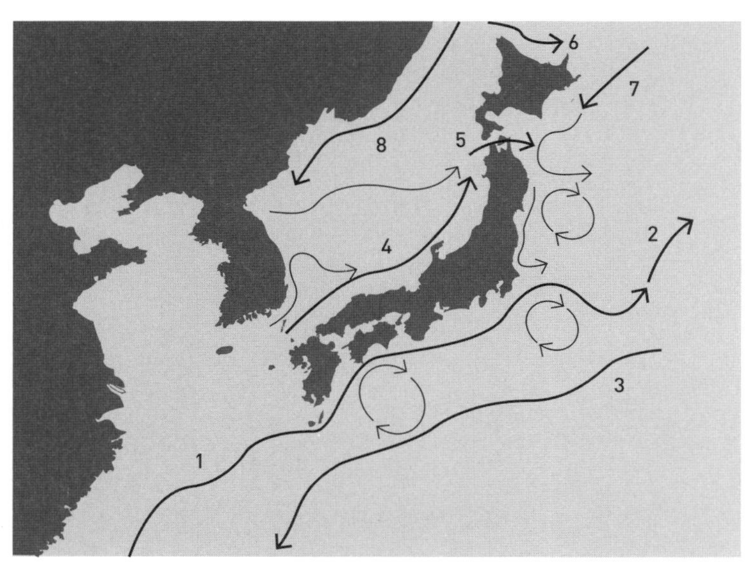

그림 13 1 쿠로시오해류, 2 쿠로시오속류, 3 쿠로시오재순환류, 4 대마난류, 5 스가루난류, 6. 소야한류, 7 오야시오해류, 8 리만한류(출처: 위키피디아 ⓒ BY3.0)

식을 우리는 쿠로시오문화라고 이해해야 할 것이다. 대마난류와 일본연안지류가 육지에 근접하여 열도를 타고 북상하고, 왼쪽에는 가는 선으로 표시된 대마난류와 외해지류가 흐르는데 이 지류 안쪽에 울릉도가 위치한다. 해류는 북위 37도 30분경에서 울릉도 쪽으로 방향이 바뀌는데 이를 동한난류東韓暖流라고 부른다. 동한난류의 경로는 변동이 매우 심하여 극단적인 경우 1982년과 같이 전혀 나타나지 않을 수도 있다고 한다.[14] 동한난류가 남하하여 오른쪽으로 굽어 돌아가는 위치에 일본의 오키노시마가 있다고 생각하면 된다. 이렇게 되면 당연히 동한난류는 대마난류와 합류한다.

다시 말해서, 해류를 타고 다니는 자연스러운 항해 방식을 상정하면, 거문도에서 동한난류를 타면 자연스럽게 울릉도에 도착하게 된다. 거문도 사람들이 목선을 타고 울릉도를 왕래했다는 사실은 거문도 사람들이 이 해류의 흐름을 알고 있었다는 이야기다. 울릉도 어민들도 동한난류를 탈 경우에 오키노시마 방향으로 항해할 수 있다. 바다의 환경에 적응된 살림살이에 드러난 일상성을 지적할 수 있다.

역으로, 오키노시마에서 북상하여 울릉도 방향으로 항해하기는 상대적으로 어렵다는 점을 알 수 있다. 이 해역의 쿠로시오

---

14 이 대목은 포항공과대학 해양대학원장 김구 교수의 도움을 받았다.

해류 흐름을 고려할 때, 작은 목선으로 항해할 경우 일본의 오키노시마에서 북상하기는 쉽지 않다. 한반도에서 일본 열도로 표류한 사례들을 검토하면 이를 어느 정도 증명할 수 있을 것이다. 상대적으로 본다면, 바다를 배경으로 이루어지는 삶에 민감한 사람들이 일본인이다.

울릉도 해역에서 해류를 기반으로 한 생활 방식을 유지할 수 없게 된 시점은 19세기와 20세기의 전환 시기로 보인다. 즉 풍력(범선)과 인력으로 항해하던 시대에서 증기와 기계(발동선)로 항해하는 시대로 바뀌는데, 오키노시마의 어부들이 발동선을 타고 울릉도와 인근 해역에 등장하게 된 것은 근대화 이후라고 볼 수 있다. 근대에 들어 일본 제국주의의 발호로 한반도가 일본의 영향권 아래 놓이고, 러시아와 일본, 중국이 각축을 벌이는 국제 정세가 울릉도에 어두운 그림자를 드리웠고, 러일전쟁으로 폭발되었다. 이 역시 역지라는 틀 속에서 이해해야 할 것이다.

그동안 울릉도 해역의 역지가 전혀 고려되지 않았던 점도 이상하다. 그럴 만한 이유가 있다고 생각한다. 근대적 시각과 현대적 시각의 차이에서 기인한 문제가 있다. 현대적 시각은 당연히 근대적 시각을 전제해야 한다. 현대적 시각에서 울릉도 쪽으로 생각을 뻗치는 순간 '독도' 문제에 몰입하는 버릇이 생겨서, 특히 정치권에서는 울릉도를 외면하고 거의 자동적으로 눈이 독도로 향하는 경향이 강하다. 울릉도가 독도에 가렸다고 할까.

지극히 자연스럽지 못한 현상이 아닌가. 울릉도의 일부로 논의되어야 할 독도가 울릉도를 제치고 더 크게 부각되는 것은 역지상으로 볼 때 정상적이라고 말할 수 없다.

대한제국칙령 41호(1900년 10월 27일 자)는 울릉도를 울도로 개칭하고 도감을 군수로 바꾸는 내용을 골간으로 하여 다음과 같은 조항을 담았다.

> 제1조. 울릉도를 울도로 개칭하고 강원도에 소속시켜 도감을 군수로 개정하고 관제에 편입하여, 군등급郡等級은 5등으로 할 것.
>
> 제2조. 군청은 태하리台霞洞에 두고 구역은 울릉 전도全島와 죽도竹島 석도石島를 관할할 것.

칙령에서 명시한 석도가 지금의 독도獨島임을 증명하면 된다. 이를 위해서는 전라도 방언을 연구해야 한다. 울릉도를 내왕했던 전라도 흥양의 어부들이 불렀던 '독섬'(돌섬의 전라도 방언)을 대한제국의 공문은 한자로 '석도'(돌 '석'+섬 '도')라고 적었고, 이를 승계하지 않은 명칭이 지금의 '독도'이다. 대한제국 정부가 공문서를 작성하는 과정에서 울릉도 주민의 방언을 존중하였다는 얘기다. '독도'는 발음을 중심으로 지은 이름이고, '석도'는 의미 중심으로 지은 이름이다. 전라도 흥양 어부들의 일상이 잊히는

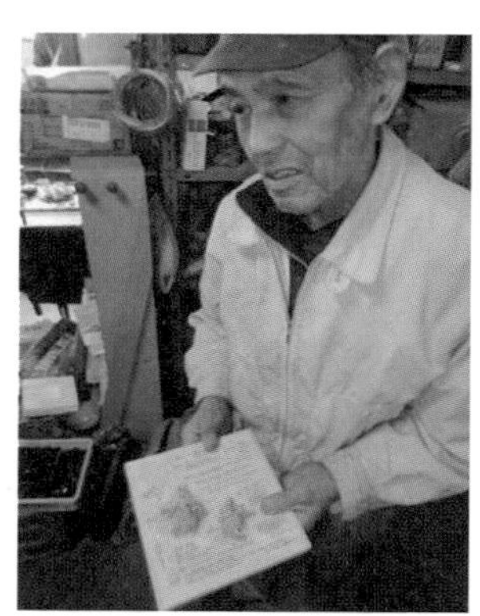

그림 14 오키노시마 구미의 야하타 씨가 '죽도'의 모형을 만들어서 설명하고 있다.

것은 시간문제이다. 오키노시마 주민들의 기억 속에서 '죽도'가 생생히 살아 있다는 사실과 대조된다. 그런 의미에서도 흥양 어부들의 기억은 소상하게 복원될 필요가 있다. 이것이 인류학자들이 해야 할 작업이다.

일본인들이 울릉도와 독도에 대해서 관심을 갖고 기록한 역사도 상당히 축적되어 있다. 1667년(간분寛文 7년) 사이토 호키斎藤豊宜가 편찬하였고, 그의 아들 호젠豊仙이 보정해서 만든 『은주시청합기隱州視聽合記』를 주목할 수 있다. 오키노시마에서 이틀간 항해하면 송도松島(독도를 말함)가 나오고, 거기서 다시 하루를 항해하면 죽도竹島(울릉도를 말함)가 있다고 기록했다. 죽도에 관해서는 "민간에서 이르기를 기죽도에는 대나무, 물고기, 아마시카(가지)가 많다고 했다"라고 하였다. 1859년(안세이安政 6년)에는 오니시 오시야스大西教保가 『은주시청합기』를 모방하여 『오키국고기집隱岐國古記集』을 편찬하였는데, 송도(독도)는 도고島後에서 58리이며 세키슈온센추石州溫泉津에서 40리 거리에 있다고 적었다. 송도는 주위 1리 정도이며 살아 있는 나무가 없는 바위섬이고, 거기서 70리 거리에 죽도(울릉도)가 있으며, 옛날부터 기죽도磯竹島라고 하였고, 대나무가 번성한 곳이며, 지금은 조선인이 내왕한다고 적었다(오키지청隱岐支庁 편 1973. 1. 27: 251).

오키노시마 구미久見의 야하타八幡 씨는 '죽도'(다케시마)의 모형을 만들어서 설명하고 있다. '죽도'는 부친이 어로를 하던 곳이라고 한다. 어릴 적에 부친이 죽도에서 포획해온 '아시카'(가지의 일본어)의 가죽을 본 적이 있을 뿐만 아니라, 구미의 해변에 살고 있던 '아시카' 새끼가 동네 안을 돌아다니는 것도 보았고, 가지 새끼가 자신을 따라 마을 내를 돌아다닌 적도 있다고 했다. 젊은 시절에 한국에서 표류해온 '박朴'이라는 어부도 잘 기억하고 있었다. '박' 씨는 야하타 씨의 집에서 2개월 동안 지내면서 상한 몸을 회복해 귀국했다고 한다. '아시카'라는 바다 동물과 연결된 '죽도'에 대한 이야기가 오키노시마 주민들 기억 속에 생생하게 살아 있다는 얘기이다.

'죽도'의 '아시카'(가지를 말함)는 오키노시마와 연결된다는 주장도 제기된다. 오키노시마의 나카무라中村에 속한 시라시마 끝에는 '미치노나카'라는 굴이 있다. '미치'란 '아시카'의 오키노시마 방언이다. 이 굴은 바다를 향하고 있는데, 이곳이 '아시카'들의 서식지였던 것이다. 즉 오키노시마는 '아시카'에 의해 '죽도'와 연결되고 이런 인식이 강하게 작동하고 있음을 무시할 수 없다. 이렇듯 오키노시마 주민들은 '아시카'와 관련된 기억, 그리고 '아시카'와 연결된 '죽도'의 기억들을 증언하고 기록하려는 노력을 하고 있다. 일상의 기억화에 이어서 기억의 일상화가 진행되고 있음을 알 수 있다.

울릉도에 관한 논의를 충실히 하는 가운데 울릉도의 일부인 독도에 관한 논의를 진행해야 한다. 이것이 역지라는 틀에 기반을 둔 일상의 기억화와 기억의 일상화 논리이다. 사람과, 사람의 일상생활을 기반으로 하지 않으면 기억이란 있을 수 없기 때문이다. 바다와 바다를 배경으로 한 사람들의 기억을 재생하지 않으면, 독도의 영토주권을 공고히 하는 작업은 흔들릴 수 있다는 점을 잊으면 안 된다.

벌목과 조선

1787년 5월, 프랑스의 라페루즈 탐험대가 제주도 남쪽 해안, 한반도의 남해안, 대한해협을 거쳐 동해에 이르러 울릉도를 목격한 바 있다. 1787년(정조 11년) 5월 27일 자 항해일지를 보면 다음과 같다. 울릉도와 관련된 사건을 기록하고 있는 프랑스 장 프랑수아 드 라페루즈Jean-Francois de La Perouse 탐험대의 『세계탐험기』에는 이렇게 기록돼 있다.

> 우리는 이 작은 만들에서 중국 배와 똑같은 모양으로 건조되고 있는 배들을 보았다. 포의 사정거리 정도에 있는 우리 함정이 배를 건조하는 일꾼들을 놀라게 한 듯했다. 그들은 작업장에서 50보 정도 떨어진 숲속으로 달아났다. 그런데 우리가 본 것은 몇 채의 움막집뿐이고 촌락과 경작물이 없었다. 다줄레섬(울릉도)에

> 서 불과 110킬로미터밖에 안 되는 육지에 사는 조선인 목수들이 식량을 가지고 와서 여름 동안 배를 건조한 뒤 육지에 가져다 파는 것으로 보였다. [...] 우리가 섬의 서쪽 첨단부로 돌아왔을 때, 이 첨단부에 가려서 우리 선박이 오는 것을 보지 못했던 다른 한 작업장의 일꾼들 역시 선박 건조 작업을 하고 있는 중이었다.[15]

"작은 만들에서 [...] 건조되고 있는 배들"을 보았다는 대목에서 라페루즈 일행이 둘러본 울릉도의 해안 여러 곳에서 주민들이 배를 건조하고 있었음을 알 수 있다. "육지에 사는 조선인 목수들"은 거문도를 비롯한 흥양 지역 출신 어부들일 것이다. "서쪽 첨단부"란 울릉도의 대풍감待風坎, 즉 대풍구미를 말하는 것으로 보인다. 프랑스 배는 울릉도의 북쪽 해안을 따라 관찰하면서 항해했고, "서쪽 첨단부"를 돌아 처음 만나는 장소는 태하이기 때문에, 라페루즈의 배가 관찰한 대풍구미의 다음 장소는 태하라고 생각된다. 즉 라페루즈의 프랑스 함선은 대풍구미를 돌아 태하로 향하면서 해안에서 사람들이 배를 만들고 있는 광경을 목

---

15 이진명 2000: 40-41. 1797년에 발간된 『세계탐험기』의 구체적인 서지사항은 다음과 같다. *Voyage de La Perouse autour du Monde* publié conformement au decret du 22 Avril 1791, et rédigé par M.L.A. Milet-Mureau. 4 vols. & atlas, pp. lxxij, 346, 398, 422, 309. (Second edn. in 1798). 이 책의 384~390페이지 사이에 한국 부분이 게재되어 있다. 필자가 이 원서를 보지 못하였기 때문에, 일단 이곳에 서지사항을 기록해둔다. 현재는 이진명 씨의 저서에 의존하여 본고를 작성하였다.

격했음을 알 수 있다. 건조되고 있는 배들이 "중국 배와 똑같은 모양"이라고 했는데, 프랑스인들의 눈에 비친 배는 소형 목선이었음에 틀림없다.

울릉도의 상황을 이해하는 데는 1854년 4월 러시아 예브피미 푸차친Yevfimy Putyatin 제독의 기함 팔라다호가 거문도에 기항한 사건이 중요한 실마리가 된다. 이즈음 미국의 페리 함대는 유구왕국의 개항 목적을 수행하기 위해서 요코하마에 정박하고 있었다. 식민지 탈취를 위한 서양 제국의 준동 역사가 동아시아와 한반도를 대상으로 크게 움직이고 있던 시기였다. 푸차친의 '팔라다'와 페리의 '미시시피'가 동아시아의 해역에서 교차하던 시기였다. 당시 팔라다호는 17일간 거문도에 머물렀는데, 이때 러시아 문학의 거봉인 이반 알렉산드로비치 곤차로프Ivan Aleksandrovich Goncharov가 쓴 기행문에서 흥미로운 내용들이 발견된다. 곤차로프는 푸차친 제독의 비서로 1852년부터 1855년까지 영국, 아프리카, 일본 등을 항해했고, 시베리아를 경유하여 러시아로 귀환했다. 그 후 여행기 『팔라다호』(1858)를 썼다. 곤차로프는 1854년 4월 4일 자 일기에 거문도(해밀턴섬)에 입항한 정황을 기록했다.

> 4월 2일 해밀턴섬에 도착했다. 스쿠너선은 옆에 있지만 상하이에 파견한 운송선은 아직 돌아오지 않았다. 배가 닻을 내리자마자

선미의 최상갑판에 나가서 해안을 바라보았다.

"저건 모두 동백이군요."

스쿠너선의 함장인 코르사코프가 말했다.

팔라다호에서는 거문도 주민들을 군함으로 초대했다. 이 내용도 곤차로프는 소상하게 기록하고 있다. 러시아 함정이 거문도에 입항한 사건은 한양의 조정으로 보고되었고, 이 보고를 듣고 내륙의 관리들이 섬으로 달려왔지만 팔라다호를 기함으로 한 러시아 함대는 1854년 4월 19일 닻을 올려 일본의 나가사키로 떠난 후였다.

곤차로프의 『팔라다호』에는 이렇게 기록돼 있다.

섬 전체의 길이는 약 3마일, 바위가 많고 섬 자체도 바위 위에 있었으며 군데군데 숲과 나무가 있다. 우리는 밀과 보리를 심은 밭을 지나갔다. 군데군데 동백 숲이 보였다. 나머지는 벼랑과 바위뿐 [...]

숲은 동백나무 숲이고, 벼랑과 바위로 이루어진 섬이라는 기록으로 보아 배를 건조할 나무는 없었음을 알 수 있다.

라페루즈가 1787년 울릉도에서 본 배는 거문도 해안에서 1854년 러시아 문호 곤차로프가 관찰한 배, 1885년 영국군이 거문도에서 촬영한 배와 대동소이한 형태라고 나는 생각한다. 영국군이 촬영한 배도 거문도 사람들이 울릉도에 가서 울릉도의 목재로 건조한 배로 여겨진다. 이유는 다음과 같다. 곤차로프의 일기에 따르면 거문도의 산에는 동백나무밖에 없었고, 거의 민둥산이므로 배를 건조할 수 있는 목재를 벌채하기는 불가능하기 때문이다. 영국군이 거문도에서 스케치한 그림을 보더라도 산들이 거의 민둥산이다. 배를 지으려면 상당히 큰 목재들이 필요하므로 주민들은 목재를 구하기 위해 수백 킬로미터 떨어진 울릉도까지 항해했던 것이다. 라페루즈의 중요한 증언은 "조선인 목수"라는 대목이다. "조선인 목수"란 다름 아닌 거문도의 어부들이라고 나는 생각한다. 어부일 뿐만 아니라 배를 만드는 기술이 있는 목수들로 판단된다. 거문도의 어부들은 배를 짓는 목수의 역할도 했던 것이다. 레비스트로스가 주목했던 이른바 브리콜라주bricoulage의 한 모습인 셈이다.

이들 사진에서 보는 것처럼, 영국군이 촬영한 배는 현호舷弧가 상당히 발달하였으며, 커다란 노가 장비되어 있다. 길이로 보아서 야거리(돛대가 하나 달린 배, 단범선[單帆船])라고 말할 수 있다. 짐을 실었기 때문에 돛을 설치하는 장치가 보이지 않는다. 또 한 가지 특징은 길이와 넓이의 비례가 3 대 1을 넘지 않는 전형적인 해선海船이라는 점이다. 이 배에는 모두 네 사람이 타고 있다. 오른쪽 아래에 지게가 보인다. 배가 정박하고 있는 해안의 모양새

그림 15 1885년 영국군이 스케치한 거문도의 전경(두 사진에 민둥산이 보임)

(*The Graphic*. 1886년 12월 11일 자. p246. 김재승金在勝 1997. 4. 20: 39)

그림 16 영국군이 촬영한 거문도의 배(왼쪽)와 이 사진들이 게재된 잡지

(*The Illustrated London News*. 1865년 1월 7일 자. p.12.)

로 보아 현재 배는 수심이 그리 깊지 않은 곳에 정박해 있음을 알 수 있다. 다시 말해 이 배는 평저선이라는 얘기이다. 양옆의 두 사람은 상투를 틀고 있는 것으로 보아 비교적 나이가 든 사람들이고, 가운데 두 사람은 젊은이들이다. 두 사람은 지게에 볏단 같은 것을 지고 있다. 배의 우현과 좌현에 있는 Y 자형 구조물은 낚싯대나 그물들을 걸어두는 장치[16]이다. 동일한 구조물이 이물에도 설치되어 있다.

영국군이 거문도에서 배를 촬영한 시기는 조선 정부의 검찰사가 울릉도를 방문한 때와 거의 일치해서 흥미롭다. 거문도에서 촬영된 배가 울릉도에서 항해해 왔다고 볼 수 있기 때문이다. 검찰사 이규원이 1882년(고종 19년) 4월 30일부터 5월 13까지 울릉도를 방문한 뒤 작성한 검찰일기에는 삼도三島나 초도初島 사람들이 무리를 지어 울릉도에 들어가 배를 건조하거나 미역을 채취하는 일에 종사한다는 기록이 여러 차례 보인다. 삼도는 거문도를 말한다. 거문도는 세 개의 섬으로 구성되어 있다. 검찰일기에 나오는 삼도 사람들의 체류 상황을 표로 만들어보았다(표1). 주소의 지명은 기록된 대로 옮긴 것이다. 검찰사가 확인한 조선인 숫자는 79명이며, 이들은 모두 전라도 흥양 출신이라는 점이다. 왜인들의 존재는 확인되었지만 정확한 숫자는 보고되지 않

16 청산도에서는 '걸걸이'라고 한다(65세 곽평호 씨의 교시).

표1 흥양 사람들의 울릉도 체류 실태(1882년)

체류 장소	주소	인솔자	인원	체류 목적
소황토구미(학포)	낙양, 삼도	김재근	23	조선, 채곽採藿
왜선창(천부)	낙양, 초도	김근	19	조선
장기지포(사동)	낙양, 초도	김내언	12	조선
도방청포구(도동)	낙양, 삼도	변경화	13	채곽
통구미	낙양, 삼도	김내윤	12	조선

았다.

삼산면은 당시에는 흥양군興陽郡 도화면道化面이었으니 검찰일기에 나오는 낙양樂陽은 흥양興陽을 잘못 쓴 것이며, 초도初島도 초도草島의 오기이다. 검찰사가 현장 답사할 때 기록한 글자를 옮겨 쓰는 과정에서 발생한 오류일 것 같다. 어쨌든 당시 삼도나 초도 사람들이 배를 건조하기 위해 울릉도에 체류하고 있었다. 당시 거문도三島나 초도의 산에는 배를 건조할 만한 나무가 없었던 것 같다.

이규원 검찰사의 복명서(1882년 6월 5일자)가 『승정원일기』(고종 19년 8월 20일자)에 기록되었다. 1882년 6월 임오군란이 폭발하였던 당시를 생각하면, 울릉도 개척령은 아주 어지러운 세상 한가운데서 계획되었음을 알 수 있다. 그 후 1882년 8월에 울릉도의 도장으로 경상도 함양 출신의 전석규全錫奎가, 후속 조치로서 1883년 3월 개화파의 거두 김옥균이 '동남제도개척사겸포경

그림17 울릉도 학포에 있는 검찰사 이규원 석각문

등사'에 임명되었다(송병기 2007.5.15.: 150-152). 1876년 일본과 맺었던 강화도 조약, 즉 조일수호조규朝日修好條規가 불평등의 내용을 강화한 조일통상장정朝日通商章程의 이름으로 1883년 7월 27일 체결되었다. 근대적인 통상조약이란 이름의 불평등 관계가 심화되는 과정에 울릉도에 대한 조선 정부의 관리가 강화되고 있었던 점에 주목하고 싶다. 김옥균의 직함에 "동남제도東南諸島"라고 한 지명칭호가 특별한 의미를 지닌다. 대한제국 이전부터 당시 고종과 조선 정부에서 가지고 있었던 "동남제도"에 대한 인식은 동남방에 위치한 "제도" 즉 울릉도를 비롯한 울릉도 인근의 섬들을 모두 대상으로 하고 있었다는 점이다. "제도"가 구체화된 표현으로 등장한 것이 대한제국칙령에서 나타난 울릉도와 석도石島 등의 개별 도서들이 지적된 명칭이다. 이어서 1883년 4월경 내륙민의 울릉도 입거가 공식적으로 정부에 의해서 추진되었으며, 당시 입도민들에 대한 구체적인 정보를 담은 자료 2점이 서울대학교 규장각한국학연구원에 보관되어 있다(『光緖九年四月 日 欝陵島開拓時船格粮米雜物容入仮量成册』;『光緖九年七月 日 江原道欝陵島新入民戶人口姓名年歲及田起墾数爻成册』).

광서 9년 4월 일 울릉도개척시선격양미잡물용입가량성책光緖九年四月 日 鬱陵島開拓時船格粮米雜物容入假量成册(奎章閣藏書 圖書番號 17041)의 제목에서 "개척開拓"이란 단어를 사용한 점에 대해서 검토를 요한다. 조선 정부의 초창기부터 정책적으로 공도정책을 시행함으로써 정기적으로 수토관을 파견하여 울릉도의 거민들을 강제로 철거시키는 역사가 폐지됨과 동시에 정부에 의해서 울릉도에 주민을 입식시킨다는 정책의 시행을 말하는 것으로 해석할 수 있다. 당시 개척이란 단어는 근대적인 의미에서 식민이라는 용어와 아주 흡사하게 사용되었음을 알 수 있다. 개척민을 지원하기 위해서 정부가 파견하였던 인원과 장비 그리고 물자의 규모에 대해서도 비교적 구체적인 목록과 수량이 제시되어 있다. 이 "성책成冊"의 명칭에 "가량假量"이라는 단어가 삽입되어 있는 것은 제대로 된 조사보고서가 아니라는 점을 간접적으로 암시한다. 정부의 공식 문서에 이러한 용어가 적용되는 경우는 지극히 이례적인 일이다. 16세대 54명으로 구성된 개척민을 위한 지원 인력과 장비 그리고 물목에 대해서 정리할 필요가 있다. 개척민들의 정착과 생활을 위한 물목과 그들을 지원하기 위해서 동원되었던 물목으로 구분할 수 있다. 지원인원과 물자와 정착생활용으로 구분하여 정리해보면 다음과 같다.

지원 인원과 물자에는 선박 4척 및 사공과 병사 40명이 항해를 위한 지원 인력이고, 정착에 필요한 지원 인력으로 목수 2명木手貳名과 철물을 다루는 대장장이 2명冶匠貳名이 동행하였다. "眪率人口30餘名"이라고 표현한 것은 개척민 전체를 가리키는 말인 것으로 해석할 수 있다. 개척민들 중에서 20세 이상의 성인들이 대략 35명 정도로 계산할 수 있다. 이 개척민들이 4월부터 가을 추수를 하기 전인 9월까지 약 6개월간 필요한 식량을 백미 60석으로 계산한 것 같다. 쌀 1석을 두 가마니로 계산하고 한 가마니를 80킬로그램으로 산정한다면, 성인 1명에게 180일 동안 160킬로그램의 양식을 배정한 셈이다. 즉 하루에 성인 1인에게 배정되었던 식량의 양은 백미 1킬로그램에 못 미치는 정도였다고 말할 수 있다. 즉 나머지 20여 명의 어린이들과 공급받은 식량을 나누어서 소비했을 뿐만 아니라 개척민들은 공급받은 백미의 일정량으로 기왕의 정착민들이 제공할 수 있는 식품들과 물물교환을 해서 살아가는 방법을 취할 수밖에 없었을 것이다. 물론 울릉도의 자연이 제공하는 산과 바다로부터의 식량이 채렵採獵에 의해서 보완되었을 것이라는 점은 말할 필요도 없다. 정착생활용으로는 개척민들의 농사를 위한 종자(벼 20석, 대두 5석, 조 2석, 팥 1석, 이 부분에 대해서는 "種子"라고 특별히 표기하였다.)가 준비되었다.

정착을 위한 필수품들이 물품명과 물량으로 정리되어 있다: 철물 40근鐵物肆拾斤器械所入, 가마솥 2개釜鼎貳坐, 사기 6죽沙器陸竹(사기는 포장하는 특별한 형식이 있었기 때문에, 포장한 한 덩어리를 竹이라고 표현하였다), 수저 30벌匙箸參拾箇, 갈대로 만든 자리 3개蘆席參竹, 짚단 3통藁草參同, 소금 5석鹽俉石, 된장 5석醬俉石, 백목 5필白木俉疋, 마포 5필麻布俉疋, 삼신 5죽麻鞋俉竹, 짚신 5죽草鞋俉竹, 소 암수 2쌍牛雙雌雄, 거적데기 30장草苞參拾立, 사기그릇 5묶음沙瓮俉坐, 총 3자루銃參柄, 창검 각 4자루鎗釼各肆柄, 철포환 3백 개鐵丸參百箇, 화약 3근火藥參斤, 긴 밧줄

50묶음大繩佰拾把, 청동화로 2개銅爐口貳坐 등이다. 말미에 가선대부강원도관찰사겸병마수군절도사순찰사원주목사남嘉義大夫江原道觀察使兼兵馬水軍節度使巡察使原州牧使南이라고 보고서 작성자의 직함과 이름이 적혀 있다. “가선대부 [...] 원주목사남”의 “南”은 남정익南廷益을 말한다. 주목되는 부분은 총과 창검 그리고 철포환과 화약 등의 무기류이다. 개척민들이 유사시에 스스로 자체 방위를 할 수 있도록 무기가 준비되었다는 사실은 어떻게 해석되어야 할 것인가? 자위권 발동으로 개척민 스스로 군사행동을 해야 한다는 정부 측의 간접적인 표현이 아닌가? 개척 당시부터 울릉도 주민들은 자체방위가 필요한 현장에 노출되었고, 그 정신은 후일 독도의용수비대의 형태로 자연스럽게 이어지고 있음을 목격하게 된다.

1883년을 조선정부에 의한 공식적인 울릉도 개척의 원년이라고 말할 수 있다면, 그해에 울릉도에 입도했던 사람들이 울릉도 개척민의 최초입도자인 셈이다. 16세대 54명의 개척민 입도자에 대한 자료의 정리가 필요함을 인식하면서, 아울러 정부측의 사후관리에 관한 기록에 관심이 간다. 그러나 사후관리와 관련된 문서는 발견할 수 없었다. 입식을 시켜놓고 식민殖民 상태에서 사후관리를 하지 않은 것은 결과적으로 기민棄民이나 마찬가지다. 광서 9년 7월 일강원도울릉도신입민호인구성명연세전토기간수효성책光緖九年七月 日江原道鬱陵島新入民戶人口姓名年歲田土起墾數爻成册(奎章

閣藏書圖書番號 17117)의 문서는 오른쪽 하단에 "七月十六日"이라고 기록되어 있다. 본문 내에 페이지마다 판독이 불가능한 황색의 인장印章들이 낙인되어 있고, 모두 동일한 인장인 것 같다. 장서인藏書印들로는 "조선총독부도서지인朝鮮總督府圖書之印"과 "서울대학교도서서울大學校圖書"의 인장이 있다. 이 문서에는 지명이 먼저 기록되고, 이어서 입식한 거민들에 관한 내용이 기록되었다. 이하 본문을 인용한다.

大黃土浦

張德來年七十二本仁同, 妻金氏年五十九本安東, 子琦現年三十三, 次子琦英年二十五, 三子琦良年六歲

自慶尙道安義入來起墾二石地只

金洎泰年六十五本江陵, 子鐸卿年三十七, 婦李氏年三十五, 孫辰燮年十四, 孫在福年二歲

自本道江陵入來起墾一石地只

李回永年三十六本平昌, 妻朴氏年三十六本密陽, 子仁甲年十四, 次子義甲年十一,

自本道江陵入來起墾一石地只

黃守萬年二十四本檜山, 妻李氏年十七本平昌, 自本道江陵入來起墾一石地只

谷浦

裵敬敏年三十三本金海, 自京畿入來

尹果烈年四十本坡平, 自慶尙道善山入來起墾一石地只

卞吉良年三十六, 自慶尙道延日入來起墾半石地只

宋景柱年六十七本驪山, 自慶尙道慶州入來起墾五斗地只

金成彦年五十六本慶州, 自慶尙道慶州入來起墾十斗地只

錐峯

田在恒年三十三本潭陽, 妻朱氏年三十四本熊川, 子時龍年五歲, 次子起龍年三歲, 族叔旒年五十八,

族弟有恒年三十一, 率人裵尙三年三十二居大邱, 自本道蔚珍入來起墾三石地只

朱晋鉉年三十二本綾城, 自慶尙道安東入來起墾一石地只

玄浦洞

鄭直源年七十本延日, 子雲杓年三十一, 婦女合五口, 自本道蔚珍入來起墾五斗地只

趙鍾恒年三十九本漢陽, 自忠淸道忠州入來起墾五斗地只

寡居李氏母女, 自忠淸道忠州入來

洪景燮年五十七本南陽, 妻金氏五十五本江陵, 子在翼年三十四, 婦金氏年三十六本黃州, 孫守曾年五歲, 孫女年十一, 次孫女一歲, 次子在敬年二十, 自本道江陵入來起墾一石地只

崔在洽年八十二本江陵, 子亨坤年五十, 婦全氏年四十, 孫河龍年十三, 次孫又龍年七歲, 孫女年二十二, 次子桂秀年四十四, 自

本道江陵入來起墾一石地只

已上民戶十六戶人口五十四口

嘉義大夫江原道觀察使兼兵馬水軍節度使巡察使原州牧使南

위의 문서를 작성함에 있어서도, 기본적으로 족보에 족원들을 수록하는 방식에 적용하는 원칙들이 발견된다. 우선 적계주의와 남자 우선이라는 원칙이 적용되고 있음을 알 수 있다. 여성들의 경우에는 이름을 명기하지 않고, 성씨와 본관만 적기했다. “李氏母女”의 경우처럼, 여자들만으로 구성된 가구에 대해서는 본관뿐만 아니라 나이조차 기록하지 않고 있다. 지명의 표기에 있어서 당시 울릉도에서 사용되고 있었던 지명을 사용하지 않았다는 점을 지적할 수 있다. 울릉도의 토속지명을 관청용으로 개변한 기록이다. “大黃土浦대황토포”는 황토구미였고, “玄浦洞현포동”은 현작지였다. 谷浦곡포를 제외하면, 나머지 입식지들이 서북변으로 선정된 것으로 이해할 수 있다. 개척민들의 출신 지역으로는 경상북도가 압도적이고, 다음이 강원도 및 충청도로 나타났다. 최고령자는 82세이다. 4세대가 3세대 가족을 구성하였다. 단신으로 입식한 경우는 곡포에 집중적으로 남자 5명이 개

표2

입식지	입식자 및 관계(숫자는 나이)	출신지	개간 면적
대황토포 (4가구)	장덕래(72), 妻 김씨(59), 子 기현(33), 次子 기영(25), 三子 기량(6)	경상 안의	2석
	김인태(65), 子 탁경(37), 子婦 이씨(35), 孫 진섭(14), 孫 재보(2)	강릉	1석
	이회영(36), 妻 박씨(36) 子 인갑(14), 次子 의갑(11)	강릉	1석
	황수만(24), 妻 이씨(17)	강릉	1석
곡포 (5가구)	배경민(36)	경기	
	윤과열(40)	경상 선산	1석
	변길량(36)	경상 연일	반석
	송경주(67)	경상 경주	5두
	김성언(56)	경상 경주	10두
추봉 (2가구)	전재항(33), 妻 주씨(34), 子 시룡(5), 次子 기룡(3), 族叔 류(58), 族弟 유항(31), 率人 배상삼(32, 대구)	울진	3석
	주진현(32)	경상 안동	1석
현포동 (5가구)	정직원(70), 子 운표(31), 부녀 합 5인	울산	5두
	조굴항(39)	충청 충주	5두
	이씨 모녀	충청 충주	
	총경섭(57), 妻 김씨(55), 子 재억(34), 子婦 김씨(36), 孫 수중(5), 孫女(11), 次孫女(1), 次子 재경 (20)	강릉	1석
	최재흡(82), 子 행곤(57), 子婦 전씨(40), 孫 하룡(13), 次孫 우룡(7), 孫女(22), 次子 제두(44)	강릉	1석

별 호를 구성함으로써 초기 입식의 탐색적인 상황이 나타난다.

곡포는 현재의 남양을 말하며, 지금도 골계마을이라는 명칭이 사용되고 있다. 이곳은 울릉도 내에서도 가장 평지가 넓은 곳으로서 두 개의 하천(남양천과 남서천)이 하구에서 100미터 거리를 격해서 바다로 흐르고, 이 두 하천 사이에 "몽돌" 해변을 이루고 있다. 곡포는 물이 많은 곳이기 때문에 일찍부터 농사가 번성하였던 곳이다. 이규원의 보고가 1882년 6월에 이루어진 상황과 개척민의 입식지가 서북변으로 치우쳐 있다는 점을 대조해 보면, 기존의 거주지였던 곳과 새로운 입식지의 균형을 고려하였던 것 같다. 여기서 한 가지 추정이 가능한 것은 기존의 전라도 흥양 출신 어민들의 울릉도 항해가 주를 이루었던 것과 대조적으로 정부 주도의 개척민 입식 추진의 경우는 동해변의 강릉과 경상도 사람들이 주를 이루고 있음을 알 수 있다. 동학농민전쟁과 갑오경장(1894년)이 일어난 이후 경상도로부터 이주민이 급증하였던 결과 울릉도의 방언은 경상도, 주로 경주와 영일만을 중심으로 하는 지역으로 급격히 변화되었던 것으로 이해할 수 있다. 개척 이전 거주민이 대부분 전라도 출신이었지만, 조선 정부의 개척 당시 통계에는 포함되지 않았다.

이러한 자료를 종합해 보면 개척령이 반포되던 1883년을 즈음해서 울릉도에서 생활하던 거주민은 왜인들을 포함하여 약 200명 미만일 것으로 추측해볼 수 있다. 우용정의 '울도기'에 나타난 개척 10년 후, 울릉도의 모습을 보면 1893년(고종 29)에 울릉도에는 200여 가구나 됐다. 1896년 9월 울릉도 도감 배계주의 보고에 의하면, 도내 동리 수는 11동(저포동, 도동, 사동, 장흥동, 남양동, 현포동, 태하동, 신촌동, 광암동, 천부동, 나리동), 277가구, 1,134명(남자 662명, 여자 472명)이었다.

거문도 사람들이 울릉도로 간 또 다른 목적이 있으니, 바로 미역 채취이다. 1893년 내부 시찰관視察官 우용정禹用鼎의 울릉도기鬱陵島記에는 "울릉도의 과세는 주로 미역인 바, 미역값 100원에 대하여 5원을 부과하며 전라도의 수성水性에 익숙한 사람에 의하여 채집되며 [...] 조선세造船稅는 1척 건조에 5냥씩 받았는데 라민이 매년 10여 척 내외 건조하는 바"라고 적었다. 전라도의 수성水性에 익숙한 사람과 라민羅民은 울릉도에 작업하러 온 흥양의 어민들을 가리킨다. 삼도 사람들이 19세기 말에는 주로 미역을 채취하였음을 알 수 있고, 그들은 "춘삼월 동남풍을 이용하여 돛을 달고 울릉도에 가서 나무를 벌채하여 '새 배'를 만들고 여름내 미역을 채집해두었다가 가을철 하늬바람(북서풍)이 불면 목재와 해조류 그리고 고기를 가득 싣고 하늬바람에 돛을 달고 남하하면서 지나온 포구에서 판매하거나 물물교환을 하면서 거문도로 귀향하였다"는 노인들의 구전에 의해서도 입증되는 사실이다.

라페루즈의 관찰기(1787년 5월 말)와 이규원의 검찰일기(1882

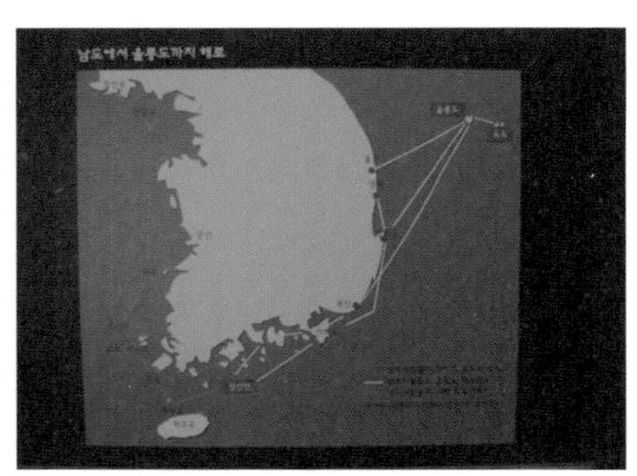

그림18 거문도에서 울릉도, 독도로 향하는 바닷길(독도박물관 소장)

년 6월 초)가 기록되고 영국군의 거문도 촬영(1885년)이 이루어진 약 100년 동안 거문도와 울릉도를 오가는 항해와 선박 건조의 실상은 거의 변함이 없었다고 생각된다. 1882년 이규원이 울릉도에서 만난, 배를 건조하던 사람들이 전라도 흥양의 삼도(거문도)와 초도 사람들이었다는 사실은 이런 삶의 양태가 오랫동안 유지되었음을 방증한다.

거문도에서 울릉도로 향하는 뱃길을 생활 무대로 삼은 사람들의 모습은 "거문도 술비소리"라는 노래 한 소절에 담겨 전승되고 있다. 하나는 〈에이야라 술비야〉이고, 다른 하나는 〈에헤에 술-비〉이다. 영국군이 거문도에서 찍은 사진에서도 관찰되는 배의 밧줄이 '술'이다. "거문도 술비소리"는 칡넝쿨이나 짚으로 밧줄을 꼬면서 부르는 노동요이다. '술'은 줄을 말하는 여수 지방의 토속어이며, '비'는 꼰다는 말이다. 거문도 사람들이 출어를 준비하면서 칡밧줄을 꼴 때 불렀던 노래다.[17]

〈에이야라 술비야〉

에이야라 술비야/ 너는 주고 나는 받고/ 까지 까지 돌려보세/ 이번 맞고 금 쳐놓세/ 술비여어// 살살 비벼라 꼬시락 든다/ 중간 사람은 잘 봐주소/ 여섯 가지를 고루 돌리소/이번 맞고 금 쳐놓세/

17 독도박물관 2009: 32-33

술비여어// 이 줄은 다려서 보름날 당구고/ 저 줄은 다려서 닷 줄을 하고/ 다음 줄 다려서 갓버리 하세/ 이번 맞고 금 쳐놓세/ 술비여어// 에이야라 술비야/ 어기여차 술비로세/ 술비 소리 잘 맞고 보면/ 팔십 명 기생이 수청을 드네/ 님을 맞구서 감사로세/ 술비여어// 놀다 가소 놀다 가소/ 소녀 방에 놀다 가소/ 놀다 가면 득실인가/ 잠을 자야 득실이지/ 술비여어// 백구야 훨훨 나지 말라/ 널 잡을 내 아니로다/ 성산이 바시리니/ 너를 쫓아 여기 왔다/ 술비여어// 간다 간다 나는 간다/ 울릉도로 나는 간다/ 오도록만 기다리소/ 이번 맞고 금 쳐놓세/ 술비여어// 돛을 달고 노 저으며/ 울릉도로 향해보면/ 고향 생각 간절하네/ 이번 맞고 금 쳐놓세/ 술비여어// 옥천행도 불가사리/ 어떤 잡놈이 다 따먹고/ 앵두씨만 남았구나/ 이번 맞고 금 쳐놓세/ 술비여어// 고향산천 돌아오면/ 부모처자식 반가와라/ 동네사람 반가와라/ 이번 맞고 금 쳐놓세/ 술비여어.

〈에헤에 술－비〉

에헤에 술－비/ 어기영차 배질이야/ 울고 간다 울릉도야/ 알고 간다 아릿역아/ 이물에 있는 이 사공사/ 꼬물에 있는 코사공아/ 허리띠 밑에 있는 하장아야/ 돛을 달고 닻 감아라/ 술렁술렁 배질이야/ 범배 중리 떠가세/ 이 돈 벌어 뭣 할 거나/ 늙은 부모님 보양하고/ 어린 자식 길러내고/ 먹고 쓰고 남은 돈은/ 인군 공공 하여보세// 에헤에 술-비/ 골골마다 돈부 심어/ 앉은 돈부 느는 돈부/ 쓰러졌다 새 돈부야/ 돈부 잎에 연에 올라/ 연에 위에 담장 싸서/ 담장 위에 집을 지어/ 오손도손 살잤더니/ 노름빚에 집을 잡혀/ 어여쁜 내 치리야/ 임에 동동 실려간다/ 월오사님 삭탈하고/ 머리 깎고 송낙 쓰고/ 절에 올라 중 되러 가자/ 이 산 저 산 다 비어서/ 근산 어디 비리 마라/ 어녕 비고 다녕 비고/ 이지 성녕 곱게 피어/ 선창 안에 물 들어오면/ 낙수 챙겨 후려들고/ 낚어내자 낚어내자/ 못 낚으면 상사되고/ 낚어내면 능사되고/ 이녀상사 보로마지/ 그 보가 풀려나도록/ 너랑 나랑 살어보세// 에헤에 술-비/ 충청도 충백석이는 주지가지가 열려 있고/ 강흥 남산 강대추는/ 아그장아그장 달렸구나/ 산아 산아 수향산아/ 눈이 온다 백두산아/ 임아 임아 서방님아/ 요 내 가슴 만져주소/ 동지섣달 진진 밤에/ 핏기 없이 몰라진 몸/ 임 생각에 한숨이로다// 에헤에 술-비/ 술비야로 돌려보세/ 에이야라 술-비야/ 너랑 나랑 살어보세.

거문도 사람들이 울릉도로 가서 울릉도의 나무로 배를 만들어 온다는 내용이다. 배를 만들어 온다는 것은 한밑천 장만한다는 얘기이다. "울고 간다 울릉도야"는 뱃길의 험난함을 노래한 대목이고, "알고 간다 아릿역아"는 새 배에 수확물을 싣고 귀향하는 길을 노래한 대목이다. "아릿역"은 거문도를 비롯한 흥양의 고향을 가리킨다.

거문도 사람들은 울릉도를 선박 건조용 목재를 획득하는 일종의 식민지로 이용하고 있었다. 이는 당시 조선 정부의 울릉도에 대한 오래된 공도 정책(1417년~1883년)에서 비롯된 것으로 보인다. 조선조 동안 정부의 공도 정책으로 울릉도에 정식 거주하는 주민들이 공식적으로는 사라졌다. 심지어 정부는 몇 년에 한 번씩 '수토관'을 파견하여 울릉도에 거주하는 주민들을 체포해서 육지로 데리고 나왔다. 거문도 사람들은 정부의 울릉도 공도 정책을 잘 파악하고, '임자 없는' 울릉도로 항해하여 목재를 벌채하고 배를 건조한 것이다. 조선왕조의 울릉도 개척령이 내려진 것은 1883년 7월이며, 당시 54명의 개척민이 입도한 것으로 되어 있다. 그 후 울릉도의 목재 벌채에 세금을 물렸고 벌목권을 러시아에 팔기도 했다.

전라도 흥양 사람들의 영향으로 울릉도의 토속지명에는 전라도 흥양 방언이 토착화되었음을 알게 되었다. 즉 이규원 검찰사가 학포에 도착하였을 당시, 울릉도에 거주하고 있었던 사람들의 대부분은 전라도 흥양 사람들이었고, 흥양의 방언이 울릉도에서 주된 언어로 통용되고 있었다는 생각을 할 수 있다. 그러나 지금 우리는 울릉도의 말씨가 전형적인 경상도, 그것도 경상북도의 경주와 포항 등지의 말씨와 근접하고 있음을 피부로 느끼고 있다. 한 지역에서 중심적인 언어가 교체된다는 것은 대단한 사회변동의 결과로 이해할 수 있다. 전라도 흥양 방언으로부터 경상도 경주 방언으로 전환된 역사적 계기에 대해서 추구할 필요가 있다. 주민집단이 지속적으로 교체되는 현상, 즉 생태학적으로 말한다면 '일시적종一時的種, fugitive species이 연속적으로 교체되는 현상이 울릉도의 인구학적 특성이라고 관측할 수 있다. 울릉도 토박이의 정착기간이 상대적으로 짧은 것도 하나의 특징이고, 이러한 특징이 겹쳐진 결과의 현상으로서 중심적인 언어가 전라도 방언에서 경상도 방언으로 대체되었음을 이해할 수 있고, 그와 연동되는 현상으로 전승민요의 울릉도적인 특성도 지적할 수 있다.

이원우는 "가장 이섬의 특색特色을 잘 표현表現할 수 있는 그리고 이 섬에서만 불러지는 특유特有의 노래요 전래傳來의 민요民謠"를 찾아서 "수 종류數種類의 민요民謠를 채집採集하기는 하였으나 그 대부분大部分이 경상도 전라도 등慶尙道全羅道等에서 불러지는 노래와 다름이 없는 것이었다"고 보고하는 한편, "고기잡이에서 도라와 도민島民들은 술을 마시며 부르는 것들로서 '쾨지랑 칭칭나-네'와 매년每年 7월에 행해지는 수제水祭에서 불러지는 '지신밟기'를 채집할 수 있었었다."고 하였다(李元雨 1947.10.30.). 1923년 8월 초 단기간(4일부터 3~4일간으로 추정) 울릉도를 순방하였던 이시카와 요시카즈(石川義一, 조선총독부 사회과장, 음악 전문가)도 "민요로 간주할 수 있는 특별한 노래는 하나도 없다"(石川義一 1923.9.: 116)라고 기록하였다. 그러한 점을 감안하여, 이원우李

元雨가 울릉도에서 채집한 두 가지 민요를 인용해서 아래에 수록하면 다음과 같다.

'쾨지랑 칭칭나-네': 南대통의 반찬을 보면 쾨지나칭칭나-내/三年 묵은 된장일새同同/西處子서처자의 밥을 보면 同同/三年 묵은 쌀밥이오 同同/西處子 의반찬을 보면 쾨지나칭칭나-내/三年 묵은 더덕질새 同同/南대통밥을랑은 西處子 먹고 同同/西處子밥을낭은 南대통먹고 同同/첨에랑 버셔서 휘장을 삼고 同同/허리띄랑 버셔서 비게를 삼아 同同/黑雲片片天不見흑운편편천불견하니 同同/無上寂寂十一峰무상적적십일봉이라 同同

위의 가사 중에서 "同同"은 '쾨지랑 칭칭나-네'의 후렴 부분으로 매 구절마다 반복된다는 의미로 사용된 표기이다. '지신밟기'의 가사는 모두 9연으로서 아래와 같다.

一, 어-류하산아지신아/지신지신 눌이자/성주조왕을 눌이자 二, 어-류하산아지신아/大山에 올나 大木대목내고/小山에 올나 小木내여 三, 어-류하산아지신아/앞-집에 金大木/뒷-집에 李大木 四, 어-류하산아지신아/굽은 나무 굽 음고/곱은 나무 곱 음어 五, 어-류하산아지신아/압산에 터를 닦고/草家三間 집을 지어 六, 어-류하산아지신아/이집 성주 볼작시면/사모에 풍경 달어 七,

어-류하산아지신아/東南風이 들이부니/풍경소리 요란하다 八, 어-류하산아지신아/雜鬼雜神잡귀잡신은 물알로/萬福만복은 일이로 九, 어-류하산아지신아/時和年豊聖代시화년풍성대 만나/康衢煙月강구연월 놀아보자

"울릉도란 노래 없는 섬"[18]이라고 결론을 낸 채집자의 의향은 울릉도 자체에서 울릉도를 배경으로 만들어져서 구전되는 민요를 발견할 수 없었다는 뜻으로 해석될 수 있다. 울릉북중학교 교사로 근무하였던 기간 중(1971.3.~1972.3) 울릉도의 민요를 채집하였던 여영택呂營澤의 보고를 접하면, 이원우의 견해는 부분적으로 재검토될 수밖에 없다. 여영택은 그의 저서에서 '민속'의 장르를 설정하고(pp.225-230), 울릉도 민요에 대한 고찰(pp.253-257) 속에서 울릉도 민요를 '순수 울릉도 민요'(고향요, 애정요, 섬찬양요)와 '본토에서 흘러온 민요'(남요, 여요)(여영택 1978.2.25: 254)로 구분하였다. 이원우와 여영택의 보고 기록에서 나타난 차이는 두 가지의 가능성으로 설명이 가능하다. 첫째, 양자의 울릉도 체류 기간에서 비롯된 것일 수 있다. 단기방문을 했던 이시카와 및 이원우와 장기거주를 했던 여영택의 입장에서 드러난 차이일 수 있다. 둘째, 1947년의 방문과 1971년의 방문, 즉 시

18 李元雨 1947.10.30

기별 차이에 의한 결과일 수 있다. 즉 약 25년간의 시간차 사이에 만들어진 민요일 가능성도 있다.

1967년 7월 19일부터 8월 24일 사이에 방문조사를 통하여 민요 132편과 가사 8편을 수집하였다(서원섭 1968.5.: 46). 그 결과 본도에 고유민요가 퍽 드물다는 점과 섬이면서도 바다를 두고 부른 노래가 없으며 대부분이 수입 민요이며 본도 생활에 적응될 수 있는 것이 주로 전해지고 있다는 점, 그리고 본도 민요의 교접 지역은 주로 대구, 경산, 달성, 의성, 군위, 김천, 연일 등 경북 일대임을 지적하였다(서원섭 1968.5.: 80-81). 여영택이 '본토에서 흘러온 민요'라고 구분하였던 것이 대종임을 확인할 수 있다. 서원섭이 울릉도 민요연구에서 기여한 공로는 장르상 '가사'라는 작품들을 발견한 점이다. 그가 발견한 천부리의 '울도선경가'와 통구미의 '정처사술회가'는 가사의 형식을 제대로 갖춘 작품들이며(서원섭 1969.1. & 1970), 특히 후자는 그 내용상 울릉도의 개척과정과 울릉도의 구석구석에 관한 특징들을 잘 보여주고 있다. 서원섭이 단기간 내에 이러한 자료를 발굴한 것은 통구미의 외숙댁에 보관된 것, 즉 개인적인 인간관계를 배경으로 가능한 것이었다는 점을 이해할 수 있다. 울릉도를 배경으로 한 가사문학의 작품이 존재하는 것의 의미와 그 내용들에 관해서는 울릉도 개척기의 상황을 대조한 정밀한 분석이 필요하다고 생각한다.

필자는 현재 울릉도에서 울릉도 토박이로 자타가 공인하고 있는 경주 최씨의 족보로부터 유의미한 자료를 구성해낼 수 있었다. 그리고 그 자료들은 급격한 언어교체의 주된 원인이 동학농민전쟁이라는 사건과 그 휴우증이 연결이 될 것이라는 가설을 생각해내기에 충분하였다. 울릉도의 도동에 거주하는 경주 최씨 집안에서 보관하고 있는 족보에서 일부를 발췌한 것이 아래의 도표[표3]이다. 이 도표는 경주 최씨의 28세부터 30세에 이르는 3대에 걸친 내용을 보여주고 있는데, 필자가 그 족보에서 발췌한 항목은 사람의 이름과 생몰년도 그리고 묘의 위치로 한정하였다. 그렇게 한 이유는 일관된 진술이 확보될 수 있는 항목이라는 점과 19세기 말과 20세기 초의 인구이동 과정을 보여줄 수 있는 정보라고 생각되기 때문이다. 그들의 이주 과정을 밝힐 수 있는 가장 확실한 자료는 묘의 위치를 적은 정보이다.

표3 경주 최씨 족보의 일부

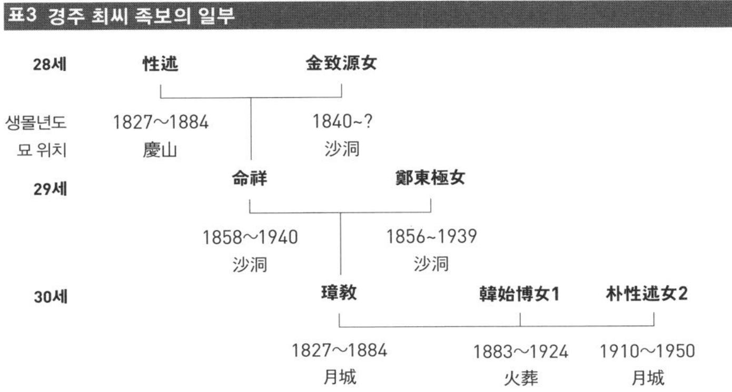

28세인 성술性述은 울릉도의 입도 이전에 사망한 것임에 분명하다. 그의 묘가 고향인 경산의 선산에 있다는 점이 그것을 증언하고 있다. 즉 울릉도에 입도한 사람은 29세인 명상命祥의 부부가 그의 어머니인 김치원녀金致源女(김치원의 딸이란 뜻)를 모시고 어린 아들 장교璋教를 포함한 가족을 동반하고 입도하였던 것 같다. 장교는 울릉도에서 한시박韓始博의 딸과 혼인을 하였으나 첫 부인이 일찍 사망하자 둘째 부인인 박성술朴性述의 딸을 얻은 것으로 파악된다. 첫 부인의 경우 사망 후 화장하였으며, 둘째 부인과 장교璋教의 묘가 월성에 위치하고 있다는 점은 그들 부부가 1950년 이전에 고향인 경상북도로 귀환하였음을 말하는 것이다. 울릉도에 거주하고 있는 경주 최씨의 노인으로부터 그 내용과 합치되는 진술이 있었다. 즉 경주 최씨의 울릉도 입도조는 최명상崔命祥이며, 그의 묘는 울릉도의 사동沙洞에 있다. 그의 장자인 장교璋教는 고향인 경상북도로 귀환하였다고 이해할 수 있다. 물론 다른 자손들이 울릉도에 정주하였고, 현재 울릉도에 거주하고 있는 경주 최씨들의 뿌리가 되었다고 생각한다.

정부주도의 개척민 명단에 포함되지 않은 경주 최씨의 울릉도 이주 사실을 대하면서, 한 가지 의문은 언제 그들이 울릉도로 이주하였는가 하는 문제이다. 최명상이 가족을 대동하여 울릉도에 간 것은 일종의 피난이었을 것으로 생각된다. 1894년의 동학농민전쟁이 발발하면서 대규모의 체포와 살육이 전국적으로 진행되었던 점을 감안한다면, 동학교도였으며 경산에 거주하고 있었던 최명상의 경우는 정치적 난민의 일종이라고 생각된다. 물론 그의 아들인 십대 중반의 장교도 그 내용을 충분히 인지하고 있었을 것이고, 정치적인 피난의 이유가 사라졌다고 생각되었기 때문에 노년에 고향으로 돌아간 것으로 생각할 수 있다. 한편 필자의 호적조사 과정에서 밝혀진 사실로도 울릉도의 인구이동이 다른 지역보다도 훨씬 빈번히 일어났다는 점을 알 수 있었고, 경주 최씨의 당대 귀향도 울릉도 전체의 인구이동 현상을 반영하는 것일 수 있다는 생각도 든다. 그 이유는 그들의 울릉도 이주가 정치적 난민의 성격을 띠기 때문이다. 피난의 이유가 해소된 경우에 귀향하는 경향이 있다는 점도 이를 뒷받침한다고 볼 수 있다.

이러한 내용은 '울도선경가'라는 가사의 내용에 잘 반영된다. 박시옹朴時顒이 1906년에 지었다고 알려져 있는 가사의 내용은 아래와 같다(서원섭 1969.1.).

어와 세상世上 사람들아 이내말쌈 들어보소
수백다족數百多族 송정촌松亭村에 내맴이 생장生長하야
부모父母에 은덕恩德이며 형제兄弟간 우애友로서
명신가절明新佳節 좋을때에 남녀노소男女老少 함께모아
희희낙낙喜喜樂樂 지내나서 백년百年을 기약터니

세생世上이 분분紛紛튼가 신맹身命이 불행不幸튼가
삼십三十이 계오넘어 가오甲吾을미乙未 당하였네
동기지정同氣之情 다베리고 울도鬱島로 들어온다

만경창파萬頃滄波 동해변東海邊에 일엽선一葉船을 잡아타고
순풍順風에 돛을달어 일주야一晝夜 달려오니
만학천봉萬壑千峰 솟인 것이 이것이 울도鬱島로다.

주희周廻는 일백리一百里나 평지平地도 전혀없다
산을지고 집을짓고 난글비고 밭을내니
세상世上의 별건곤別乾坤이 이밖에 또있는가

마맥두태마麥豆太 숨아내세 이것을 보맹하고保命
깍새를 잡아다가 이것을 반찬飯饌하니
육지陸地의 고양진미膏粱珍味 생각한들 어이하리

삼동三冬을 당하오면 나날이 풍설風雪이라
이웃출입出入 전혀막고 벌기같이 들어앉아
감자밥 무시국을 욕기복통 대로하니
우습다 우리인생 각색풍상各色風霜 다적는다

그럭저럭 지내나서 봄날이 돌아오면
장설壯雪이 다녹은후 춘풍春風이 화창하다.
집집이 농사짓기 인생人生의 직업職業이라
호미들고 밭매기며 산에가 나물뜯기
상부모上父母 하처자下妻子도 이로서 보맹保命하니
재미로서 지내노니 건고勤苦를 피할소냐

대해중大海中에 오는배는 일본日本으로 들어온다
포백布白이며 각색물건各色物件 두태豆太로서 바꿔내니
이고데 사는사람 의복衣服이 글로난다.

갑신년申年 개척開拓후에 천여千餘집 되었으니
해중海中에 솟은섬이 아매도 명지名地로다
산천山川에 있는풀이 약초藥草가 반이넘고
지중地中에 솟은섬이 물맷도 기이奇異하다
풍토風土가 순順하기로 인간人間에 병病이적고
육지陸地가 머자하니 인품人品도 후厚하더라.

술을하야 서로청코 밥을하야 논아먹고
문학文學을 숭상崇尙하니 촌촌村村이 글소리라
팔도八道사람 모여들어 한이우지 되었이니

서로추축追逐 하는것이 이것도 연분緣分이라

주야晝夜이 도는마음 환고향還故鄕이 원願이로다
풍진風塵도 식어지고 국태민안國泰民安 하신후에
남녀간男女間 키와내어 고향故鄕을 찾어가세

최명상崔命祥을 비롯한 동학교도들을 중심으로 한반도 내의 정치적 불안을 피해서 울릉도로 입도한 사람들이 19세기 말에 집중되어 있다는 점은 당시 발간되었던《대한매일신보》의 기사 내용으로도 충분히 입증이 가능하다. 동 신문 1897년 4월 8일자에는 다음과 같은 자료가 게재되어 있다. "저포동 가호는 27호, 인구는 101명(남 54, 여 41), 도동리 가호 14호, 인구 54명(남 34, 여 20), 사동 가호 33호, 인구 153(남 95, 여 58), 장흥동 가호 35호, 인구 151(남 86, 여 65), 남양동 가호 26호, 인구 138(남 75, 여 63), 현포동 가호 29호, 인구 120(남 78, 여 43), 태하동 가호 19호, 인구 82(남 45, 여 39), 신촌 가호 20호, 인구 70명(남 45, 여 25), 광암리 가호 7호, 인구 30(남 18, 여 12), 천부 가호 45호, 인구 155명(남 82, 여 73), 라리동 가호 22호, 인구 83(남 50, 여 33), 이상 동리 12, 가호 397호, 인구 1134명(남 662, 여 472): 개간지 전토, 저포동 319두락, 도동 224두 4승락, 사동 630두락, 장흥동 742두 8승락, 남양동 407두 9승락, 현포동 546두락, 신촌동 369두 2승락, 광암동

146두락, 천부동 616두 4승락, 라리동 391두 5승락 도합 전토 4774두 9승락."

1897년 현재 울릉도의 전체 인구는 1,134명이고 그중에서 남자는 662명 여자는 472명이다(1896년에 도감이 보고했던 숫자와 동일). 남자가 여자에 비해서 1.4배라는 많은 숫자를 보이는 것은 개척지의 일반적인 현상이다. 즉 19세기 말의 울릉도 인구는 아직도 개척지의 초기 현상을 벗어나지 못하였다는 점과 안정적인 인구구조를 보이기에는 시간이 소요될 것이라는 점을 예상할 수 있다.

울릉도는 조선인들만의 생활공간으로 독점되지는 않았다. 19세기 말부터 20세기 초에 울릉도로 입도한 일본인들과 일본 정부의 관련활동에 관한 일본 측의 공문서들이 존재한다. 1902년에 작성된 일본 측 공문서인 『통상휘찬通商彙纂 M.35』을 분석한 후쿠하라 유지福原裕二 교수의 자료분석 결과에 주목한다. 그 속에는 조선인들의 이름들도 등장한다. 즉 일본의 공문서는 울릉도의 정황을 상세하게 관찰한 정보보고서의 성격이라는 점을 배제할 수가 없다. "본도(울릉도를 말함) 한민韓民은 고래로부터 영주하였던 자들이 아니고 지금(1902년, 인용자주)부터 21년 전 강원도로부터 온 계주季周, 김대목金大木, 변경운卞敬云, 전사일田士日의 4명이고 도항시 동행자는 협력을 하여 산간을 개척하여 밭을 일구어서 농업을 하였다. 동 자료에는 그 익년에도 강원도

강릉지방으로부터 황종해黃鐘海, 최도수崔島守, 전사운田士雲, 김화숙金花淑, 홍봉효洪奉堯, 이손팔李孫八의 6명과 전라도(지명 불상)로부터 장경이張敬伊 등 계 7명이 울릉도에 이주하였다는 기록이 있다"(福原裕二 2011.3.a: 48 각주 19). 일본측 공문서는 최초 개척입도민 직전의 이주상황을 반영한다.

위의 진술은 울릉도의 주민대체 현상을 말해주는 하나의 단막이다. 즉 전라도 흥양 어민들의 항해 역사로부터 비롯되었던 역사가 장막을 내리고 조선 정부의 정책적 울릉도 개척에 의한 강원도 지방 주민들의 이주가 시작되었음을 말해준다. "울릉도 개척사업에 따라서 조선인의 입거가 시작되어 대략 20년이 경과된 1902년 경, 조선인 거주자는 호수 556호 3,340인으로 불어났다. 그들은 삼삼오오로 흩어져서 거주하고, 대체로 나리동과 천부동에 집거하고 있다. [...] 조선인들은 거의 모두 농업을 전업으로 하고 여가에 약초나 김을 채집한다. [...] 이곳에 사는 일본인들이 오징어烏賊漁 잡이를 하게 되면, (조선인들은) 그것을 견습하여 어업을 시작하게 되었다"(福原裕二 2011.3.a: 49). 후쿠하라 교수의 해석을 받아들이게 되면, 조선 정부의 공식적인 개척령이 시작되기 전 오랜 기간 동안 이루어졌었던 전라도 흥양 어부들의 울릉도를 향했던 항해와 어업의 역사는 설 자리를 잃게 된다. 필자는 이 부분에 주의를 환기시키고자 하며, 흥양 어부들이 이룩했던 살림살이의 역사가 울릉도의 토속지명에 각인되어 있음에 대한 이해를 촉구한다.

일본인들이 울릉도로 이주하는 상황에 대해서 살펴본다. "1892년에 오키隱岐로부터 벌채업자 수명이 울릉도로 도항하여, 가소옥假小屋을 지어서 영주하는 계기가 되었고, 일본인이 본격적으로 울릉도에 정주하는 계기는 갑오경장(1894~1895년)이후, 다수의 일본이 입도하여 1896년경에는 내도자들이 주로 벌목과 제재製材를 목적으로 하였다. 그 이외에 버섯 재배와 물물교환을 행하였다. 1902년 현재, 제재 겸 대장장이업을 하는 사람으로서 시마네현 평민 와키타 쇼타로脇田庄太郎가 초항자初航者로 알려져 있다"(福原裕二 2011.3.a: 48). 이어서 후쿠하라 유지福原裕二 교수가 제시한 [표 1] 울릉도의 조선인과 일본인 호구의 변화欝陵島の朝鮮人·日本人戸口の変化(1901-1955)(福原裕二 2011.3.b: 89)가 20세기 전반 울릉도의 인구관련 자료로는 가장 신빙도가 높다. 1901년경 조선인 가구수는 447이고, 1902년경 조선인의 가구수:인구수는 556:3340로서 가구당 6.0명이며, 일본인의 가구수:인구수는 79:548이고 가구당 6.9명으로 나타났다. 조선인과 일본인 인구비율은 6:1이었음을 알 수 있다. 1901년과 1902년 조선인 가구수의 비교에서, 1년 만에 109호 순증가를 보이는 것은 그 기간에 입도자의 숫자가 그만큼 많았다는 점을 말해주는 것이다.

일제시대의 언론에 나타난 자료를 통하여 울릉도의 인구변동 상황에 대해서 추적한 자료는 다음과 같은 표로 요약된다.(표4)

표4 울릉도 인구에 관한 언론보도

연도	호수	인구	조선인 (호수/인구수)	일본인 (호수/인구수)	중국인 (호수/인구)	출전
1913	1737	8192	1400/6967	337/1231		매일신보(8월12일)
1924	(1552)	(8860)	1375/8225	176/631	1/4	〃 (3월25일)
1928	1678	10994	1522/9653	152/531	4/10	동아일보(9월12일)
1933	1968	11753	1830/11272	138/481		〃 (9월17일)
1934	1915	15264	1774/10739	131/524		조선일보(1월30일)

• 유미림 2019.6. 참조, 부분적으로 조정하였음

이어서 1937년에 울릉도의 약용식물을 조사하였던(1937.7.13-24 실시) 자료에 첨부되어 있는 울릉도의 '島勢一班도세일반'에 의하면, "논 50여 정보, 밭 2100정보, 임야 4813정보, 인구 12000인(일본인 444, 조선인 11586), 농업 8324인, 어업 1684인, 공업 394인, 상업 597인, 공무 364인, 기타 668인"(都逢涉.沈鶴鎮 1938.3.31: 79-81)이다. 이 자료가 1937년도의 실질인구를 반영하는지, 그 이전에 만들어진 통계자료를 옮긴 것인지에 대해서는 알 수가 없다.

후쿠하라 교수가 제시한 표를 재검토하여 압축한 것과 유미림이 제시한 표를 부분적으로 재조정하여 만든 것이 아래의 표이다(표5). 조선인과 일본인에 관련된 네 가지 항목들이 모두 정리되어 있는 것들 중에서 비교적 시간적 거리를 균등하게 잡아서 한눈에 보기 편하도록 부분적으로 재정리한 것이다. 후쿠하라 교수의 표는 호수와 인구를 큰 항목으로 하고, 조선인과 일본

표5 20세기 전반 울릉도의 인구변동 상황(조선인 대 일본인)

시기	조선인(호수/인구수)	일본인(호수/인구수)	합계(호수/인구수)
1902년경	556/3340	79/548	635/3888
1905년말경	564/3300	95/302	659/3602
1906.6.30	737/5849	118/493	855/6342
1909.12.31	907/5162	223/736	1130/5898
1913	1400/6967	337/1231	1737/8192
1920.12말	1422/8141	208/743	1645/8884
1924	1375/8225	176/631	1552/8860
1928	1522/9653	152/531	1678/10184
1930.9.30	1359/7528	135/474	1494/8002
1933	1830/11272	138/481	1968/11753
1934	1774/10739	131/524	1915/15264
1935.9.30	1841/11222	122/442	1963/11664

• 울릉도의 촌명호수인구鬱陵島の村名戸数人口(1902年)(福原裕二후쿠하라 2011.3.b: 97 일부 조정 & 유미림 2019.6).

인의 항목을 작은 항목으로 하여 정리한 것인데, 필자는 조선인과 일본인을 큰 항목으로 하고, 호수와 인구수를 그 아래의 작은 항목으로 재정리하였다.

1901년부터 1935년 사이, 조선인의 호당 평균 인원수는 6.0-5.9-7.9-5.7-5.0-5.7-6.0-6.3-5.5-6.2-6.1-6.1명으로 변화하였음을 알 수 있다. 동일한 기간 동안 일본인의 호당 평균 인원수는 6.9-3.2-4.2-3.3-3.7-3.6-3.9-3.5-3.5-3.9-4.0-3.6명으로 변화

하였다. 즉 농업을 주 생업으로 하였던 조선인들은 6명 내지 7명의 호당 평균 인원수를 보이고, 어업을 주 생업으로 하였던 일본인들의 호당 평균 인원수는 3명 내지 4명이다. 일본인 경우 호당 평균 인원수가 이후 지속적으로 일관성을 보였던 3내지 4와 비교해서 1902년의 6.9명이었던 것은 이상 징후가 있었음을 반영하는 것이다. 즉 가족을 구성하지 않았던 개별인원들이 개별가구들에 포함되었을 가능성이 있다. 또한 공무원과 상인을 비롯한 단신부임자들이 포함되어 있을 수도 있다.

1902년 당시 울릉도에는 주민이 거주하고 있는 동네가 27개 있었음을 보여준다(道洞, 沙洞, 遇伏洞, 新里, 中嶺, 間嶺, 通龜尾, 南陽洞, 窟巖, 水層々, 山幕谷, 臺霞洞, 香木洞, 玄浦, 新村, 光岩, 錐山, 羅里洞, 千年浦, 昌洞, 天府洞, 竹岩, 亭石浦, 臥達里, 乃守田, 苧洞, 砂工南). 조선인 거주지의 크기(가구수를 기준으로) 순서는 저동苧洞, 남양동南陽洞, 현포玄浦, 사동沙洞, 신촌新村, 대하동臺霞洞, 중령中嶺, 신리동羅里洞, 도동道洞, 산막곡山幕谷 등으로 분포하였고, 1896년 도감이 보고하였던 11개 동리에서 6년 만에 27개 동리로 급증하였음을 알 수 있다. 일본인들은 도동道洞에 집중적으로 거주하였다.

일본 외무성 통상국日本外務省通商局이 제작하였던 『통상휘찬通商彙纂』 제 234호(메이지 35년 10월 16일자, 44 & 50-51)에 의거하여, 일본인들의 출신 지역을 1902년 현재의 현별縣別로 보면, 시마네현島根県이 압도적으로서 남자 233명과 여자 75명이다. 그 다음은 돗토리현鳥取県이 남자 53 여성 7명, 세번째는 쿠마모토현熊本県으로서 남자만 43명이다. 전체적으로 남성 422명과 여성 126명임을 알 수 있고, 남녀 비율은 남초男超로 3 대 1이 넘는다(福原裕二 2011.3.b: 97-98). 일본인 이주민 사회의 사회적 현상을 보여주고 있다.

일본에서 울릉도로부터 구입했던 수입품으로는 "대두大豆, 규재槻材, 건포乾鮑, 해수피海獣(トド)皮, 해수유同上油, 해수지게미同上〆糟" 등이고, 수출품으로는 "정미精米, 찹쌀糯米, 술酒, 소주焼酎, 석유石油, 사탕砂糖, 백목금白木綿, 백릉목금白綾木綿, 금사綿糸, 비단綿, 직물織物, 철鉄, 석입蓆叺, 성냥燐寸, 도기陶器, 식해食塩, 장유醤油, 소면素麺" 등이다([표 16-1] 울릉도의 수출입품欝陵島の輸出入品(1904.4-6, 1905.4-6)(福原裕二 2011.3.b: 99-100). 이 자료는 일본의 외무성 통상국이 간행하였던 『통상휘찬』 제50호(博文館, 메이지 38년 9월 3일자)에 근거한 것이다. 이상의 품목 명칭으로부터 알 수 있는 것은 20세기 초 울릉도의 산업구조이다.

이와 견주어서 30년이 지난 시기인 1936년도의 자료가 흥미로운 대비를 보여준다. 1936年度現在 本島産業統計表1936년도현재본도산업통계표(都逢涉.沈鶴鎭 1938.3.31:81)에 의하면, 重要農産物중요농산물(종별/수획고)의 종류들과 수확량은 다음과 같다. 米미 740石, 大麥대맥 3120, 小麥소맥 400, 大豆대두 508, 小豆소두 22, 粟조 55, 稗피 2, 黍기장 7, 蜀黍수수 10, 玉蜀黍옥수수 1,935, 蕎

麥메밀 43, 甘藷감자 11,027, 馬鈴薯마령서 975,865, 蘿蔔무 89,415, 白菜배추 26,806, 大麻대마 3,795, 莞草왕골 177, 荏들깨 4, 胡麻깨 3, 苧麻모시 2, 棉목화 1,534, 楮닥나무 1,729. 農家副業농가부업의 상황과 축산상황도 제시되었다. 蠶繭잠견 39,650kg 45,201圓원, 生絲생사 520kg 4,145圓, 麻布마포 2,036反 4,153圓, 絹布견포 2,139反 6,883圓, 綿布면포 160反 359圓. 牛우 1,969(肉用육용), 豚돈 1,430, 山羊산양 431(黑山羊흑산양), 鷄계 2,901. 수산물의 상황은 다음과 같다. 오징어 100,405kg 97,728圓, 멸치 158,625kg 5,493圓, 고등어 2,033,849kg 103,037圓, 전복 3,232kg 1,034圓, 가자미 13,875kg 1,850圓, 해삼 12,749kg 1,360圓, 미역 117,351kg 11,578圓, 돌김 4,248kg 6,458圓, 방어 28,125kg 4,500圓. 조선인들이 주로 담당하였을 것으로 생각되는 농산물인 곡식류들은 상당히 다양한 종류를 보여주고 있다. 대맥과 감자(마령서)의 생산량이 가장 많았다는 점은 보리와 감자가 주식이었음을 충분히 말해준다. 반찬으로 이용되었던 주종은 무蘿蔔와 배추白菜이었다. 농가부업으로 잠견과 생사의 생산량이 많은 것은 당시 울릉도에서도 양잠이 농가의 주된 일거리였음을 알 수 있다. 오징어로 유명한 울릉도였지만, 실질적인 생산량으로 보면, 고등어가 오징어를 상회하고 있음을 보여준다. 직업별로 본 농업인구와 어업인구의 비율은 약 5:1이다. 조선인과 일본인의 비율은 26:1이다.

울릉도의 조선인들은 주로 대두 농사를 지었으며, 산림에서 벌채된 목재가 주 수출품이었다. 목재의 경우는 식민지 시기에 엄격히 제한되었다. 울릉도의 해변에서 채집되었던 전복을 말려서 수출하였고, 가지 어업에 의한 가지 가죽과 가지 기름 그리고 가지 기름을 짜고 남은 찌꺼기인 지게미가 농업용 비료로 수출되었다. 울릉도의 입장에서 보면, 울릉도에서 일본으로 수출한 품목들은 전부 원자재와 농산물이고, 일본으로부터 수입한 품목들은 가공된 상품들이다. 울릉도는 전형적인 식민지의 생산소비경제를 구성하고 있었음을 알 수 있다. 20세기 초 정치적 식민지가 되기 전의 한반도가 일본 상품 시장으로 전환하고 있었던 상황의 축소판이 울릉도에서 전개되고 있었음을 확연하게 지적할 수 있다.

그런데 동 신문의 1909년 5월 8일자에는 "거긔사는 한인은 사천명이오 일인은 륙백명인데"라는 기사가 있고, 1909년 8월 19일자에는 "울릉도에 거주하는 한인은 칠천명이오 일인거류자들은 육백칠명인데 오적어 잡기 위하여 각처에서 모혀든 일인 어부들은 유월부터 팔월까지 그 수효가 대단히 만흔데 [...]"라는 기록이 있다. 즉 1897년 4월 8일자에는 1,134명의 인구를 기록하고 있는데, 1909년 5월 8일자에는 4,000명의 한인인구를 제시하였고, 1909년 8월 19일자에는 7,000이라고 기록했다. 이 세 가지 종류의 숫자를 두고 다음과 같은 두 가지 생각을 할 수 있다.

첫째, 1897년의 1,134명과 1909년 5월의 4,000명이라는 숫자의 비교로부터 우리는 한반도로부터 울릉도에 이입한 인구의 급증 현상을 지적할 수 있다. 12년 사이에 인구변동 사항은 1,134명에서 약 4,000명으로 증가한 것에 대한 설명이 필요하다. 일본인 거류자들의 숫자를 제외하고 한인의 숫자만으로 볼 때, 도대체 울릉도에 무슨 일이 일어났기에 12년 사이에 인구가 이토록 급격히 증가할 것일까? 인구의 자연 증가에 의해서 일어난 현상이라고는 결코 이해될 수 없고, 한반도로부터의 인구이동에 의한 현상이라고 말할 수밖에 없다. 19세기 말과 20세기 초의 사회적 불안이 반영되어 반도로부터 이출하는 인구가 증가하였음은 여러 가지 측면에서 거론된 바가 있다. 특히 동학농민전쟁 이후, 그러한 인구이동의 현상의 한 줄기가 울릉도의 인구증가에 반영되었다고 생각된다.

둘째, 1909년 5월의 인구가 4,000명인데, 1909년 8월의 인구는 7,000명으로 기록되었다. 8월이 되면 오징어잡이를 위해서 어부들의 인구가 급격하게 증가한다는 점을 의미하는 것이다. 환언하면, 1909년 5월의 기록은 비교적 고정적인 울릉도의 인구를 반영하는 것이고, 8월의 기록은 계절적인 어업 인구의 이동을 반영하는 것으로 받아들여야 할 것이라고 생각한다.

인터뷰의 자료에 의하면, 경상북도 경산이 고향이었던 경주 최씨의 경우에는 울릉도에서도 터줏대감으로 불릴 정도로 입도의 시기가 이른 경우이다. 한반도의 정치적 불안 상황으로 인하여 한반도로부터 울릉도로 피신한 인구가《대한매일신보》에 기록된 것이라는 잠정적인 결론이 가능하다. 한편, 19세기 말부터 한반도의 정치적 불안 상황이 빌미가 되어 피난한 사람들이 주로 동학교도들을 중심으로 한 인구집단이라는 점을 감안하면, 경상북도의 경주와 인근 지역의 동학교도들이 울릉도로 피난한 것이며, 이러한 현상은 난민의 성격으로도 간주할 수 있는 부분이 있다고 생각한다. 왜냐하면, 당시 동학교도들은 일본군과 정부군에 의해서 체포 또는 감금되고 살해되는 경우가 적지 않았기 때문이다.

동시에 1894년도(대한제국이 러시아에 울릉도의 벌채권을 양도한 시기) 정도까지 울릉도에 선박 건조를 위해서 드나들었던 전라도 흥양 사람들의 울릉도 입도는 대가 끊겼고, 동학농민전쟁 이후에 입도한 울릉도 사람들이 대부분 경상북도의 경주 인근 사람들이었기 때문에, 울릉도의 언어 색채가 경상도 방언으로 안착한 것으로 이해할 수 있다. 기존에 울릉도에 거주하였던 주민들의 숫자보다도 동학농민전쟁 이후 짧은 기간 내에 유입된 인구의 숫자가 배를 넘는 기현상이 벌어진 것이다.

따라서 현재 울릉도에 남아 있는 지명들 중에서 토속지명의 구성 요소를 이루는 전라도 방언은 동학농민전쟁 이전에 계절이동을 기반으로 입도했던 전라도 흥양 사람들에 의해서 지어진 지명이라고 결론을 지어도 큰 무리는 없다고 생각된다. 경상도로부터 이주해 들어간 사람들은 기존에 거주하고 있었던 울릉도 사람들의 지명 체계를 그대로 승계하였고, 그 과정과 결과가 오늘날 울릉도의 토속지명에 고스란히 반영되어 있다는 설명이 가능하다.

이러한 역사적 과정을 일별해볼 때, 울릉도의 언어와 문화를 고려할 경우에는, 몇 단계의 역사적 과정에 관한 선이해가 필요하다. 첫째, 우산국 시대를 증언하는 고분 유적과 관련된 선주민으로서의 울릉도민의 존재에 대한 인식, 둘째, 고려 시대에 거란의 침입에 의한 대규모 살육 사건으로 인해서 울릉도의 인구가 급감하였을 것으로 추정되는 과정, 셋째, 조선 정부의 공도정책 수행을 위한 수토로 인하여 울릉도의 인구가 끊임없이 감소될 수밖에 없었던 과정, 넷째, 조선 정부의 수토작업에도 불구하고 전라도 흥양 지방으로부터의 선박건조를 위한 계절노동에 의한 입도 인구의 과정, 다섯째, 1883년 근원 정부의 개척령으로 인하여 정부주도 개척입도민의 정착하는 과정, 여섯째, 동학농민전쟁 이후 경상북도 경주를 포함한 인근 지역의 주민들에 의한 정치적 난민 형태의 대규모 입도 등으로 이어지는 단계적 과정들에 대한 이해가 선행되어야할 것으로 생각된다.

이러한 과정을 이해하기 위한 첫 단추로서 나는 '울릉도 선주민鬱陵島 先住民'이라는 용어를 채택하고 싶다. 이 용어가 어느 정도 타당성을 인정받을 수 있을 지에 대해서는 사학뿐만이 아니라 고고학과 민족학을 포함하는 인류학 그리고 역사언어학적 검토가 심도 있게 이루어져야 할 것이라고 생각한다.

거문도를 비롯한 전라도 흥양 사람들이 선박을 건조하려고 울릉도를 오가는 오랜 전통을 포기한 이유를 세기 전환기의 국제정세 및 대한제국의 정책 변화에서 찾을 수 있었다. 일제의 한국통감부가 설치된 후, 즉 조선(대한제국)의 외교권이 상실된 국제정치적 맥락에서 1906년 3월 28일(음력 3월 4일) 시마네현 관료를 비롯한 20여 명이 울릉도의 관아를 방문하여 '죽도'가 시마네현에 부속되었음을 통고했던 적도 있다(《대한매일신보》 1906년 5월 1일자 잡보).

현재 울릉도의 독도박물관에는 전라도 흥양 사람들이 울릉도를 왕래하며 남긴 유물을 전시하고 있는데 몇 가지를 소개하면 다음과 같다.

- 교지教旨: 대한제국이 울릉도의 초대 도감으로 흥양 출신의 오성일을 임명한 증서이다. 오성일은 1854년 여수시 삼산면에서 태어나 1890년 울릉도 도감이 되는데, 그의 묘소는 여수시 삼산면 서도리 뒷산에 있다.
- 홍두깨(여수시 삼산면 서도리 이귀순 기증): 울릉도 나무로 만든

홍두깨이며, 이귀순의 조부가 100여 년 전에 울릉도를 방문했다가 나무를 가져와서 만들었다. 홍두깨는 둥글게 깎아 표면을 곱게 다듬은 나무 막대이며, 푸새를 한 옷감이나 홑이불 따위를 감아 홍두깨틀에 올려놓고 다듬잇방망이로 두들겨 옷감의 구김살을 펼 때 사용한다.

- 향나무(여수시 삼산면 초도 출생, 여수시 거주 김충석 기증): 김충석의 조부가 100여 년 전에 울릉도에서 가져간 향나무의 조각이다. 제사 때 조금씩 잘라서 향을 피웠다. 30년 전까지 사용했다.
- 나무 다듬잇돌: 여수시 삼산면 서도리 김양록의 생가 터에서 발견되었다. 울릉도 나무로 만들었으며 돌처럼 단단하다.[19]

오키노시마의 구미에서 리양코까지

오키노시마의 구미에서는 20세기 초 하시오카 토모지로橋岡友次郎와 이케다 요시타로池田吉太郎가 리앙쿠르암 해역으로 출어했다. 그 후 하시오카의 후계자 하시모토 타다시게橋本忠重가 백부인 야하타 조시로八幡長四郎와 종형 이케다 코이치池田幸一(이케다 요시타로의 아들)와 함께 '죽도'로 출어하였고, 1935년 출어 시에는 하시

19 독도박물관 2009: 28-31

그림19 "죽도의 돌"(독도에서 가지고 간 현무암).

오카 타다시게가 죽도에서 돌을 한 개 가져와 의생 와키다 시게루脇田茂에게 선물로 주었는데, 이 돌은 지금 '죽도의 돌'로 명명되어 오키노시마 향토자료관에 소장돼 있다.

향토자료관에는 독도에 관련된 사진들이 여러 장 전시되어 있는데, 그중 한 장에는 카타카나로 '리양코'라고 적혀 있다. 원래 오키노시마 사람들은 독도를 '리양코'로 알고 있었으나, 1905년 1월 28일 일본 정부의 공식 문서에 등재될 때 '죽도'로 기록된 것이 확실하다. 일본 정부는 1905년 1월 28일 리앙쿠르암을 '죽도'로 명명하여 오키도사隱岐島司 소관으로 둔다고 공시하였다. '죽도'라는 이름이 오키노시마 사람들의 일상생활에 기반을 둔 지명이 아님을 확인하고자 한다.

산인신문山陰新聞 1899년 12월 2일 자에는 〈한국 울릉도의 상황韓國鬱陵島の狀況〉이라는 기사가 있는데, "히가시혼간지(JR 교토역 북쪽에 있다.) 건축용 목재로 거欅를 채취하기 위해 간다"고 되어 있다.[20] 거라는 나무는 학명으로는 젤코바 세라타*Zelkova serrata*로 느티나무를 말한다. 즉 울릉도에는 느티나무가 많았고, 히가시혼간지 건축용 대형 목재들을 구하기 위해서 일본 본토에서 울릉도를 방문했다는 얘기이다. 히가시혼간지의 건축용 목재는 보통 목재와는 성격이 다르다. 그 목재에 부여되어 있는 일본인

---

20 内藤正中 2000: 140

그림20 교토 히가시혼간지 고에이도御影堂

그림21 고에이도의 기둥들. 이 기둥들 중에 울릉도에서 벌채했던 것들이 포함되어 있다. 1899년 개축. 이때 울릉도 느티나무가 벌채되었고, 운반되어 사용되었다.

들의 종교적 의미를 읽어야 하는 문제이다.

필자는 오키노시마에서 울릉도 목재로 지은 것으로 알려진 신사와 민가 한 채를 확인할 수 있었다. 신사는 부속 섬에 있기 때문에, 멀리서 눈으로 볼 수밖에 없었고, 민가는 방문하여 실제로 확인하였다. 민가는 약 150년 전 현재 집주인의 5대조가 울릉도에서 가져온 여러 종의 목재로 지었으며, 보존 상태가 아주 양호했다. 가모加茂어촌의 하시모토橋本씨의 집이다. 19세기 말 일본인들의 울릉도 방문 목적을 추론할 수 있는 대목이기도 하다.

이러한 상황을 증명할 수 있는 일본 정부의 공문서가 있다. 1883년 9월 일본 정부는 조선 정부의 항의를 받아들여서 울릉도에 체재하는 일본인 전원을 귀국시키려고 내무성 직원과 스무 명이 넘는 순사를 울릉도에 파견하였다. 울릉도에는 야마구치현 쪽에서 250여 명의 일본인들이 도항하여 수개월씩 체류하면서 목재를 벌채하였는데, 이들과 울릉도민들의 관계는 의외로 아주 좋았다.[21]

도쿄의 외교사료관에 보관된 「일본공사관기록日本公使館記錄」은 그 후 일본 정부가 울릉도의 삼림을 조직적으로 조사하고 관련 대책을 강구했음을 증언하는 문서이다. 문서 제목은 "기밀경제 17호機密京第一七號"이며, 당시 부산의 일본영사관에 근무하던 외교

21 「朝鮮国蔚陵島出張檜垣内務少書記官復命ノ件」 p5.

관(영사관보) 아카츠카 마사쓰게赤塚正助가 작성하여 보고한 것이다.[22] 이 외교관은 1900년 5월 30일 부산을 출발, 31일에 울릉도에 상륙하여 6월 1일부터 3일까지 '수명조사사항受命調査事項'을 조사하였다. '수명'이라고 했으니 영사관보가 외무성 상부의 명령을 받아서 조사한 것이다. 이 기밀 문서의 내용을 간략하게 요약하면 다음과 같다.

> 아카츠카赤塚가 1900년 5월 30일 경부警部 와타나베渡邊鷹次郎와 부산영사관 소속 순사 타카쿠라高倉純雙, 와키오카肱岡登之進, 사토佐藤潤象를 대동하고 내부시찰관內部視察官 우용영과 부산감리서釜山監理署 주사主事 김면수金冕秀와 함께 창룡호蒼龍號를 타고 울릉도로 향하여 31일에 상륙하였음. 그 후 3일간 도감 배계주裵季周의 저택에서 수명조사사항에 대하여 쌍방 입회하여 일본인과 도감에 대하여 취조하였음. 대체로 산림 개황에 관한 사항들임. 1900년 6월 12일 보고. (이하는 부속 문서) 산림은 침엽활엽 혼합천연림이고 활엽수의 대부분을 점하는 수종은 너도밤나무, 노송나무, 오구목(학명: Fagus crenata, F. sieboldii, F. ferruginea, Japanese Beech), 단풍나무, 후박나무(녹나무의 일종), 솔송나무(거느티나무), 백단향(학명: Santalum album, Sandalwood), 감탕나무(학명: Ilex integra, thunb), 앵

22 이 자료는 미공간 사료로서, "外務省記錄, 3通商－5産業－3木材の2, 欝陵島に於ける伐木関係雜件"으로 검색된다.

두나무, 가죽나무(상수리나무, 학명: Taxus cuspidata, Japanese Yew), 호리깨(학명: Hovenia dulcis, Japanese raisin tree), 뽕나무, 오엽송, 개오동나무 등이 있는데, 그중에서도 느티나무는 아주 질이 좋지만, 매화나무는 좋지 못하고 일본 매화와는 종이 다르다. 1887년 일본인 대목이 와서 히가시혼간지 건축용재로 벌목하였는데, 당시 일본인 1,000명이 함께 왔었다. 1897년 저포에서 일본인 도감이 벌채한 나무 한 그루를 샀는데, 2,500재가 넘는 목재가 나와서 일본으로 수송하였으며, 한인韓人이 북포北浦 송곳산에서 벌채한 나무에서는 3,000재의 판목이 나와서 일본으로 수송하였다. 1899년에는 일본인 스물여덟 명이 벌채한 목재에서 10만 재[23]가 넘는 판재가 나왔고, 이들은 모두 일본으로 수송되었다. 1900년에는 쉰여섯 본을 벌채하여 5만 재를 일본으로 수송하였다.

원문은 다음과 같다.

機密京第一七號

小官五月三十日警部渡邊鷹次郎及當領事館附巡査高倉純雙同肱岡登之進竝ニ佐藤潤象ヲ從ヒ材木取調ノ爲メ內部視察官禹用影及釜山監理署主事金冕秀ト三十日蒼龍號ニ便乘シ鬱陵島ニ

23 목재로 환산하면 1제곱미터는 300.3재이며 3,000재는 10제곱미터인 셈이다. 즉 반지름이 50센티미터인 나무라고 가정하면 이 나무의 높이는 약 13미터가 될 것이다.

向ヒ出發翌三十一日着上陸翌日ヨリ三日間島監裵季周ノ邸ニ於テ受命調査事項ニ就キ雙方立會日本人及島監ヲ取調ヘ餘日ヲ以テ山林其他ノ雜項ヲ調査シ六日歸途ニ就キ翌七日歸釜仕候受命調査報告及其他ノ雜項ハ次便ニテ送付可仕候玆ニ別紙鬱陵島調査概況竝ニ同島山林調査概況及御送付候間御閱覽相成度此段申進候 敬具

明治三十三年六月十二日

鬱陵島山林調査概況

(機密京第一七號附屬書)

鬱陵島ハ韓國江原道ニ屬シタル島嶼ニシテ松島又ハ竹島ト稱シ(東經百三十度八分二厘北緯三十七度五分)釜山ヲ距ル東北百八十哩境港ヲ距ル西北二百哩隱岐ヲ距ル百四十哩ニシテ東西凡六哩强南北凡四哩强海面ヲ拔ク約四千尺周圍凡二十哩峻硝磽确峯巒重疊鬱蒼タル天然ノ森林ニシテ日光ヲ見サルノ部分其半ヲ占メ老樹衰憊腐朽ニ屬スルノ今所モ尠カラサルナリ陸地ヲ距ル百四十哩ノ小島ナルヲ以テ海底深ク濃藍色ヲ呈シ風波常ニ甚タシク殊ニ灣形ヲナシタルケ所ナク船舶ノ碇泊ニ便ナラス.

見込面積凡九千三百三十一町貳反步内凡六千九百九十八町四反步ハ山林地ニシテ(千四百九十八町四反步ハ谿及岩石ニシテ五千五百町步ハ樹林ノ見込)凡二千三百三十二町八反步ハ無立木地ニ屬シ五百町步ハ切替畑地千八百三十二町ハ反步ハ不毛地其他

ノ見込ナリ.

山林ハ針葉濶葉ノ混淆天然林ニシテ濶葉樹大部分ヲ占メ其樹種ハ山毛欅, モミジ, タブ, 椿栂,欅, ビヤクダン, モチ, 櫻, アラゝキ, オゝバク, テンポナシ, 桑, 五葉松, 榎, 等ニシテ欅ハ其質最モ良好木理緻密ナルモ栂ハ疎悪ナリ其他ハ日本種ニ異ナル事ナシ.

運搬ハ傾斜最モ甚シキ海面ヲ距ル遠カラス谿水又ハ雨水ニ依リ附近沿岸ニ搬出ノ便アリ.

既往欅伐木ノ概況ハ明瞭ナラサルモ今ヲ距ル十三年前日本ヘ大木ヲ出シタリト云フ蓋シ本願寺建築ノ用材ナランカ其伐木ノ根株點々實見セリ其當時ハ日本人一千人モ渡來シ伐材シタリト云ヘリ.

明治三十年ニ苧浦ニテ日本人島監ヨリ貰ヒ受ケ一本ヲ伐採シ二千五百才餘ノ板材ヲ日本ヘ輸送シ韓人(北浦シヨンゴサンヨリ伐材)伐採シ三千才ノ板材ヲ日本ニ輸送セリ.

同三十二年ニハ二十八本日本人ニテ伐採シ拾萬才餘ノ板材ヲ日本ヘ輸送セリ此價一才該島ニテ七錢トシ七千圓ナリ.

同三十三年ニハ韓政府ノ公文ニ基キ三十二年十一月島民ト利益分配ノ契約濟ニ係ル八十本ノ中五十六本伐採シ既ニ五萬才餘ハ日本ヘ輸送セリト云フ.

欅材ノ製材費ハ一才(一寸角長七尺)貳錢五厘ニシテ山床ヨリ海岸迄運搬費貳錢乃至貳錢五厘海岸ニテ賣價七錢トスレハ貳錢ノ利益トナル日本マテノ運賃ハ凡貳錢ナリ.

> 䴵皮ニテ䴵ヲ製造シ日本へ輸送シタルハ其總計七千五百貫ニシテ此價三千四百圓ナリ其年別ハ下ノ如シ三十年二千五百貫此價千圓(十貫四圓)三十一年三千貫此價千二百圓(十貫四圓)三十二年千五百貫此價九百圓(十貫六圓)三十三年五百貫此價三百圓(十貫六圓)ナリ.

여기서 말하는 북포 송곳산은 현재의 추산을 말한다. 여기서 벌채를 하여 3,000재나 되는 판목을 생산했다는 사실에 경악할 수밖에 없다. 결국 울릉도의 산에는 나무들이 남아나지 않았다. 조선총독부의 촉탁으로 토리이 류조(당시 동경제국대학 인류학 연구실 조교수)가 1917년 울릉도를 방문하여 찍은 유리건판 사진에서 확인할 수 있는 도동과 사동의 산들은 전형적인 민둥산이다. 이는 남벌의 결과를 증언하는 풍경 자료다.

19세기에 울릉도를 왕래한 사람들은 일본인과 거문도 사람들이라는 점이 확인되었다. 즉 울릉도를 식민지로 생각하고 울릉도의 자원(주로 원목)을 착취하기 위해 방문한 일본인(주로 야마구치현과 오키노시마인)들이 있었다. 조선인(주로 흥양인)들은 울릉도의 목재로 배를 짓고, 이 배를 운송 수단으로 삼아 목재와 수산물들을 싣고 갔음을 알 수 있다. 조선인들과 일본인들의 벌채는 차원이 다르다. 19세기 말과 20세기 초 일본인은 삼림업의 일환으로 대규모 벌채를 시도하였고, 울릉도의 삼림은 일본

그림22 토리이 류조가 찍은 사진(1917년). 남벌 후의 민둥산 광경을 볼 수 있다.

인에게 완전히 점령당했다고 할 수 있다.

조선인들의 벌채가 재래식인 반면 일본인들의 벌채는 기계식이었다. 울릉도는 일본 제국주의 팽창의 희생양이었으며, 이는 조선 정부의 장기간 공도 정책이 간접적으로 빚어낸 참사였다. 일본의 자원 착취 대상이 된 울릉도는 한반도 식민 정복을 예고하는 현장이었다. 울릉도를 깊이 들여다보면, 일제의 한반도 침략사와 은폐된 제국주의 전쟁의 양상이 드러난다.

자원: 진상품, 군수품, 상품

울릉도 해역에서 생산되는 해양자원이 일제 식민주의자들에 의해 어떻게 취급되었는지에 대한 논의가 가능하다. 이러한 논의는 생물학적 지식과 근대화 과정에서 전개되었던 지식 전달상을 보여줄 수 있다.

보찰

거북손이라고 불리는 이 패류의 명칭은 사실상 영어 단어인 barnacle의 속어인 turtle's hand의 번역어이다. 일본에서도 영어 단어의 번역어가 통용되어 보통 '카메노테'(카메=거북, 테=손)라고 불린다. 그런데 전라도 지방에서는 이 패류를 '보찰'이라

그림23 보찰

고 하며, 울릉도에서도 이 이름을 사용하고 있다. 보찰은 남해안의 섬 지방에서는 별미로 취급되며, 날것으로 무침을 하거나 익혀서 반찬으로 먹는다. 일본에서도 "최대 5센티미터에 이르는 대형 미네후지츠보나 카메노테는 국내(일본)에서도 일부 지방에서는 식감이 게와 유사한 기호품 식재료"로[24] 선호되고 있다. 중국 사람들은 보찰을 구과과(狗瓜螺, gou zhai luo 또는 gou gua guo)라고 한다.

보찰의 생물학적 특성을 일본에서 발행된 자료를 통해서 설명하면 다음과 같다.

> 카메노테(학명: Capitulum mitella , 중생대 쥐라기 후기~현재): 황회색으로 몸체가 두상부頭狀部와 병부柄部로 구분되고, 전체가 석회질각판石灰質殼板으로 둘러싸여 있다. 체장은 보통 3~4센티미터인데 큰 것은 7센티미터에 달한다. 두상부는 8매의 길게 늘어진 삼각형의 각판殼板(봉판峰板, 취판嘴板, 대순판大楯板, 배판背板, 측판側板)과 밑바닥에 있는 20센티미터가 넘는 부수판付隨板이라는 소각판小殼板으로 이루어져 있다. 병부柄部는 원통형으로 석회질의 인편鱗片으로 둘러싸여 있다. 혼슈本州 이남의 조간대潮間帶 암초에 생식하고, 주로 바위가 갈라진 틈바구니에 군생한다. 이전에는 미텔라 미텔

24 押野明夫 2006: 306

라Mitella mitella 또는 폴리키페스 미텔라Pollicipes mitella로 불렸으나 최근에 카피툴룸Capitulum속屬에 속하는 것으로 판명되었다.[25]

울릉도 주민들은 오래전부터 독도를 왕래하며 인근 해역에서 어로 활동을 하면서 암초들의 이름을 지어두었고, 이는 오늘날 토속지명으로 정착되었다. 이 암초들의 이름을 탐구함으로써 토속지명에 관한 의미 있는 사실을 알 수 있다. 오키노시마 주민들은 보찰을 '카메노테'라고 부른다. '카메노테'가 영어 단어의 번역어임을 생각하면, 오키노시마 사람들은 자신들의 토속명을 잃어버렸다고 볼 수 있다. 좀 더 정밀한 방언 조사를 한다면, 오키노시마 주민들의 토속명을 찾을 수 있을지도 모른다. 동경의 남쪽에 있는 하치죠지마八丈島에서는 이것을 "세노카미セノカミ" 라고 부른다. 그러나 울릉도 주민들은 어른 아이 할 것 없이 보찰에 익숙하고 거북손이라는 이름에는 어색해한다. 토속명을 유지하고 있는 울릉도와 그렇지 못한 오키노시마의 차이를 일상이라는 차원에서 지적할 수 있는 대목이다. 독도의 서도에 부속된 '보찰바우'라는 이름의 암초가 있다. 독도의 보찰바우라는 명칭은 울릉도 주민의 일상화가 각인되어 있는 증거라고 말할 수 있다. 이 해양생물의 명칭을 공식적으로 보찰로 명명하기

25 山口壽之·久恒義之 2006: 371-372

그림24 서도 왼쪽 물 위로 솟아오른 보찰바우의 모습(전충진 촬영)

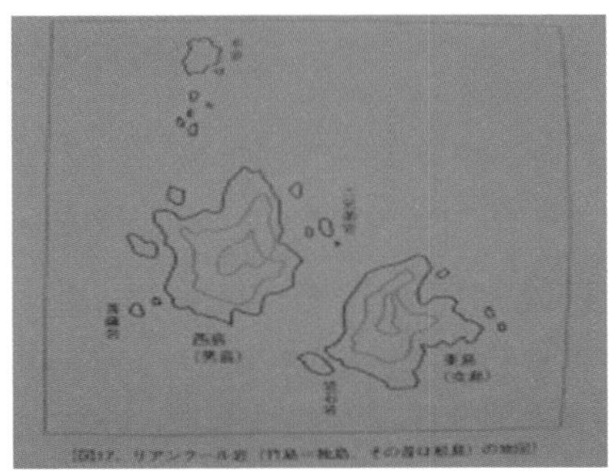

그림25 보찰바우가 '보살암菩薩岩'으로 적힌 지도(오니시 도시키 사진, 2003. 1. 31)

를 제창한다. 토속방언의 지위를 회복한다는 의미도 있을 뿐만 아니라 울릉도와 독도에 대한 재인식이라는 측면에서도 주의환기의 효과가 있다.

서도西島의 부속 암초 가운데 이름이 특이한 사례를 살펴보자. 일본에서 발행된 한 서적의 지도에는 '보찰바우'가 보살암菩薩岩으로 기록되어 있다. 보살암의 보살菩薩은 일본어로 읽으면 '보사츠'이니, 울릉도 사람들의 발음인 보찰바우를 들은 일본인이 '바우=岩'와 '보찰=보사츠'로 잘못 이해한 것 같다. 독도의 부속 암초인 보찰바우를 잘못 알아들은 결과, 울릉도의 '보찰바우'가 일본에서는 '보살암'이 되어버린 것이다. 보찰이라는 바다의 연체동물에 대해서 뿐만 아니라 울릉도에서 관행되는 전라도 방언에 대한 지식이 없었기 때문에 벌어진 해프닝이라고 생각된다. 불교와 관련된 보살과는 전혀 어울리지 않는 명칭을 작은 암초에 붙인 '보살암'의 어색함에서 독도 영유와 관련된 억지 주장의 냄새가 배어난다.

이 지도를 작성한 오니시 토시키大西俊輝는 서도와 동도 사이에 있는 '삼형제암三兄弟岩'도 멋대로 이름을 지어버렸다. 삼형제암은 여기에 처음 등장하는 이름이다. 옆에 있는 암초에는 관음암觀音岩이라고 적혀 있다.[26] 보살암과 체계적으로 연동되는 느낌을 주

---

26 大西俊輝 2003. 1. 31

그림26 울릉도 보찰바우의 조간대에 밀식하는 보찰(왼쪽 위, 전충진 촬영), 거문도의 보찰 반찬(오른쪽 위. 김윤배 교수 촬영), 완도군 소랑도 식탁의 보찰 회무침(왼쪽 아래, 최원옥 씨 댁), 일본 오키노시마의 된장국 속 카메노테(오른쪽 아래)

그림27 서도의 서북쪽에 위치한 가제바우. 멀리 보이는 것이 '큰가제바우'이고, 오른쪽에 있는 것이 '작은가제바우'이다(서도에서 전충진 촬영).

는 작명이다. 동도에 부속되어 있는 섬에 붙인 이름 '암석암岩石岩'도 여기에 처음 등장한다. 어색하기 짝이 없는 작명이다. 이 섬과 암초들에 기대어 살아온 사람들이 이렇게 조잡한 이름을 지었을 리가 없다. 암초에 이름을 짓는 작명 행위의 상징적 의미를 잘 알고 있는 일본인들이 지은 이름이기에 더욱더 관심이 가는 부분이다.

독도의 부속 암초들의 토속명에 관심을 기울이면, 주민들의 일상생활과 관련된 이 섬과 암초들의 역사적 경험을 파악할 수 있다. 음식과 관련된 토속명이기 때문에, 여기에 반영된 일상성의 생명력을 깊이 통찰할 필요가 있다. 일상적으로 먹어야 하는 조개류인 보찰을 주체로 한 토속지명에 대한 의미를 읽는 것이다. 우리가 접촉하는 대상들의 이름에는 여러 차원이 있다. 내 몸과 일상의 먹을거리 그리고 의복 등과 관련된 이름들은 오랜 역사가 아로새겨져 있기에, 울릉도 사람들이 채용한 전라도 방언인 보찰에 얽힌 암초의 의미를 새겨볼 필요가 있다. 보찰바우라는, 울릉도 어민들의 토속명에 나타난 인식과 섬에 대한 일본인의 작명이 어떤 관계에 있는지를 파악한다면 인식 서차認識序次와 인식 오류에 내포된 일상의 의미를 논할 수 있을 것이다.

가지와 강치

보찰을 설명하기 위해서 살펴본 일본 서적에 등장한 지도에는

그림28 강치(위)와 가지(아래)(출처: 위키피디아)

흥미로운 이름이 또 하나 있다. 울릉도 주민들이 전라도 흥양 방언을 채용하여 지은 이름인 '가제바우'에 대해서 일본인 저자가 논의한 바를 살펴보자. 지도에 적힌 '평암平岩'이 울릉도 주민들이 말하는 '가제바우'다. '가제바우'에는 '큰가제바우'와 '작은가제바우'가 있다. 가지(가제)들이 몸을 따뜻하게 덥히고 쉬기 위해 올라가 앉거나 눕는 '가제바우'는 비교적 평평한 암초이다. '평암'이란 표기는 1908년 8월 4일과 5일 양일간 일본 해군이 군함 '마쓰에松江'호를 파견하여 실측한 다음 해군 수로부가 제작한 지도에 등장한다.[27] 이 지도를 근거로 오니시는 가제바우를 '평암'이라 적고, 동도와 서도에는 남도男島와 여도女島라는 이름을 괄호에 넣어 부기한 것으로 보인다. 그러나 이러한 지명들이 나중에 등장하는 지도들에는 전혀 나타나지 않는다. 1930년대와 1940년대 가지잡이(아시카료) 어로를 따라나섰던 신문기자가 촬영한 사진을 보면, 가지들이 이 가제바우 위에 엎드려 있다. 당시 신문 기사는 이 암초를 무엇이라고 명명하지는 않았다.

바다 포유류 동물에는 고래, 듀공 등이 있기 때문에 이들과 구분하여 몸에 털이 있는 종류를 해수류海獸類라고 부르기도 하며, 척추동물학에서는 기각류라고 하여 하나의 목目을 정해 놓고 있다. 해표과, 해상과, 해려과가 이 목을 구성한다. 물범을 대

27 川上健三 1966: 5

표로 하는 해표과earless seal와 가지를 대표로 하는 해려과eared seal가 있고, 물범은 넝에라는 토속어가 있다(원홍구 1959.1.25: 291). 넝에라는 단어가 들어있는 지명도 강원도 고성군과 함경북도 나선 지방에서 보인다. 해수류에는 물범, 물개, 가지, 강치, 그리고 바다코끼리(warlus, 우리가 살고 있는 해역에는 없는 동물이기 때문에 영어 단어를 번역한 것이다.) 등이 있다. 일본 사람들은 가지와 강치를 구분하여 각각 아시카와 토도라고 부른다. 양자가 해려과에 속한다.

이 바다 포유류에 대한 일본 측의 과학적 자료를 인용하면, "아시카과科 동물은 번식기에 얼음이 없는 해역에서 번식하고, 결빙하는 계절에는 얼음이 없는 해역으로 이동한다. 그들은 해빙을 피하는 염빙성嫌氷性, pagophobic 동물들이다."[28] 바다사자sea lion로 번역되는 가지는 중국식 한자로는 해려海驢라고 적는다. 이에 해당되는 중국의 지명은 해려도海驢島이며, 이 지명을 갖고 있는 섬은 산동성 위해시威海市에 소속되어 있다. 영성시榮成市 성산두成山頭 해변에서 1.6킬로미터 떨어져 있고 면적은 약 1.3제곱킬로미터인 무인도이다. 현재 이 섬은 괭이갈매기 서식지로서 지방의 자연보호구로 지정되어 있으며 관광지로 유명하다. 최근에는 해려도가 "중국괭이갈매기의 고향中國黑尾鷗之鄉"으로 지정되

---

28 和田一雄·伊藤徹魯 1999: 25

었고, 해묘도海貓島(괭이갈매기섬)라는 명칭을 얻었다.

해려도라는 지명은 일본의 홋카이도(레분군 레분초)에도 있다. 이 해려도とどじま는 레분초의 후나도마리촌에 있는 수코톤スコトン갑에서 북방으로 3킬로미터 지점에 있고, 면적 약 0.18제곱킬로미터, 둘레 약 2.8킬로미터의 무인도이다. 현재는 괭이갈매기가 주로 서식하고 있다. 이 섬에는 1959년에 설치한 해려도 등대가 있으며, 여름에는 시라하마白浜 어항漁港에서 전세편 선박이 운항한다.

일본 치바현 조시銚市에서 가까운 해변에도 아시카초海鹿町라는 지명이 있고, 이 지역에서는 보육소의 명칭에도 아시카라는 이름을 적고 있다. 그 마을에 사는 80대 노인에게 물어본 결과, 이미 자신들의 어린 시절에는 아시카가 절멸되었고 실물을 볼 수 없었다고 하였다(2019년 5월 3일 채방). 태평양에 면해 있는 일본에서는 일찍부터 아시카의 기름과 가죽이 대량으로 이용되었다는 사실과 부합되는 내용이다.

해려도나 독도가 괭이갈매기의 번식지로 유명하게 된 이유도 생태사의 관점에서 생각해보아야 할 문제다. 중국측의 이름이 가리키듯, 원래 중국의 해려도는 해려(가지)의 서식지였을 것이다. 섬의 경사면에 돋은 잡초 사이에서만 괭이갈매기가 번식하고 바닷가는 가지〔海驢〕의 터전이었을 텐데, 일찍부터 사람들이 찾아와 괭이갈매기의 천적인 가지가 멸종되면서 괭이갈매기만

그림29 해록도 보육소(일본 치바현 조시시 아시카마치海鹿町 소재)

그림30 중국 산동성 위해시 성산두 해려도(출처: 위키피디아)

서식하게 된 듯하다. 해려도나 독도 모두 괭이갈매기와 가지가 함께 서식했던 곳으로, 상층부는 괭이갈매기, 하층부는 가지의 서식지였을 것이다. 독도에도 지금은 괭이갈매기만 남았다. 중국 산동성, 한국 울릉도의 독도, 일본 홋카이도와 치바에 서식하던 가지라는 바다 포유류는 모두 동일한 과정을 거쳐 멸종되었다. 소위 근대화 과정의 산업 구조 변화에 따른 공업용 기름과 농업용 비료 조달의 희생물이 되었다고 생각한다.

다음 세 지도들 중에서 위쪽 지도는 강치Steller sea lion의 분포도를, 가운데 지도는 가지Zapholus japonicus(또는 Japanese sea lion) 분포도를 나타낸다. 강치의 분포 지역이 가지의 분포 지역보다 훨씬 넓게 나타난다. 이러한 영역은 먹잇감이 되는 물고기들의 회유와 수온의 변화 등에 따라 어느 정도 다를 수 있다. 예를 들면, 가지의 분포가 황해 쪽으로 연장될 가능성이 있다. 간단하게 정리하면, 강치는 북태평양 연안의 아시아 쪽과 북미 쪽에 광범위하게 분포하는 반면에 가지는 북태평양의 아시아 쪽에만 분포한다. 세번째의 지도는 IUCNInternational Union for Conservation of Nature이 제시한 멸종동물 표시 지도인데, 이 해역의 가지가 멸종되었음을 알리고 있다. 이 지도와 두번째 지도가 약간 다른데, 지도를 제작한 시기의 기본 자료가 달랐기 때문으로 생각된다. 두번째 지도는 가지가 어느 정도 분포하던 시기의 자료를, 세번째 지도는 가지가 거의 멸종된 시기에 과거 자료와 제보를 중심으로 제

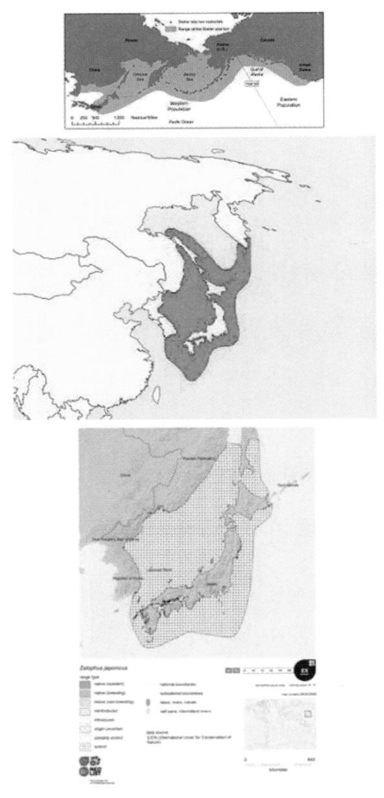

그림31 강치의 분포도(위), 가지의 분포도(가운데),

IUCN이 제시한 멸종동물 표시 지도(아래) (출처: IUCN 홈페이지)

작했기 때문인 듯하다. 두 지도는 근래 가지의 서식지가 점차 줄어든 실태를 보여주는 자료로 의미가 있다. 또 하나, 세 지도를 통해 과거 가지의 분포 해역을 알 수 있는데, 중국 산동성의 해려도라는 지명에서 이 동물의 과거 활동 영역이 황해에 이르렀음을 추론할 수 있다.

한반도 남해안에 있는 어민들은 가지를 알고 있다. 뿐만 아니라 필자 역시 황해 남단에 있는 가거도可居島의 패총에서 1968년 여름에 가지의 뼈를 발굴한 바 있다. 가거도 등대의 서측 경사면에 있는 가거도 패총의 유물포함층은 깊이 2미터로 필자는 1.5제곱미터의 시굴갱 작업을 했는데, 전체적으로 동물 뼈와 치아가 많이 출토되었다. "동물 유골로는 가재(학명: Zalophus lobatus Gray, 일명 아시카)"[29]가 출토되었으며, 가거도 북쪽에 있는 하태도에서도 동일한 동물의 뼈와 치아가 출토[30]되었다. 따라서 해양동물학과 고고학 그리고 인류학적 고찰의 종합적 판단에 의하면, 가지의 원래 분포 지도는 앞의 세 지도에 나타난 활동 영역에 황해를 포함해서 작성해야 사실에 가까울 것이라고 생각한다.

어떻든 간에 북태평양 연안 아시아 지역의 경우, 강치와 가지의 활동 영역이 겹치는데 울릉도 해역에 출현한 가지에 대해 알

29 김원룡, 임효재 1968: 57, 도판 46.

30 김원룡, 임효재 1968: 52, 도판 39.

기 위해서는 다음과 같은 점을 이해해야 한다. 기존 문헌에서는 강치와 가지를 동일한 해양생물로 기록하는 경향이 있었다. 여기서 양자를 혼동한 사례 하나를 제시한다. "우리가 잘못 알고 있는 독도"라는 소제목으로 시작하는 『강치야 독도야 동해바다야』(주강현 2008. 12. 10)라는 책에 포함된 오류를 지적하고자 한다. 이 책의 16쪽에는 "독도에는 하얀 털을 지닌 아름다운 물개가 많이 살았다고 전해지는데, 이것은 강치라는 동물이다. 독도 어부들은 강치를 '가제'라고도 불렀는데"라고 적혀 있다. 이 문장에는 몇 가지 오류가 포함되어 있다.

첫째, 동물의 명칭에 대한 오류이다. 문맥으로 볼 때, 강치는 표준어이고 가제는 방언의 일종이라고 생각하는 모양인데, 사실상 양자는 서로 다른 종이다. '강치'라고 적은 것은 '가지' 또는 '가제'라고 적어야 한다. '가지可支'라는 단어는 조선왕조실록에도 여러 차례 등장한다. '강치'라는 동물은 '가지'와 비슷한 종인데 가지보다 덩치가 크다. 특히 가지의 수컷은 비교적 덩치가 크기 때문에 중간 크기의 강치와 구별하기 어려울 수도 있다. 두 종의 서식지가 겹치는 해역이 상당히 넓지만, 완전히 별개인 경우도 있다. 가지는 강치보다 따뜻한 곳에서 서식하는 것으로 알려져 있다. 가지는 현재 IUCN이 지정한 멸종위기종이고, 강치는 캄차카반도 동쪽에 있는 코만도르스키예섬에 집단 서식하고 있다. 필자가 코만도르스키예섬의 강치보호센터에 전화로 확인한 바에 따르면, 강치가 수천 마리나 살고 있는 반면 가지는 한 마리도 없다. 가지의 통명(통상적으로 사용하는 명칭)은 Japanese Sea Lion이며, 강치의 통명은 Stella Sea Lion이다. 일본에서는 전자를 '아시카'라고 부르고, 후자를 '토도'라고 부른다. 일본에서도 강치와 가지를 혼동하여 표현한 사례가 적지 않다. 중국 문헌에는 '해려海驢'라고 적혀 있는데, 이는 가지를 말하는 것이라고 생각한다. 왜냐하면 중국 해역에는 강치가 서식하지 않기 때문이다.

둘째, 가지의 외양에 관한 서술의 오류이다. 울릉도를 중심으로 독도를 주 서식지로 삼은 가지는 성장 과정에서 털의 색깔이 바뀐다. 태어난 지 얼마 안 된 새끼들은 털이 검은색인데 성장하면서 누런색으로 변한다. 성체의 경우는 언뜻 보면 황소의 털과 비슷한 느낌을 준다. 따라서 "하얀 털"이라는 표현은 가지와는 아무런 상관이 없다. 기각류들 중에서 어린 새끼의 털이 하얀색인 것은 물범(일본어로는 아자라시)에 해당되는 것이다. 영어 단어로 구분하면, 물범(넝에)은 earless seal이고, 바다사자(가지와 강치)는 eared seal이다. 바다사자와 물개의 구분은 이빨 개수로도 한다. 전자는 34개이고, 후자는 36개이다(尹炳益 1947.11.15.; 원홍구 1959.1.25.: 291). 저자는 구체적인 동물학적 지식을 배경으로 하지 않고 상상력으로 서술했다는 심증이 간다. 참고로 일본 민속학자의 강치(토도)에 대한 기록을 인용한다. "토도호빈, 胡獱

는 현재(1940년을 말함) 치시마열도千島列島에 서식하는 식육목食肉目 아시카과의 거대해수이다. [...] 아시카는 토도와 동과에 속하는 비교적 소형의 해수이다. [...] 오도열도五島列島의 아시카지마阿値賀島도 아시카로부터 지명을 딴 것 같다. 아시카는 (한자로) 위록葦鹿인데, 갈색의 몸체에 흰점이 있어서 위모葦毛의 사슴이라고 명명한 것이다"(山口貞夫 1940.8.1: 2). 참고로 갈대 위葦는 일본어로 아시あし라고 읽는다.

셋째, "독도 어부들은 [...] '가제'라고도 불렀는데"라는 진술의 안이함에서 파생된 오류이다. 자타가 인정하는 민속학자인 지은이가 주민들이 사용하는 토속 용어에 주목하지 않은 점은 문제다. 관련 토속어가 조선왕조실록에 등장하는 단어와 유사

표6 IUCN이 지정한 바다사자들 중 멸종우려종 목록

학명	통명	지위	개체 수 상황
Eumetopias jubatus	Steller Sea Lion	준위협	증가
Neophoca cinerea	Australian Sea Lion	위기	감소
Otaria byronia	South American Sea Lion	관심 대상	안정
Phocarctos hookeri	New Zealand Sea Lion	위기	감소
Zalophus californianus	Californian Sea Lion	관심 대상	증가
Zalophus japonicas	Japanese Sea Lion	절멸	–
Zalophus wollebaeki	Galapagos Sea Lion	위기	감소

• IUCN의 목록을 본서의 내용에 맞추어 재정리하였음.

하다면 당연히 관심을 기울여 단어의 문화적 의미를 천착해야 할 것이다. 왕조실록의 단어와 주민들의 일상어를 비교 검토하는 학문적 태도가 필요한 부분이다. 지은이는 독도 어부들이 사용하는 말, 토속어의 유래를 간과했다고 본다. 이는 민속학적 오류라고 지적할 수 있다.

따라서 주강현의 책에 등장하는 동물의 명칭에 대한 서술은 생물학, 사학, 민속학적 측면에서 오류라고 말할 수밖에 없다. 어린이들을 대상으로 한 책에 실린 정보라는 점에서 심각한 문제라고 생각한다.

IUCN 멸종우려종의 적색 목록(2017년 3월 판. 출처: 위키피디아 2017년 12월 29일 자료)에 바다사자Sea Lion는 모두 일곱 종이 등록되어 있다. 이 중에서 통명 스텔러바다사자Steller Sea Lion는 '준위협종'이고 개체 수는 '증가'하는 상황이라고 보고되었다. 주강현이 IUNC 목록에서 인용했다고 하는 '일본강치'는 학명 Zalophus japonicas, 통명 '일본바다사자Japanese Sea Lion'로 "절멸"로 보고되어 있고, 개체 수는 언급돼 있지 않다. 아마 절멸했기 때문인 듯하다. 여기서 주강현은 스텔러바다사자와 일본바다사자를 혼동하고 있음이 드러난다. "베링의 대탐험에 유명한 학자가 대거 동승했는데 박물학 조수로 참여한 게오르크 빌헬름 슈텔러가 있었다. 그가 처음 발견하고 기록에 남긴 이상하게 생긴 짐승 바다사자는 자랑스러운 '스텔러의 바다소'라는 이름이 붙었다. 1751년에 출판된 슈텔러의 유작 『바다짐승들』에는 베링섬에 사는 짐승이 상세하게 기록되어 있다. 물개, 바다사자, 듀공과 매너티 같은 거대한 바다소, 스텔러바다사자, 해달 등이 소개되어 있다. 스텔러바다사자는 알려진 지 27년 만에 무분별한 남획으로 멸종했으므로 슈텔러의 기록은 살아 있는 스텔러바다사자를 관찰한 유일한 기록이다."[31] "목록에서 '일본강치'를 주목한다. 학명으로, '일본강치'라 부르는 이 바다사자는 독도에서 그 최후를 마쳤다."[32] 스텔러바다사자와 일본바다사자는 분명히 다른 종임을 다시 지적하고 싶다.

용어를 정리하는 과정에서 또 하나의 오류가 드러난다. "태평양 쪽 산리쿠三陸 이북에서는 '도도'라 불렀다. 한국에서도 일본강치를 토도와 혼동한 것 같다. 해려海驢라는 한자를 '토도'라고 불렀기 때문이다. [...] 강치의 호칭은 일본 지명에서도 다양하게 확인되는 중이다. 일본 근해에서는 아시카 35곳, 토도 71곳, 총 106곳에 이름이 붙는 지점이 존재하거나 과거에 존재했다."[33] 다시 한 번 더 강조하는데, 아시카와 "토도"는 서로 다른 종이다.

---

31 주강현 2016: 21–22(인용문에서 말하는 베링 탐험대는 1733년 시베리아와 알래스카 탐험에 나섰으며, 베링을 포함하여 총 77명의 대원으로 구성되었고 탐험이 끝난 뒤 최종 46명이 살아남았다. 탐험이 시작된 뒤 10개월 만에 캄차카로 피난하여 생환하였는데, 10개월 동안 그들이 주로 먹었던 음식은 스텔러바다사자였다. 독일 출신의 탐험대의 의사였던 게오르크 빌헬름 슈텔러Georg Wilhelm Stella[1705~1742]의 이름을 따서 바다 포유류의 명칭을 지었다. 이것의 학명은 Eumetopias jubatus이다.)

32 주강현 2016: 26

33 주강현 2016: 271

IUCN 분류와 대조하면, 전자는 일본바다사자이고, 후자는 스텔러바다사자이다. 양자를 동일한 종으로 착각하고 이름이 다른 것을 지역별 명칭 차이로 해석하여 '독도강치 멸종사'를 펼쳐 보인 것이다. 이 책의 바탕에는 명시적 생태담론과 잠재적 주권담론이 깔려 있다. 생태사와 문명에 관한 일반적 논리에는 전적으로 동의하지만, 동물의 명칭을 비롯한 용어의 특수한 오류에 대해서는 유감스럽다.

울릉도 주민 정상일 씨의 "독도에 일본 사람들이 가재라고 [...] 그거를 독도에서 잡아서"[34]라는 진술이 인용되었다. 이 "가재"가 조선왕조실록에 등장하는 가지임은 명백한 사실이다. 따라서 이 동물을 '가지'라고 인식하고 이를 호명하지 않을 이유가 없다. 역사적으로 증명되고 민속학적으로도 지지되는 용어를 마다할 이유가 없지 않은가? 제주도 출신인 응답자는 "새벽에 일어나서 보면 강치가 시랑시랑(여기저기) 누워서 시커멍허여(새까맣게 보여), 오전 8시에 물질 작업을 하려고 바위 쪽으로 가면 강치가 바닷속으로 팡팡 떨어져"[35]라고 말했다. 울릉도 주민은 "그때 가제가 많이 보였는데, 서도 바우에, 가제바우에 가제가 많이 있었는데"[36]라고 했다. 나는 전자 서술의 일부를 의심

34 주강현 2016: 131

35 주강현 2016: 248

36 주강현 2016: 251

한다. 방언을 그대로 기록함으로써 구술임을 강조하는 것은 의미가 있지만, 과연 그 주민이 "강치"라는 단어를 구술했을지 의문이다.

나는 울릉도 주민의 "가재"라는 발언에 주목한다. 주강현도 조선왕조실록을 언급하면서 "가지도"의 "가지어"를 언급하고 있다.[37] 민속학을 공부하는 사람들이 역사서를 읽는 이유 중 하나는 수입된 학문인 민속학의 용어들이 역사서에서는 어떻게 기록돼 있는지 확인하는 작업도 겸하고 토착화를 시도하기 위해서다. 이러한 작업은 궁극적으로 수입된 학문의 토착화로 귀결됨을 잊지 말아야 한다.

"2015년 광복 70주년 기념 사업으로 독도에 강치기념비가 건립"[38]되고, 대통령이 맨 넥타이에 '강치' 무늬를 새기는 작업들이 진행되기도 했는데, 명칭의 오류에 대해서는 왜 이토록 무심한지 모를 일이다. 일본 연구자들이 가지와 관련된 주강현의 주장에 어떻게 반응할지 궁금하다. "'일본강치'라고 '일본'이란 명칭이 붙은 것은 세계 학계의 등록 과정에서 생긴 일로, 애초에는 단순히 '강치'라고 불렀다. '독도강치'라 학명을 정했더라면 하는 아쉬움이 있다"[39]는 주장에서는 주권담론의 시각이 노골적

37 주강현 2016: 43

38 주강현 2016: 8

39 주강현 2016: 269

으로 드러난다. 필자가 주권담론 자체를 문제 삼는 것이 아니다. 오히려 이러한 주권담론이 보다 더 치밀하게 전개되기를 희망한다. 구체적 사실을 근거로 학문적인 논의가 치밀하게 정리되지 않은 상태에서 허술하게 제기되는 주권담론이 과연 설득력을 발휘할 수 있을까? 사실관계를 밀도 있게 펼치는 학문적 자세가 생태담론과 주권담론에 앞서야 한다는 점을 지적하고 싶다. 담론보다는 사실이 먼저다.

독도는 울릉도의 부속 도서이고, 울릉도는 가지의 고향이다. 울릉도에서 밀려난 가지가 독도를 거점으로 활동하던 시기는 20세기 초이고, 제국주의 전쟁이 일어난 20세기 초의 동해에서 가지는 대거 도살되었다. 이 내용은 일본 측의 기록에 잘 남아 있다. 담론과 수사학은 사실을 기반으로 할 때 힘이 발휘된다. 생태계 말살 과정에서 종이 사라지기도 하지만 다시 돌아오는 경우도 있다. 울릉도의 가지가 실제로는 돌아오지 못한다 하더라도, 필요한 기반은 조성하고 그들이 귀향하기를 기도할 수밖에 없다.

필자는 강치와 가지가 별종의 해수海獸이며, 이름 면에서도 둘을 분명히 구분해야 한다고 생각한다. 다시 말해 방언 출처로 고려한다면, 강치는 함경도 해안에서 나온 단어인 반면, 가지는 전라도 해안에서 사용되던 단어임이 명백하다. 분포상의 특징을 지적하자면, 가지보다도 강치가 한랭한 곳에 더 잘 적응하는 것 같다. 형태를 보면 가지보다 강치의 덩치가 더 크다. 필자는 과거 울릉도 해역에서 주로 관찰되었던 가지를 중심으로 논의하고 있음을 다시 한 번 더 강조한다.

가지에 관한 조선 측의 기록은 일찍부터 등장한다. 1694년 조정에서 무신 장한상張漢相(1656~1724)을 파견하여 울릉도를 살피게 하였는데, 그의 복명서인 『울릉도사적鬱陵島事績』(박세당朴世堂의 『서계잡록西溪雜錄』에 수록됨.) 6쪽에 4회에 걸쳐서 가지어可支魚라는 이름이 등장한다. 그중에 "왜인이 가지어를 죽여서 기름을 얻는다(倭人殺得可支魚處取其油)"라는 기록과 "큰 가제는 작은 소나 말 크기이고 작은 가제는 개와 돼지와 비슷한 크기이다(亦甚可怪是齋水族則只有可支魚而沿邊石堆處或十或百成群穴居大如駒犢小如犬豕)"(방점 필자 추가)라는 기록이 있다. 장한상의 기록은 1740년경 『성호사설星湖僿說』 제3권 천지문天地門에 재록되어 있다. 그중에서 울릉도에 대한 기록은 이러하다.

> 남북은 70리요, 동서는 60리이며 [...] 물고기는 가지어可支魚가 있는데, 바위틈에 서식하며 비늘은 없고 꼬리가 있습니다. 몸은 물고기와 같고 다리가 넷이 있는데, 뒷다리는 아주 짧으며, 육지에서는 빨리 달리지 못하나 물에서 나는 듯이 빠르고 소리는 어린아이와 같으며 그 기름은 등불에 사용합니다.

강치와 가지의 꼬리가 비슷한 모습으로 짧아서 민간에서는 두 가지를 한 종류로 인식할 수도 있다. 덩치의 차이로 대략 구별하는데, 자세히 관찰하면 강치는 털이 길고 가지의 털은 짧음을 알 수 있다. 따라서 가죽을 이용할 경우 가지를 더 선호했다. 강원도 지방의 진상품으로 가지의 가죽이 궁중에 진상되었음을 감안하면 쉽게 이해할 수 있다.

이러한 진술은 상당히 정확하게 그 둘을 구분하였음을 증명한다. 장한상의 기록에 나타난 큰 것과 작은 것은 종이 서로 다르다는 뜻으로 해석할 수도 있다. 다시 말해 큰 것은 강치이고, 작은 것은 가지이다. 두 종의 서식지가 겹치는 지역이 캄차카반도에서 한반도 동해안에 이르는 해역이므로, 가지와 강치는 울릉도 해역에 공존했다고 볼 수 있다. 두 종을 명확히 구분하지 않았던 울릉도 주민들은 이를 가지라고 했고, 울릉도 외부에서는 강치로 인식했을 수도 있다. 서로 다른 두 가지 종이 울릉도 근해에 서식했다고 본다. 해안의 바위에 수십, 수백 마리의 가지와 강치가 있었을 것이다.

경상도 출신의 장한상이 "가지어"라고 기록한 것은 다음과 같이 해석할 수 있다. 그가 울릉도에 갔을 때 현지에서 거주(임시 또는 장기)하고 있는 전라도 흥양 사람들을 만났을 가능성이 높다. '가제' 또는 '가지'가 전라도 방언에서 유래한 말이기 때문이다. 또 왜인들을 만났거나 흥양 사람들에게 왜인들의 '아시카료'에 대한 정보를 수집했을 가능성이 있다. "몸은 물고기와 같고"라는 표현으로 보아, 울릉도의 바닷속에서 유영하고 있는 가지의 모습을 직접 보았다고 해석해야 타당하다. 그는 '가제' 또는 '가지'라는 생물 이름을 듣고 이에 고기 '어魚' 자를 붙여서 '가지어'라고 적은 것이다.

이로써 울릉도의 가지는 늦어도 17세기 말부터 이미 조선 정부에 알려져 있었을 뿐만 아니라 울릉도에 많은 가지(강치 포함)들이 서식하고 있었음을 알 수 있다. 또 다른 증거들 중의 하나가 울릉도 가두봉可頭峰이다. 가두봉 부근은 가지들의 서식지였다. 일제시대까지 가두봉 아래에 가지들이 살았다는 증언도 있다. 가지는 울릉도와 인근 해역이 주 서식지였으나 사람들이 집중적인 포획에 나선 결과 서서히 서식 중심지가 무인도였던 독도라는 좁은 지역에 제한된 것으로 보인다.

일본 오사카에 있는 텐노지동물원에 소장된 어린 가지의 박제품은 독도가 가지의 서식지였음을 증언하는 유일한 물증으로 남은 것이다. 따라서 사람의 손길이 미치기 전, 가지의 중심적인 활동 영역은 울릉도의 가두봉에서 독도의 가제바위에 이르는 해역이라고 볼 수 있다. 울릉도 해역에서 가지의 서식 현황을 파악하기 위해 문헌자료들을 검색해보았다. 가지어 관련 자료들은 다음과 같다.

첫째, 『승정원일기』에 수록된 내용을 보자. 1745년(영조 21년) 6월 4일(을사)의 기록이다. "江原監司啓本, 以可支魚皮等進上

그림32 일본 오사카 텐노지동물원에 박제되어 보관되어 있는 가지의 성체(위)와 새끼 두 마리(아래). 모두 "竹島"에서 포획된 것들이라는 설명이 붙어 있다.

之物, 不如前日, 惶恐待罪事, 傳于申思建曰, 勿待罪事, 回諭"(방점 필자 추가). 이 문장을 해석하면 다음과 같다. "강원도 감사(김상성金尙星, 1745년 당시 강원도관찰사)가 본조에 계하다. 가지어 가죽 등을 진상하는 물건이 전일과 같지 않아 황공스러워 죄를 기다리는 일(에 관해), 신사건申思建에게 전하여 말하기를 죄를 기다리지 말 일(이라고 하며) 타일러 돌려보냈다."

둘째, 『일성록』에 기록된 내용을 보자. 1786년(정조 10년) 6월 4일(병자)의 기록이다.

> 강원감사江原監司 이치중李致中이 울릉도를 수토搜討한 상황을 치문馳聞하였다. [...] 목: 원춘 감사 이치중이 장계하기를, 울릉도의 수토는 을사년(1785, 정조 9년)이 행할 차례였습니다만, 영동의 참혹한 흉년으로 인하여 전 감사 서정수徐鼎修가 장문狀聞하여 정지하였습니다. 올해 수토관搜討官의 차례가 된 월송 만호越松萬戶 김창윤金昌胤의 첩정牒呈 안에, 4월 19일에 평해平海 구미진丘尾津에서 바람을 살폈습니다.
>
> 27일 오시에 네 척의 배를 왜학倭學 이유문李裕文과 나누어 타고 상하의 원역員役, 사공과 격군格軍 등 모두 여든 명이 일제히 출발하였습니다.
>
> 28일 묘시에 배의 격군들이 가리키며 이르기를, "저 먹구름 아래가 바로 섬 가운데 상봉上峰입니다." 하였고, 몇 시간 지나지 않

아 가장 높은 세 봉우리가 뚜렷이 시야에 들어왔습니다. 사경四更 끝에 네 척의 배가 함께 모이니 기쁨과 슬픔이 번갈아 극에 달하여 각자 위험하거나 두려웠던 상황을 진술하였습니다.

29일에 배가 출항하여 저전동苧田洞에 이르자 배 네 척에 타고 있던 사람들이 목욕하고 산제山祭를 지낸 뒤에 간심看審하니, 동구洞口에서 중봉中峰까지 20여 리에 산봉우리들이 겹쳐서 안팎으로 서로 연이어 있는데 가운데에 있는 세 봉우리가 가장 빼어났습니다. 이것이 섬 전체의 주진主鎭으로 마을 안에 둘레가 2~3리는 됨직한 석성石城의 흔적이 뚜렷하게 아직 남아 있었고, 성안에 있는 대추암大錐巖, 소추암小錐巖, 석초石礎, 저전 등은 토지가 평탄하고 넓어서 논밭 8~9섬지기를 개간할 만하였습니다. [...]

앞쪽으로 가지도구미可支島仇味에 나아가니, 산허리에 석굴 두 개가 있었는데 그 깊이를 헤아리기 어려웠고, 가지어가 놀라 뛰쳐나왔다가 물로 뛰어드는 사이에 포수가 일제히 총을 쏘아 두 마리를 잡았습니다. [...]

5월 1일 묘시에 남쪽 왜선창倭舡滄으로 방향을 바꾸니, 동구에서부터 중봉까지 30여 리가 모두 전란을 겪고 남은 산으로, 석성 석탑石塔, 석장石葬 등의 유적지가 뚜렷하였습니다. 앞쪽으로 돌아가니 암벽이 물가에 깎아지른 듯이 늘어서 있었습니다. 장작지長作地의 대숲이 있는 곳에 이르자, 대숲이 듬성듬성하고 원래 큰 대나무는 없었으며 북쪽으로 천마구미天磨仇味까지 닿아 있었습니다.

2일 해 뜰 때에 간심하니, 어떤 바위가 바다 가운데 우뚝 서 있어서 그 모양이 마치 쇠뿔 같았는데 이름이 후죽암帿竹巖이라고 하였습니다. 동쪽에는 방패도防牌島가 있는데 큰 섬과의 거리가 3리쯤 됩니다.

3일에 현작지玄作地에 다다르니 돌산이 겹쳐 있고 바닷가에는 바윗돌뿐이었습니다. 추산錐山은 산의 형태가 기이하고 돌이 괴이한 검은색이며, 죽암竹巖은 양쪽 바위가 우뚝 서서 모양이 마치 후죽帿竹과 같았습니다. 곁에는 공암孔巖이 있는데 가운데로 작은 통선桶船이 통과하였습니다. 황토구미黃土仇味에 이르자, 산이 중첩되어 있었고 계곡물이 내를 이루어 30여 석의 논농사를 지을 만하고 수십여 석의 밭을 갈 수 있었습니다. 마을로부터 중봉까지 30여 리에는 좌우로 토굴의 바위 위에 예전 수토관들의 이름을 적어놓은 것이 있었습니다.

4일에 향목정香木亭으로 향하니, 섬 전체의 둘레가 120여 리는 됨 직하였고 남북으로 70~80리, 동서로 60~70리가 되었습니다. 사면이 모두 절벽으로, 산의 형태가 하나하나 험준하고 큰 시내와 작은 산골물이 쏟아져 내리기도 하고 흐르기도 하여 천 장丈의 은빛 무지개가 만 두斗의 옥을 토해내는 듯하였습니다. 대풍소待風所에서 바라다보니 수목으로는 동백나무, 측백나무, 향나무, 단풍나무, 회나무, 엄나무, 오동나무, 뽕나무, 느릅나무, 박달나무가 있었으며, 날짐승으로는 까마귀와 비둘기가 있었으며, 들

짐승으로는 고양이와 쥐뿐이었으며, 해산물로는 미역, 복어, 가지어가 있었습니다. 수색한 뒤 같은 날 신시에 일행이 일제히 단 위에 올라 바다 신에게 삼가 제사를 지내고, 돛을 걸고 곧 돌아왔습니다.

5일 유시에 만호萬戶의 배가 삼척三陟 원덕면遠德面 장오리長五里에 정박하였고, 술시에 왜학倭學의 배 두 척이 와서 정박하였으며, 해시에 하복下卜의 배 한 척이 또 왔습니다.

7일에 대풍소에 돌아가 정박하였고, 8일에 진鎭으로 돌아왔습니다. 그곳의 산물인 가지어 가죽 두 개, 청죽靑竹 세 개, 자단향紫檀香 두 토막, 석간주石間朱[40] 다섯 되, 본도本島의 도형圖形 한 개와 첩정을 비변사에 올려 보냈습니다. 이상의 연유로 치계합니다.

셋째, 『조선왕조실록』 1794년(정조 18년) 6월 3일(무오)의 기록이다. 기사 제목은 "울릉도의 수토 결과에 관해 강원도 관찰사 심진현이 장계하다"이며 내용은 이러하다. "거기서 자고 26일에 가지도可支島로 가니, 네댓 마리의 가지어可支魚가 놀라서 뛰쳐나오는데, 모양은 무소와 같았고, 포수들이 일제히 포를 쏘아 두 마리를 잡았습니다. [...] 30일에 배를 타고 출발하여 새달 8일에 본진으로 돌아왔습니다. 섬 안의 산물인 가지어 가죽 두 령, 황죽

40 석간주는 황토구미에서 채취한 황토를 말한다.

篁竹 세 개, 자단향紫檀香 두 토막, 석간주石間朱 다섯 승, 도형圖形 한 건을 감봉監封하여 함께 비변사로 올려 보냅니다." 가지도는 가두봉 아래를 말하는 것으로 생각된다.

넷째, 이규경의 『오주연문장전산고』의 기록이다. 앞서 말한 장한상과 관련된 기록으로 "울릉도사실변증설鬱陵島事實辨證說"이란 소제목이 달려 있다. 장한상張漢相이 탐사한 후 올린 별단別單에, "나무는 동백나무冬柏, 붉은 박달나무紫檀, 측백나무側柏, 황벽나무黃蘗, 홰나무槐, 유자나무椵, 뽕나무桑, 느릅나무楡가 있고 복숭아나무桃, 자두나무李, 소나무松, 상수리나무橡는 없습니다. 짐승은 까마귀烏, 까치鵲, 고양이猫, 쥐鼠가 있으며 수중동물에는 가지어嘉支魚가 있는데 동굴의 바위틈에 서식합니다. 비늘은 없고 꼬리가 있으며 몸은 물고기와 같으나 다리는 네 개가 있습니다. 뒷다리가 아주 짧아서 육지에서는 잘 달리지 못하나 물속에서는 나는 듯이 빠릅니다. 울음소리는 어린아이와 같고 그 기름은 등불을 태우는 데에 사용할 수 있습니다."라고 하였다(『문헌비고文獻備考』에서 "바닷속에 사는 동물로 소와 같은 모습을 하고 있으나 붉은 눈동자에 뿔이 없다. 무리 지어 해안에 누워 있다가 사람이 혼자 다니는 것을 보면 해치고, 여러 사람과 마주치면 물속으로 도망간다. 이름은 가지可之이다. 내 생각에, 그 가죽은 물에 젖지 않으므로 말안장이나 가죽신을 만들 수 있을 것 같다."라고 하였다.)(『여지승람輿地勝覽』).

동일한 서적에 "가지강치해마옹용변증설嘉支强治海馬鰅鱅辨證說"이라는 소제목이 붙은 글이 있다. 그 내용은 이러하다. "바닷속에 사는 동물로 소와 같은 모습을 하고 있으나 붉은 눈동자에 뿔이 없다. 여러 마리가 해안에 누워 있다가 사람이 혼자 다니는 것을 보면 해치고, 여러 사람들과 마주치면 물속으로 도망간다. 이름은 가지可之이다." 이 문서에 등장하는 "가지"와 "강치"를 기반으로 두 종의 구분과 명칭을 확정 지을 수 있다고 생각한다.

북관北關의 육진六鎭을 살펴보면, "경원慶源과 경흥慶興의 바다 한 가운데 어떤 동물이 있는데 그 모습이 소와 같고 말과 비슷하다. 꼬리와 지느러미가 있으며 털은 짧고 흑갈색인데 물에 젖지 않는다. 이름이 강치强治인데 간혹 해마海馬라고 하기도 한다. 경원과 경흥의 양쪽 해진海津·사社·해안에서 백성들이 알약을 놓아 사로잡는다. 그 가죽은 매우 두껍고 머리 크기는 소와 같으나 머리와 꼬리의 안쪽은 매우 연약하다. 소가죽처럼 달이면 누린 맛이 심하고 기름을 짜면 또한 풍부하기 때문에 말안장, 짚신, 종이를 만들 수 있다."라고 하였다. 이 생물이 바로 울릉도에서 자라는 가지嘉支이나 북해의 사람들은 강치强治라고 불렀다. 또 해마海馬라고 하거나 가지可之라고 하기도 한다. 가지嘉支라고 한 것은 옮겨 쓰는 과정에서 생긴 차이일 것이다.

『설문說文』을 살펴보면, "옹鰅은 가죽에 무늬가 있고 낙랑樂浪 동이현東暆縣에서 난다. 신작神爵 4년(기원전 58년)에 처음 잡아서 고공考功에 가져갔다."라고 하였다. 『초사楚辭』, 「대초大招」 '옹용단호주鰅鱅短狐注'와 '옹용단호류보주鰅鱅短狐類補注'에서 "모습이 얼룩소犂牛와 같은데 지금 풍속에 물소水牛라고 부르는 것이다. 그 가죽에 무늬가 있으며 신발, 재갈, 안장을 제작할 수 있다."라고 하였다. 이것이 어찌 동해와 북해의 가지嘉支라는 것이 아니겠는가? 낙랑의 동이는(역사를 상고하면, 동이는 한나라 낙랑군의 영현領縣으로 35개 현 중 하나이다. 지금 관동의 강릉부이다.) 지금 강릉부 등지가 아니겠는가? 동해와 북해가 서로 연결되어 있으니 동해의 가지嘉支는 북해의 강치强治이며 옛날에 이른바 옹용鰅鱅이라는 것이다.

물소는 별도의 종류이다. 안남安南 지방에서 자라고 형체가 멧돼지와 비슷하며 털은 검푸른색이다. 집에서 가축으로 길러 농사에 이용하기도 하고 잡아서 먹기도 한다. 날씨가 뜨거웠기 때문에 낮에는 모두 물속으로 들어가고 해가 진 후에 육지로 나온다. 그 뿔이 매우 크다. 지금의 검은 뿔은 일본인이 무역하여 가져왔기 때문에 우리나라에 유입되었다. 가죽도 함께 들여왔으니 지금 물소가죽이라고 부르는 것이다. 그러나 가지嘉支·해구海狗 등의 가죽을 물소가죽과 혼동하여 부른다.

다섯째, 『강원도관초』 1889년 7월 26일 자의 기록이다. 기사명은 "월송만호越松萬戶가 울릉도를 수토搜討한 후 울릉도 도형圖形과 자당향 열두 토막, 청죽 세 개, 가지어 가죽 두 개, 석간주 여섯 되를 감봉하여 통리교섭통상사무아문統理交涉通商事務衙門에 올려 보냈다는 보고"이며, 문서 발신자는 동영/통리교섭통상사무아문東營/統理交涉通商事務衙門이다.

여섯째, 『강원도관초』 1891년 8월 16일 자 기록이다. 기사명은 "월송만호가 울릉도를 수토한 후 해도該島의 도형과 자단향 열두 토막, 청죽 세 개, 가지어 가죽 두 장, 석간주 여섯 되를 감봉하여 내부에 올려 보냈으며, 민호民戶와 간전墾田의 성책成冊도 수정修呈하였다는 보고"이며, 문서의 발신자는 동영/통리교섭통상사무아문이다.

일곱째, 『강원도관초』 1893년 9월 20일 자 기록이다. 기사명은 "평해平海에서 울릉도를 수토한 후 바친 도형 한 벌과 자단향 원봉 두 토막, 가봉加封 열 토막, 청죽 세 개, 석간주 여섯 되, 가지어 가죽 두 벌을 감봉하여 내부에 올려 보냈고 민호 및 간전의 성책도 수정하여 올려 보낸다는 보고"이다. 문서의 발신자는 강원도/통리교섭통상사무아문이다.

여덟째, 『대한자강회월보제4호』 1906년 10월 25일 자 기록이다. 위암韋庵 장지연張志淵(1864~1921)이 작성했던 『숭재만필(속)嵩齋漫筆(續)』의 기사 내용은 이러하다. "울릉도에는 가지嘉支가 특산물이니 또한 가지可之라고 하기도 하는데 바다에서 살면서 소와 같은 모습이다(또한 눈이 있으나 뿔이 없다. 무리 지어 해안에 누워 있다가 사람이 혼자 다니는 것을 보면 해치고, 여러 사람들과 마주치면 물속으로 도망가는 것이다)."

이상의 기록 대부분은 진상품 또는 특산물인 가지의 가죽에 관한 내용이지만, 1786년 『일성록』의 "가지도구미에 나아가니, 산허리에 석굴 두 개가 있었는데 그 깊이를 헤아리기 어려웠고, 가지어가 놀라 뛰쳐나왔다."라는 기록과 1794년 『조선왕조실록』의 "26일에 가지도로 가니, 네댓 마리의 가지어가 놀라서 뛰쳐나오는데, 모양은 무소와 같았(다.)"라는 기록은 '가지도'라는 장소와 관련된 중요한 정보를 제공하고 있다. 현재 울릉도 해역에는 '가지도可支島'라는 지명이 남아 있지 않다. 『일성록』의 기록에서 보이는 '가지도구미'는 현재의 가두봉 근처임이 분명하고, 『조선왕조실록』에서 말하는 '가지도'는 문맥상 가두봉으로 판단된다. 일각에서는 『조선왕조실록』의 '가지도'를 독도로 해석하나, 선후 관계, 특히 이 기록의 일자들을 면밀히 검토해보면

표7 '가지어'가 등장하는 기록물들

연월일	자료	검색어
1745. 6. 4.	『승정원일기承政院日記』	가지어可支魚
1786. 6. 4.	『일성록日省錄』	가지어可支魚
1794. 6. 3.	『조선왕조실록朝鮮王朝實錄』	가지어可支魚
19세기 중엽	이규경, 『오주연문장전산고五洲衍文長箋散稿』	가지어嘉支魚/可之
1889. 7. 26.	『강원도관초江原道關草』	가지어可支魚
1891. 8. 16.	『강원도관초』	가지어可支魚
1893. 9. 20.	『강원도관초』	가지어可支魚
1906. 10. 25.	『대한자강회월보』	가지嘉支

그렇지 않음을 알 수 있다. 당시 그곳을 방문하였던 그들의 제한된 일정 속에서 울릉도에서 독도까지 왕복할 시간이 나오지 않기 때문이다. 따라서 나는 이 두 기록에 나오는 '가지도'를 현재의 가두봉으로 판단하며, 18세기 말까지 현재의 가두봉과 인근 해역은 가지의 주 서식지였다고 생각한다.

울릉도에 대한 일본 측의 기록[41]에도 가지가 주산물의 하나로 등장하고 있음을 알 수 있다. 예를 들면, 돗토리번사였던 오카지마 마사요시岡嶋正義(1784~1859)가 1828년(분세이 11년) 기록한 『죽도고竹島考 상上』(돗토리현립도서관 소장)에서는 울릉도의 물산으로 전복鰒과 가지海鹿 두 가지를 제시하고, 가지를 '미치'라고 적었으며, 철포로 타살하여 포획하며, 기름은 불을 밝히는 등에 사용한다고 하였다. 또 가지는 크기가 보통 개만 하고, 체모가 짧다고 하였다. 해달海獺(필자는 강치로 추정한다.)은 가지와 흡사하나 가지보다 크다고 하였다. 19세기 초의 울릉도에는 가지와 강치가 모두 생존하고 있었음을 증언하는 정확한 기록이라고 할 수 있다. 해표海豹는 물개(옷토세이)라고 적었으며, 이 세 가지 종류들을 오키노시마에서는 모두 위록葦鹿(아시카)이라고 부른다고 기록하였다.

1837년(덴포 8년)에 작성된 『죽도도해일건기竹島渡海一件記 전全』

41 森須和男 1992: 5–7

(도교대학총합도서관 소장)에는 호빈胡獱 한두 마리를 타살하였으며 생김새가 소 같다고 적었다. 이는 1833년 7월 21일부터 8월 9일까지 울릉도에 체류하면서 기록한 내용이다. 에조 탐험가 마쓰우라松浦弘(松浦竹四郎源弘)의 문서聞書로서 1854년(가에이 7년)에 기록된 『죽도잡지竹島雜誌』(국립국회도서관 소장)에는 가지가 '마레푸이'라고 적혀 있다. 아이누어로 가지가 마레푸이라는 점을 알 수 있고, 같은 해에 발간된 『죽도도설竹島圖說』(내각문서 소장)에는 해려海驢(가지)가 히젠히라도고도肥前平戶五島 부근에서는 '마레푸이'라고 불린다고 하였다. 기름이 많은 동물이라는 설명이 덧붙어 있다. 이 기록으로 구주의 오도열도 부근에서도 가지가 서식했을 뿐 아니라 오도열도의 토속어가 아이누어와 연관성이 있음을 알 수 있다. 위의 일본 측 기록에서 '죽도'는 울릉도를 말한다.

오키노시마 사람들의 "오키국"에 대한 전통적인 인지지도mental map의 양상을 알게 해주는 흥미로운 일본 측의 자료가 있다. "隱岐國ハ出雲ノ正北海ニ散在シ四島ヨリ成ル西南ニ位スル三島ヲ島前ト云フ知夫島, 中ノ島, 西島, 是レナリ西南, 知夫島ハ知夫郡ニ屬シ中 ノ島ハ海 士 郡ニ屬ス其東北ニ在ル一島ヲ島後ト云フ周吉, 隱地二郡ニ屬ス是等ノ諸島相距ル最モ近キハ六海里ニメ小嶼其間ニ碁布シ, 相延亘スルモノ東西十餘里ニ及フ四島ノ面積二十一方里周回延長七十四里二十三町 [...]"

(青柳忠一[아오야나기] 1887.7.: 13). 서남에 위치한 3개의 섬으로 구성된 것이 도젠島前이고, 그 동북으로 위치한 한 개의 섬이 도고島後라는 말이다. 이상은 은기국隱岐國(현재의 오키군도를 말함)을 구성하는 섬들에 대한 설명인데, 도서들 간의 거리를 표기한 내용과 도서들을 구성하는 설명 속에는 도고로부터 180킬로미터 이상 홀로 떨어져 있는 "죽도"(량코암岩)가 포함될 수 있는 여지가 없다. 더군다나 작은 섬들이 놓여 있는 모습은 바둑판과도 같다(小嶼其間ニ碁布シ)고 한 표현은 도저히 홀로 동떨어져 있는 "죽도"를 포함할 수 있는 내용이라고 이해할 수가 없다.

환언하면, 이 글이 출판되었던 1887년 전후, 은기국인들의 인식 속에 자신들의 생활공간으로서 "죽도"가 자리할 여지는 없었다고 말할 수 있다. 지도상의 구성으로 인식된 지명들과 도서 위치들을 감안해서 정리해보면, 시마네현에 속해 있는 오키섬 사람들이 최소한도 19세기말까지는 량코암을 자신들의 일상생활 공간으로 인식하지 않았다는 점을 간접적으로 증언하며, 오키섬 사람들의 인지지도에 량코암이 등장하는 것은 러일전쟁이라는 국제관계상의 전환점과 관련성이 있을 가능성을 제시한다.

일본인(주로 오키노시마 사람들)들의 '죽도'(타케시마 또는 리앙쿠르암) 출어는 '아시카'잡이가 주요 목표였다. 이와 관련된 기록을 보자. "1904년에 출어하여 암수 합해서 1,750두와 새끼 1,000두, 모두 2,760두를 포획하였고, 이듬해(1905년)에는 여덟 조가

그림33 '리양코島'라고 적힌 죽도의 사진(위). 그물로 잡은 가지를 상자에 담고 있다(아래). 그물 속에 있는 가지의 크기로 보아 성체임이 분명하고 강치가 아닌 가지로 보인다(오키노시마 향토자료관에 전시된 사진).

출어하여 1,800두를 포획하였다. 이때 나카이中井의 죽도어획회사는 암수 874두와 새끼 130두를 포함하여 모두 1,004두를 잡았다. [...] 1906년에는 1,318두, 1907년에는 2,094두, 1908년에는 1,680두를 포획하였고, 1909년에는 1,153두, 1910년에는 679두로 포획 마릿수가 점차 감소"[42]하였다. 단순 계산으로 1904년부터 1910년 사이에 독도의 가지는 모두 1만 1,484두가 포획되었음을 증언하는 대목이다. 더욱더 안타까운 사실은 일본인들이 '아시카' 새끼들을 무차별 포획했다는 점이다. 결국 독도와 울릉도 해역의 가지는 일본인들, 특히 주로 오키노시마 사람들에 의해서 절멸되고 말았다.

일본 해군수로부의 보고에 의하면, "1904년경부터 본 도민(울릉도 거주 일본인)이 포획하며, 포획기는 4월부터 9월까지 6개월간이고, 현재 본업에 종사하는 어선은 3조(1조에 평균 약 다섯 두 포획)이다. 1904년 11월 군함 쓰시마對馬가 차도(죽도)를 검사했을 때, 동도東島에서 어부의 작은 가옥이 풍랑으로 파괴되었다. 매년 여름에 아시카를 잡기 위해 울릉도에서 수십 명이 건너온다. 섬에 작은 집을 지어놓고 한 번에 약 10일간 머무른다."[43] 여기서 말하는 '본 도민'은 오키노시마 주민이다. 오키노시마 주민들 중에서 울릉도에 거주하는 사람들이 있었고, 일부가 독도로

---

42 内藤正中 2000: 166

43 일본해군수로부 1907: 451; 内藤正中 2000: 184(재인용)

건너가 가지 포획에 몰두한 것으로 보인다. 오로지 가지만을 잡는 회사를 설립하였다고 하니, 개인의 생계 차원을 넘어 상업 활동의 일환으로 가지를 포획했음을 분명히 알 수 있다.

근년(1950~1960년경)에 일본에서 보고된 바 있는 가지(아시카)와 강치(토도)에 관한 기록들을 정리해보면, 일본인들의 바다 포유류에 대한 기본적인 인식을 이해할 수 있다. 1952년부터 홋카이도의 시레토코知床에서 토도 사냥을 했던 네데후지 이치마쓰子出藤一松는 토도 퇴치 전문 선박(10톤)을 운영하였다. 토도를 어적魚賊이라고 했고, 산탄총으로 머리를 적중시켰다. 1962년 현재 시레토코 근처에 4만 5,000두가 서식하였다. 토도는 바다에 유빙이 사라질 즈음인 봄이 되면 해면에 얼굴을 내민다. 수놈과 암놈의 비율은 1 대 50~60 정도이고, 이들이 가장 많이 서식하고 있는 장소는 중부 천도(치시마)와 화태(사할린) 근해이다. 매년 2,000두 정도가 증식된다. 따라서 매년 2,100두씩 잡아야 퇴치에 성공할 수 있다. 작년에는 2개월에 300두를 잡았다. 토도는 대체로 450킬로그램 정도 나가고, 자신의 몸을 유지하기 위해서 매일 150킬로그램의 생선을 먹는다. 토도의 고기는 밍크를 위한 식용 사료로 활용된다. 토도는 두 가지로 구분이 가능한데, 토츠카리와 토도이다. 토츠카리는 흰색 기름으로 몸을 둘러싼 것이며, 토도는 상대적으로 기름이 적다. 격살하면, 토도는 바다로 가라앉고 토츠카리는 물에 뜬다. 토도 고기는 고래

고기와 유사하다고 하는데, 고래보다도 기름이 좀 더 많은 것 같다(藤田 久 1962. 5. 20). 시레토코에서 토츠카리라고 부르는 것이 아시카 즉 가지에 해당되는 것이라고 생각된다.

아시카의 학명은 Zalophus lobatus이며, 토도는 Eumetopius jubata이다. "아시카는 체형이 작고, 시마네현 죽도산은 아시카다. 북위 30도 이북의 북태평양, 베링해에 서식한다. 일본에는 4, 5월경부터 여름에 치시마千島 번식장으로 오고, 가을이면 북해도와 동북해안으로 이동한다. 수놈 큰 것은 길이 3미터, 체중은 600킬로그램이며, 암놈의 크기는 수놈의 3분의 1 정도이다. 일부다처이며, 6월 중순과 7월 하순에 새끼 한 마리를 출산한다. 이들의 먹잇감은 여러 가지 생선들이다. 1942년경의 자료를 보면, 중부천도에 1,000두, 북해도와 화태에 1,000두, 서식지 전체에 약 1만 5,000두가 있었다는 보고가 있다. 봄에 회유하는 참치를 포획하기 위해서 토도를 잡았다. 아츠야스어업협동조합厚安漁業協同組合에서는 아츠야스자위대厚安自衛隊를 동원하여 금년 봄에 110두를 잡았다. 어류식해魚類食害 측면에서 토도를 생각한다"(樋作博之 1962. 5. 20).

노도반도의 와지마輪島 부근에서는 아시카를 대상으로 "빈유령濱幽靈" 전설이 있고, 토도의 모포는 고가로 팔린다. 고기는 염장을 하여 말리고, 이것을 "토도콧뻬"라고 불렀다. 토도는 아시카과이며, 과거에는 둘을 잘 구분하지 못했다. 아시카가 문헌상

그림34 오키노시마의 하수구 뚜껑에 새겨진 '아시카' 그림

그림35 오키노시마의 생태자료관에 전시된 가지 유품(가죽 가방과 치아로 만든 반지)

처음 등장하는 것이 『일본후기日本後記』(12권) 사가천황嵯峨天皇 고닌원년弘仁元年(811년)에 위록葦鹿이라는 기록이고, 모토오리 노리가나本居宜長의 『와쿤노시오리倭訓栞』 중에 아시카는 '위록葦鹿'이라고 쓰고, 해록海鹿(아마시카)의 뜻이라고 풀었다. 아오모리현 시모키타반도下北半島 동북단 시리야자키尻屋崎의 해중에 해려도海驢島가 있으며, 일명 해마도海馬島라고 부른다. 니가타현 사도가시마佐渡島 북단에 토도도島가 있고, 와지마輪島로부터 나나쓰시마七ツ島에도 토도가 있다는 얘기를 들었다(四柳嘉孝 1952. 2.). 이상의 민속학적 기록으로 보아 일본의 민간에서는 아시카와 토도가 대체로 동일한 종으로 이해되고 있는 것 같고, 군사용으로 포살하였던 1910년대 이후 일본 어민들은 이 해수류를 어업 훼방꾼으로 인식하였음을 알 수 있다.

조선 왕실에 가지 가죽이 진상되었다는 것은 일반인은 사용하면 안 된다는 뜻이다. 오로지 위세품으로 사용되었기에 간접적으로 자원을 보호하는 효과를 냈다고 볼 수 있다. 이에 반해 일본은 가지의 가죽을 염적하여 소가죽 대신 사용하였고, 신선한 지방에서 기름을 채취했는데 품질과 가격이 고래기름에 뒤지지 않았다 한다. 찌꺼기는 아교의 원료로 사용하였으며 고기와 뼈는 갈아서 농업용 비료로 사용하였다. 조선과 달리 가지를 상업용 또는 군사용으로 파악한 일본 측의 무차별 포획 행위가 종의 멸종을 촉발했다고 볼 수 있다.

1711년 조선 정부에서 파견한 수토관 박석창이 남긴 비석(독도 박물관 소장)에 '왜선창倭船倉'이라는 항구 이름이 남아 있다. 『일성록』 1786년 5월 1일자의 기록의 '왜강창'과 동일한 곳이다. 이는 당시에 일본인들이 울릉도까지 항해하여 배를 대는 선착장을 만들었다는 증거이다. 나아가 수토관이라는 직함을 가진 조선 정부의 공직자가 후세에 남긴 기록에 자신이 정박한 장소의 이름을 '왜선창'이라고 적은 점에도 주의를 기울일 필요가 있다. 일본인들의 행적을 역사 기록으로 남기고 있는 것이다. 그는 수토 사업을 원활하게 수행하기 위해서 '왜학倭學 한량閑良 박명일朴命逸'을 대동하였다. 왜학은 일본어 통역원을 말하고, 울릉도 수토 사업에 일본어 통역이 필요했다는 사실을 주목한다. 조선 정부와 박석창이 울릉도에 일본인들이 거주하고 있다는 점을 숙지하고 있었다는 점이 흥미롭다. 물론 박석창이 남긴 석비에 상세한 내용이 없기 때문에, 수토 사업 과정에서 얼마나 많은 일본인들을 확인했는지는 알 수 없으나, 수토 사업에 왜학을 대동해야 했다는 사실에 의미를 부여할 수 있다. 즉 국가 차원의 영토조사에, 국가와 국가의 경계를 넘나드는 일상적인 삶의 양태가 각인되어 있다는 것이다. 해양 세계에서 영위하는 삶에 대한 당시의 인식 체계를 이해할 수 있는 대목이다. 해정학海政学이란 새로운 틀을 생각해야 하는 이유가 여기에 있다.

1694년 파견된 수토관 장한상의 기록과 1711년 파견된 박석창의 기록 및 1786년의 『일성록』의 기록들을 비교해보면, 일본인들은 울릉도에서 왜선창을 거점으로 가지잡이를 했음을 알 수 있다. 울릉도를 배경으로 한 일본인들의 가지잡이 역사는 최소한 17세기 말까지 거슬러 올라가는 것이다. 조선왕조의 공도 정책과 깊은 관련성이 있는 문제라고 생각한다.

가지에 관한 현대적인 논의는 1947년도에 명확하게 정리되었다. 석주명이 "日名 도도, 英名 바다사자"(石宙明 1947. 9. 9.)라고 이해한 것을 해부에 의해서 포유류학적으로 제대로 교정했던 것이 윤병익尹炳益의 기고문(1947. 11. 15. & 1947. 11. 18.)이다. 두 사람은 함께 울릉도 학술조사 대원 자격으로 동일한 시기에 답사하였다. 1947년 8월 19일부터 26일 사이 조선산악회 주최의 '울릉도학술조사대鬱陵島學術調査隊' 동물 담당으로 참가했던 결과를 윤병익이 보고한 내용이다.

> 독도에서 '가제'의 군서를 관찰하였고, 일행이 포획한 幼獸유수 세 마리를 해부하였다. 울릉도에는 서식치 않고 다만 이것과 인연 잇는 가제굴 가튼 말이 남어잇을 따름이다. 수중생활의 적응형을 대표하고 있다. 체형이 방추형으로 되엇다. 두부는 普通보통개대가리와 흡사하며, 몸의 후부는 가늘게 되고 목이 긴 편이며 口髭구자(입 주변의 수염을 말함.—필자 주)가 잇고 소형이며 끝이 빠른 耳廓이곽이 달렷다(同目中동목중의 물범科에는 업슴). 사지는 비교적 짤

분 편이고 일반 포유류동물과는 전연 달르며 鰭狀기상으로 변화되고 趾間지간에는 無毛무모의 蹼膜복모(물갈퀴)이 잇고 좌우 後肢후지의 사이에는 흔적적이나 꼬리가 잇다. 크기가 수컷은 2米미터 이상 암컷은 1.5~2米쯤 되니 朝鮮牛조선우의 황소와 암소만 하다. 물개는 이것보다 몸이 가늘고 조곰 소형이다. 즉 수컷에 있어서 2米 빠듯한 것이다. 바다사자는 월등 커서 수컷은 4米 이상 암컷은 3米 이상이 되는 것이다. 體色체색 전체는 암갈색이며 老牡노두에 약간 반점이 잇고 암컷은 조곰 담색이며 포획한 것은 유수이기 때문에 흑색이 만헛스나 건조표본에서는 역시 암갈색이엇다. '바다사자'는 붉은 빗치 만흔 암적갈색 또는 황갈색이고 물개는 복면에 회백색으로 가제와 구별된다. 체모는 粗毛조모가 만코 물개보다 綿毛면모가 적다. 해부한 세 마리가 다 수컷이엇는데 개체마다 음낭이 잇었다. 두골표본에서 보면 물개보다 뇌두개가 안면두개에 비하여 큰 편이요 顴骨관골이 장형이고 側頭骨측두골이 발달되고 물개 가튼 隆起융기를 볼 수 업다. 하악골후단의 上屈度조선우도 물개보다 얏트다. 니(치아—필자 주)는 齒式치식이 二分三, 一分一, 三分三, 二分二, =34이며, 頰齒협치가 二分三으로 되고 각각 上顎犬齒상악견치 第二前臼齒제이전구치 第一臼齒제일구치 下顎犬齒하악견치 第一臼齒제일구치 등의 외측에 弱약한 것이 잇다. 물개의 齒式은 二分三, 一分一, 三分二, 三分三, =36임으로 가제와 구별되고 바다사자는 견치가 장대하며 최후의 頰齒협치와 第一臼齒제일구치 사이가 廣隙광

극인데(黑田구로다) 가제는 犬齒견치가 他齒타치보다 미발달되고 소형이며 전기한 廣隙이 업다(尹炳益 1947. 11. 15).

본문 내용에서 "(黑田)"이라고 한 것으로 보아서 쿠로다 나가미치黑田長礼(1889~1978)의 저서를 참고하여 자신의 해부 결과와 대조작업을 하였다는 점을 알 수 있다(黑田長礼 1938). 윤병익이 '가제'라는 단어를 사용한 것은 당시 울릉도 사람들로부터 들은 이름을 그대로 사용한 것이다. 그것이 전라도 방언에서 비롯된 것임을 재확인하고 싶다. 가지可支라는 한자의 기록도 전라도 방언에서 비롯되었다는 점을 확인하는 것은 문화주권의 문제의식을 더욱더 확고히 하는 계기가 될 수 있다. 전라도 흥양이라는 지방이 없었으면, 전라도 흥양 방언의 '가제'가 없었으면, 왕조실록의 기록에서 가지可支라는 단어가 존재할 수 없었다는 점을 확인하는 것이 문화주권에 대한 인식의 표현이다. 흥양이라는 지방과 울릉도라는 지방이 자연환경과 생물학이 관련된 문화주권의 저수지라는 점을 역설하고 싶다.

동일한 '울릉도독도' 답사에 참가하였던 방종현方鍾鉉 도 가지에 대한 기록을 남기고 있다. "성호사설星湖僿說에서 보면 수족水族으로「嘉支漁가지어」라는 것이 있어서 바윗틈에 혈거하는데 비늘은 없지마는 꼬리는 달렷고 몸뚱아리에 四足사족이 분명하나 그 後足후족이 매우 짜르므르 陸地육지에 오르면 잘 다라나지를 못하지만은 이것이 물속에서 갈 때는 나는 듯이 往來왕래하며 찌르는 소리를 들으면 어린애의 것과 같으며 살에는 기름이 많아서 짜서 燃燈연등에 使用사용한다고 하였다. 이번에 우리 一行일행에서도 이것을 세 마리나 자버서 標本표본으로 가져오는 것을 보았다"(方鍾鉉 1947.10.30.).

이어서 윤병익(세브란스의과대학 동물학교실)은 "이 조선동물상에 특필대서할 가제와 그 서식지에 대한 만흔 관심과 새로운 인식이 잇기를 바라며 당국은 반드시 천연기념물로써 보호보존하여주기를 바라마지 안는다"(尹炳益 1947. 11. 18.)라고 정리하였다. 곤충학자 석주명에 의해서 잘못 이해되었던 것이 전문가인 윤병익에 의해서 곧바로 교정되었음을 알 수 있다. 1947년 9월과 11월 사이에 정리되었던 일이다.

윤병익은 그 동물이 일본 명의 토도가 아니고 일본 명의 아시카라는 점을 해부학적 과정을 바탕으로 정확하게 지적하였다. 아직도 가지와 관련하여 울릉도와 독도에 관해서 그러한 일이 목하 진행 중이다. '강치'라고 잘못 이해된 가지의 이름은 독도를 중심에 두고 영토를 논의하는 최근의 논문에서도 제목으로 등장한다(김수희 2016.6). 가지 논의의 현대적 정통성에 관한 한, 우리는 윤병익의 1947년도 보고를 기반으로 하는 것이 타당하다.

지금 독도는 그 자체로 천연기념물(제336호)로 지정되어 있다. 윤병익이 "보호보존"을 걱정했던 가지가 사라지고 나니, 어이없게도 제대로 된 이름까지 탈취당한 상황에 이르렀다. 어떻게 보면 '앙꼬 없는 찐빵'이 된 셈이다. 사실관계 하나 제대로 파악되지 않은 상태, 그것이 과연 학문이라고 말할 수 있는가. 엉터리 사실을 바탕으로 한 주장이 가지고 올 결과는 뻔한 것 아닌가. 선학들의 노력에 조금만이라도 감사하는 마음이 있다면, 지금이라도 잘못된 부분을 수정해야 할 것이다. 공부가 모자란 상태에서는 사실을 잘못 이해할 수도 있다. 잘못 알고 있는 것을 바로 알아가는 과정, 그것이 공부 아닌가. 그러나 잘못 이해한 것을 알고도 가만히 있으면, 그것은 다른 사람들을 호도하고, 나아가서 몰이해 계보까지 형성한다. 이렇게 되면, 잘못 이해한 것으로 끝나는 것이 아니라 그 여파는 지리멸렬의 지식범죄적 유산으로 종결될 수 있다.

토속지명과 지도

울릉도와 부속 도서에는 상당히 많은 지명들이 남아 있고 대부분 토속지명과 깊은 관계를 맺고 있다. 시대별로 지명이 어떻게 바뀌고, 어떤 지명이 새로 생기는지를 한눈에 알아볼 수 있도록 표를 첨부한다(229~236쪽 부록1). 중요한 몇몇 지도와 문서에 나타난 지명들을 정리해보기로 한다.

> 영조 대에 제작된 해동지도海東地圖에는 열여섯 곳에 지명이 기재되어 있다. [...] 만입부를 의미하는 –구미仇尾를 형태소로 취하고 있는 해안 지명으로는 주토구미, 천저구미, 도장구미 등 세 곳이 있다.[44]

군현 지도책의 하나인 『해동지도』는 채색 필사본으로 18세기에 제작되었고, 크기는 가로 47센티미터, 세로 30.5센티미터이며, 서울대학교 규장각에 소장돼 있다. 『해동지도』에 나타난 울릉도의 크기는 둘레 200여 리, 동서 80여 리, 남북 50여 리이다. 바다에서 생산되는 물산으로는 감곽甘藿(미역과에 속하는 한해살이 바닷말), 생복生鰒(전복), 가지어可支魚, 대소잡어大小雜魚 등이 있다는 내용이 덧붙어 있다. '–구미'와 '가지어', 즉 전라도 방언의 한자화된 표기를 통해 전라도 흥양 사람들이 울릉도에서 생활한 시기를 가늠할 수 있다. 프랑스 군인 라페루즈의 보고와 『해동지도』의 제작은 이규원의 검찰일기가 작성된 시기보다 앞선다.

『정조실록』 18년(1794년) 6월 3일 기록에는 "고故 수토관搜討官 월송만호越松萬戶 한창국韓昌國에게 [...] 도형圖形 1본本을 감봉監封하여 올린다"라는 제목 아래 "황토구미진黃土丘尾津, 중봉中峰, 황토구

44 김기혁, 윤용출 2006: 47

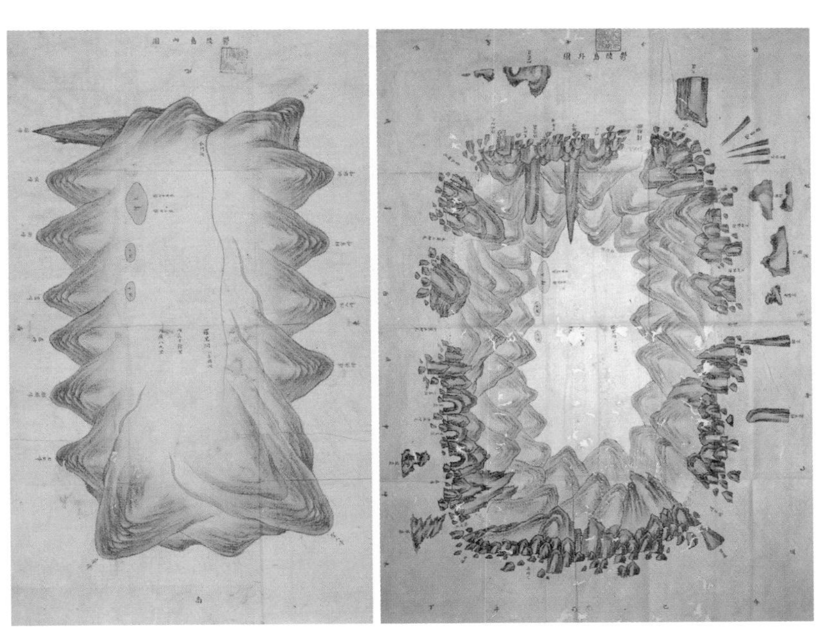

그림 36 옛 지도로 보는 울릉도 '내도'와 '외도'(서울대 규장각 제공)

미굴黃土丘尾窟, 병풍석屛風石, 향목정香木亭, 장작지포長作地浦, 저전동楮田洞, 방패도防牌島, 죽도竹島, 옹도瓮島, 가지도可支島, 구미진丘尾津, 죽암竹巖, 후포암帿布巖, 공암孔巖, 추산錐山, 통구미桶丘尾"라고 적혀 있다.

이규원이 보고했던 『검찰일기』(1882년)에서 다음 지명들을 확인할 수 있다. "소황토구미小黃土邱尾, 대황토구미大黃土邱尾, 흑작지黑斫地, 창우암倡優岩, 촉대암燭臺岩, 천년포千年浦, 추봉錐峰, 왜선창倭船艙, 홍문가紅門街, 나리동羅里洞, 중봉中峰, 성인봉聖人峰, 소저포小苧浦, 대저포大苧浦, 쟁암鎗岩, 장작지포長斫之浦, 저동苧洞, 황토구미黃土邱尾, 통구미桶邱尾, 향목구미포香木邱尾浦, 대풍포待風浦, 현작지玄斫支, 죽암竹岩, 선판구미船板邱尾, 도항島項, 죽도竹島, 와달웅臥達雄, 죽암竹岩, 도방청道方廳, 죽포竹浦, 현포玄圃, 화암華岩, 곡포谷浦, 사태구미沙汰邱尾, 삼막동蔘幕洞"

『검찰일기』와 함께 제작되었던 『울릉도외도鬱陵島外圖』(1882년)에는 "나리동羅里洞(일명 국동國洞), 석간주혈石間朱穴, 가지굴可支窟, 죽도竹島, 산막동山幕洞, 선창구미船倉邱尾, 향목구미香木邱尾, 사태구미沙汰邱尾, 대황토구미大黃土邱尾, 통구미桶邱尾, 웅통구미雄痛邱尾, 대풍구미待風邱尾, 산봉蒜峰, 추봉錐峰, 창우암倡優岩, 노고암老姑巖, 장군암將軍巖, 굴암窟巖, 대암大巖, 촉대암燭大巖, 문암門巖, 쟁암鎗巖, 형제암兄弟巖, 주암冑巖, 풍암風巖, 화암華巖, 홍문가紅門街, 장작지長斫之, 흑작지黑斫之, 왜선창倭船艙, 도방청道方廳, 곡포谷浦, 천년포千年浦, 저포苧浦, 현포玄浦, 도항島項" 같은 지명이 실려 있다.

이러한 자료들을 기반으로 17세기부터 나타나는 울릉도와 관련된 지도에서 수집한 울릉도의 토속지명은 크게 두 가지로 나눌 수 있다. 하나는 내륙 지명들이고, 또 다른 하나는 해안 지명들이다. 후자는 거문도를 포함하는 흥양, 즉 전라남도 해안 지방의 지명 또는 용어가 바탕이 된 토속지명들이다. 예를 들면, 여러 곳의 해안가에서 보이는 '-구미'(항구로 이용할 수 있는 좁고 깊숙하게 들어간 만), '-작지'(자갈돌들이 널려 있는 해변), '가제' 또는 가지(바다사자), '보찰'(거북손), '와달'(작은 돌들이 널려 있는 긴 해안), '걸'(물고기나 수초가 모여 있는 넓적한 바닷속 바위), '독섬' 등이다. 이 일곱 가지는 모두 고유어로, 한자의 영향을 받은 한글과는 무관한 점이 특징이다. 하나씩 상세하게 살펴보기로 한다.

'-구미'라는 단어가 가장 먼저 등장하는 문헌은 필자가 찾은 범위 내에서는 『조선왕조실록』 성종 7년(1476년) 9월 27일 기사이다. 독도 및 가지와 관련된 내용을 담은 최초의 기사로 잘 알려져 있지만, 본고에서는 '-구미'의 설명을 위하여 인용하였다.

> 병조에서 계啓하였다. 영흥永興 사람 김자주金自周의 공초供招에 이르기를, "본도의 관찰사가 삼봉도三峯島를 찾는 일과 관련해서 김자주 및 송영로宋永老와 어제 다녀간 김흥金興, 김한경金漢京, 이오을망李吳乙亡 등 열두 사람에게 마상선麻尙船 다섯 척을 주어 보냈습니다. 지난 9월 16일 경성鏡城 땅의 옹구미甕仇未에서 배가 출발하여 섬으

로 향했습니다. 같은 날 부령富寧 땅의 청암青巖에 도착하여 숙박하고 17일 회령會寧 땅의 가린곶加隣串에 도착하여 숙박하였습니다.

18일 경원慶源 땅의 말응대末應大에 도착하여 숙박하고 25일 섬에서 서쪽으로 7~8리쯤 떨어진 거리에서 정박하고 멀리 바라보니, 섬의 북쪽에 바위 세 개가 나란히 늘어져 있고 옆으로 소도小島, 암석巖石, 중도中島가 차례대로 늘어져 있었습니다. 중도의 서쪽에는 또 소도가 있었는데 모두 바닷물이 관통하여 흘렀습니다. 또 섬 사이에는 인형과 같은 모습으로 따로 서른 개나 서 있었기 때문에 의심나고 두려워서 곧바로 도착하지 못하고 섬의 형태를 그려 왔습니다."라고 하였다(방점 필자 추가).

이로써 함경북도 경성의 옹구미라는 지명에서 '-구미'의 용례를 확인할 수 있다. 또 다른 사례로는 조선 지명에 대해 심도 있는 작업을 했던 조선총독부의 자료집에서 확인할 수 있다.

구미九昧란 해안의 출입부를 가리킨다. 구미포(황해도 장연부). 가마구미(전라남도 완도군). 청어구미. 망양구미(함경북도 부령군 연천면). 벌구미(전라남도 여수군 화양면). 여석구미(전라남도 여수군 화정면). 함구미(전라남도 여수군 남면). 구미포(행해도 장연군 대구면

구미리) 등이 있다.[45]

"해안의 출입부"라기보다는 "해안의 만곡부, 즉 해안이 쑥 들어간 곳을 가리킨다."라는 표현이 좀 더 정확하다. 즉 '-구미'라는 단어가 포함된 지명은 전라도 해안에 광범위하게 나타나는데, 15세기 함경도에서도 나타나는 것으로 보아 전라도 어민들의 활동 무대가 상당히 넓었음을 알 수 있다(또는 전라도로부터 함경북도로 이민했던 사람들의 영향일 가능성도 있다). 그 후 "(일제시대 지명학적 특성으로) 해안 지명의 형태소에 있어서 조선시대에는 여러 한자로 표기되던 -구미龜尾의 경우 일률적으로 구덩이의 뜻을 가진 -坎으로 통일"[46]되는 경우도 있었다.[47]

'-작지'는 울릉도 여러 곳에서 보인다. 전라남도 신안군 흑산면 가거도 대리의 둥근 자갈돌로 형성된 해변을 가리키는 단어도 작지이다. '작지'는 해변가를 이르는 말로 통용된다. 진도군 임회면 강계리에서는 약간의 자갈돌을 포함하고 있는 해변을 끼고 있는 마을 일부를 '짝재'라고 부른다. '-작지'를 어근으로 하여 생겨난 해변 마을의 명칭이 울릉도 여러 곳에서 발견되는

45 善生永助 1933: 121

46 김기혁·윤용출 2006: 57

47 1968년 여름 인류학자 한상복 선생이 야로를 한 여수 남쪽의 금오도에 있는 함구미라는 어촌에도 그 형태소가 들어 있다.

데 일찍부터 전라도 흥양의 어부들이 울릉도에 와서 마을을 형성하여 일정 기간 거주했다는 증거이다. 일시적인 거주지에 적용되는 단어가 아님을 감안한다면, 울릉도와 전라도 흥양이 아주 오래전부터 밀접한 관계를 맺었음을 알 수 있다.

독도의 서도에 있는 암초로 '큰가제바우'와 '작은가제바우'가 있다. '바우'는 암초를 말한다. '가제'는 '가지'의 다른 표현으로 보이고, 큰가제바우와 작은가제바우는 '바우'의 크기에 따라서 붙여진 이름이다. 1934년 이래 일본의 사진가들이 찍은 큰가제바우에 앉아 있는 가지들의 모습이 잘 남아 있다.[48] 그 신문 기사는 여기에 '리양코島西島沖'라는 설명을 덧붙였다. 또 다른 사례로 도동과 사동 사이, 가장 남쪽으로 돌출된 부분에 가두봉可頭峰이 있다. 울릉읍 사동 끝에 있는 작은 봉우리이며, "섬 가에 해구봉海狗峯(대한매일신보 1899년 10월 3일 자)이 있다"는 기록이 이에 해당되는 것 같다. 가지를 해구로 인식한 표현이다. '가'는 가지의 어근으로 보인다.

가지라는 해수를 바탕으로 한 지명은 전라남도 해안지방에서 오래 전부터 광범위하게 사용되어 왔음은 17세기말 해남을 배경으로 한 개인의 일기에서도 발견된다. "可枝島가지도 영암군 삼호읍 용당리 2173"(하영휘 외 20201.30: 1234)라는 용례는 가지

---

48 松浦直治 1934. 6. 28.

라는 단어를 보여주며, 가지도의 이칭을 가지굴이라고 적었다. 윤이후(1636~1699) 고산 윤선도의 손자이고 공재 윤두서의 생부이며, 『지암일기』는 1692년부터 1699년 사이의 기록이다.

전라남도 신안군 흑산면 가거도에서는 가지를 '갓' 또는 '가제'라고도 표현하였다(1968년). 즉 가거도可居島의 의미를 두 가지로 해석할 수 있다. 사람 중심으로 '가히 살 만한 섬'이란 뜻이 있고, 가지를 중심으로 '가지가 사는 섬'일 수도 있다. '가두'는 가지의 머리라는 뜻으로 이해할 수 있다. "지형이 머리 같다 하여 지명 유래, 고시일이 1961년 4월 22일로 되어 있다."[49]라는 '가두봉'에 대한 해설은 토속지명에 근거하지 않았기 때문에 설득력이 떨어진다. "지형이 가지의 머리 같다."라고 설명하든지, 아니면 "가제들이 살고 있는 곳의 봉우리"라고 설명하는 쪽이 나을 듯하다. 대한지리학회에서 탁상공론의 결과를 공식화한 정황이 드러난다.

울릉도에서 '보찰'이란 단어가 적용된 지명은 독도에 한 군데밖에 없다. 서도 남쪽에 있는 삼각형 암초인 '보찰바우'이다. 이 바위에 '보찰'이 많아서 붙여진 이름으로 보인다. 보찰은 전라도 해안에서는 광범위하게 사용되는 단어이고, 해변가 바위틈에서 많이 살고 있는 조개류이다. 조간대에 집단 서식하는 연체동

---

49 대한지리학회 2005: 58

그림37 항만과 공항 건설이 예정되어 있어 잘려나갈 위기에 처한 가두봉

그림38 와달리의 반공민속 현장

그림39 와달리 죽도

물이다. 나는 완도군 소랑도(최원옥 씨 댁)에서 아내와 함께 보찰무침으로 이틀간 밥을 먹은 적이 있다. 주 재료가 달걀노른자와 생보찰인 비빔밥을 대접받은 그날은 우리의 결혼기념일이었다. 오키노시마의 식당('아주마야')에서는 정식으로 준비한 밥상에 미역국이 나왔다. 미역국의 주 재료는 보찰과 보말(후지츠보)였다. 오키노시마에서는 보찰을 날것으로 먹지는 않는다.

'와달'은 울릉도의 동쪽 해변에 있는 마을 이름에 남아 있다. 와달리이다. 지금은 아무도 거주하지 않고, 반공민속反共民俗의 현장인 경비대 초소마저 칡넝쿨로 덮혀 있는 곳으로 죽도 건너편에 있다. '와달'은 거문도에서는 좁고 긴 해변을 이르는 말이다. 해변 모양에서 마을 명칭이 유래한 것으로 보인다. 1960년대 소위 '울릉도 간첩단 사건'에 연루되어 주민들이 전원 소개된 이후 와달리는 아무도 거주하지 않는 폐촌이 되었다. 필자는 와달리까지 산비탈의 덤불숲을 헤치고 육로로 접근했던 적이 있다. 지금은 진입 도로마저 유실되었고, 와달리에 접근하려면 죽도에서 배를 타야 할 것 같다.

'걸'이라는 단어에 해당되는 경상도 말은 '뜸'이다. 경상북도 해안에서는 '뜸'이, 울릉도에서는 '걸'이 사용되고 있음을 보면, 울릉도 어민 생활의 바탕에는 전라도 흥양의 관습이 있다고 해석해도 무방하다. 걸은 해저 지명으로 어류가 많이 서식하고 어장을 형성할 수 있는 자리이기 때문에, 울릉도 어부들은 '걸'을 잘 알고 있다. 전라남도 진도군 조도의 어부들은 해저의 '걸밭'에 대해서 상세한 정보를 갖고 있다. '걸밭'은 해저에 바위가 많은 곳을 말하며, 이러한 곳에 숨은 여가 있다. 조도 인근의 걸밭들에 대한 명칭들을 소개하면 다음과 같다. 처진땅걸, 댄땅걸, 모삭걸, 인생이걸. 2014년 세월호 사고가 난 해역의 해저는 대부분이 걸이라고 한다. 해저의 토속명에 유의해야 할 이유가 여기에 있으며, 이러한 논의의 연장선상에서 해정학도 구축될 수 있다.

울릉도에서도 동네 이름으로 소문난 통구미의 '통'도 전라도 거문도의 방언이다. 거문도에서 사용되는 '통'의 용례들을 살펴보면, 거문도 덕촌리에 있는 지명 중, "통"은 해안지형에서 바위나 절벽이 갈라져 벌어진 틈새를 말한다. 울릉도의 통구미 앞에 있는 우뚝 솟은 바위가 이러한 모양을 갖추고 있음을 볼 때, 통구미는 "통"과 "구미"가 결합되어서 붙여진 지명이라고 이해된다. 즉 바위가 갈라져 벌어진 틈새가 있는 곳에 형성된 좁은 만곡 해안을 일러서 통구미라고 부른 것이다.

'독도'라는 명칭이 최초로 등장하는 문건은 국사편찬위원회가 소장하고 있는 「심흥택보고서沈興澤報告書」이다(1906년 작성, 울릉군수가 강원도관찰사에게 제출한 보고서를 기초로 한 문서).[50] 이전의 용례는 독립신문 기사(1897년 4월 8일 자)에서 볼 수 있는데,

---

50 김기혁, 윤용출 2006: 44

여기에는 '석도石島'로 기록되어 있다. 즉 독립신문 기사가 울릉도 주민들이 사용했고, 전라도 흥양에서 유래한 '독섬'이라는 단어를 의미상 올바로 한자화한 예라고 할 수 있다.

1897년의 《독립신문》 기사에 기록된 '석도'의 용례와 1900년 조선 정부의 칙령에 기록된 '석도'의 용례를 알지 못했던 방언학자 방종현은 다음과 같은 기록을 남기고 있다. "나는… 이 섬의 이름이 '石島석도'의 意의에서 온 것이 아닌가 생각키운다. 이것은 돌섬 또는 독섬의 두 가지로 부를 수 있는 것이니 여기서 문제는 이 獨島독도의 外形외형이 全部전부 돌로 된 것 같이 보이게 되엇다 하는 것과 또 한나은 「돌」을 어느 方言방언에서 「독」이라고 하는가를 解決해결하면 이 不島부도라는 名稱명칭이 거이 가까운 解決해결이 되리라고 할 것이다. [...] 「石석」을 「독」이라고 하는 것은 全羅南道전라남도의 海岸해안에서도 이러케 하는 곳이 있는 만큼 「절구」를 「도구통」이라고 하던가 「碁기」를 돌 또는 「바독」으로 「다드밋돌」을 「다드밋독」이라고도 하는 것을 等등에 비취워 울릉도의 地名制지명제와 같이 이 섬은 亦是역시 石島의 意인 「독섬」이라고 생각한다"(方鍾鉉 1947.10.30.). 울릉도 노인들은 아직도 '독섬'이라고 부른다. 그들의 인지 지도에 이 섬은 영토 분쟁이 빚어지는, 경비대가 24시간 경비를 서야 하는 '독도'로 존재하지 않는다. '독섬', 즉 돌로 된 섬에서 어로 작업을 하는 일상생활의 터전으로 각인되어 있다. 어민들에게 독섬은 살림살이 실천의 현장이고, 삶의 일상성이 실천되는 곳이다.

울릉도에 전승되고 있는 토속지명 일곱 가지는 방언학 연구뿐만 아니라 토속지의 작성과 지도 제작에 기초 정보들을 제공하고 있다. 토속명은 현재 우리에게 일상생활 차원의 지리 정보를 주고 있다. 예를 들면, 독도에 각인된 전라도 방언에서 유래한 지명들은 울릉도 어민들이 독도에서 어로 작업을 해온 역사를 증언하는 것이다. 또 한편, 울릉도 어민들과 마찬가지로 오랫동안 울릉도 해역에서 어로 작업을 해온 오키노시마 구미 어민들의 지명 정보를 서로 비교하는 작업도 의미가 있다.

오키노시마 구미의 주민이고, 울릉도 해역인 독도로 가지잡이를 나간 경험이 있는 야하타 이사부로八幡伊三郎 씨가 작성한 '죽도 그림'(84세이던 1977년 3월 2일 제작)이 오키노시마 향토자료관에 소장되어 있다. 독도 북변 상공의 관측점을 기준으로 제작된 평면도이다. 정확성은 떨어지지만, 어로 경험을 바탕으로 작성했기 때문에 당시의 상황을 재구성하는 데 유익하다. 즉 어떤 자연환경 속에서 구미의 어부들이 가지잡이와 전복과 미역 채취 작업을 했는지를 알 수 있다. 일제시대에 독도로 어로를 나갔던 오키노마 출신 어부의 살림살이 경험이 반영된 지도라는 점에서 의미가 있다.

이 그림에 적혀 있는 글자들을 해석해보았다. 여기 적힌 '물개'는 가지를 말하는 것으로 보인다. "5~6월에 물개가 자라는 바닷가"라는 진술이 이를 뒷받침한다. 오키노시마 구미의 어부들 사이에서 전승되어온 토속 지식에서는 아시카(가지)와 옷토세이(물개)는 하나의 종으로 인식되었음을 알 수 있다. 이를 통해 울릉도 주민도 유사한 인식을 했음을 짐작할 수 있다. 그 "물개가 자라는 바닷가" 자리는 1934년 오사카아사히신문사 취재팀이 독도의 가지잡이 취재를 위해 방문했을 때, 가지 새끼들의 번식지로 확인되었고, 이런 광경을 보여주는 사진이 당시의 신문에 게재되었다.

黄色イ線ハ洞門 : 노란색 선은 동굴 입구.

自然ノ生間アリ : 자연의 거주 공간 있음.

舟付場ノ浜 : 선착장이 있는 바닷가.

人夫小屋 : 일꾼의 오두막집.

日露戦争ノ番小屋 : 러일전쟁 때 망을 본 곳.

アワビ居ル : 전복이 있음.

小サイ草木ノ生タ所 : 작은 초목이 자라는 곳.

0ノ所ニ岩ノ間ヨリ清水出ル : 0으로 표시한 곳에 있는 바위 사이에서 맑은 샘물이 나옴.

白州 : 흰 모래톱.

和布ガ生ル所 : 와카메和布(부드러운 해초, 미역의 일종)가 자라는 곳.

5, 6月オットセー生育ノ浜 : 5~6월에 물개가 자라는 바닷가.

アハアワビノ居ル所 : ア로 표시한 곳은 전복이 있는 장소.

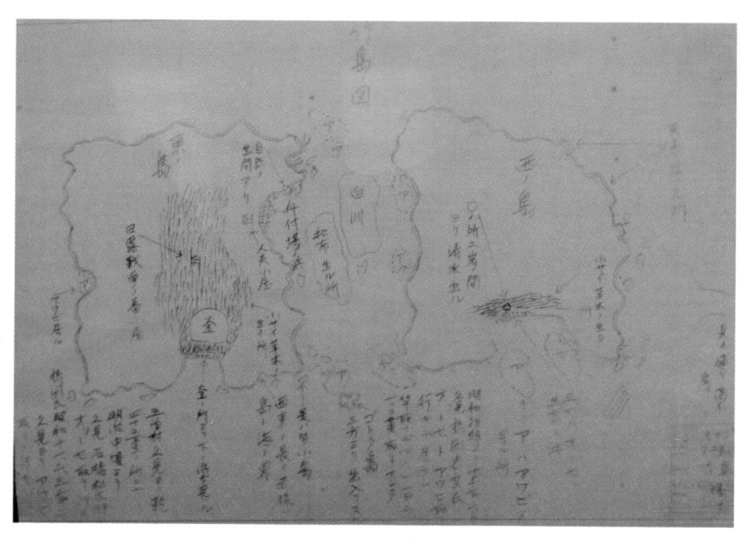

그림40 오키노시마 구미의 야하타 이사부로 씨가 그리고 설명을 기입한 '죽도도竹島ノ圖'

昭和初期ヨリ十三年六月久見橋岡忠重氏オットセトアワビ取リ行キテ居ラレ竿取リデアワビ一日ニ一００貫取リマシタ : 쇼와昭和 초기부터 1938년 6월(까지) 구미의 하시오카 다다시게橋岡忠重 씨는 물개와 전복을 잡으러 와서 장대로 전복을 하루에 100관 잡았음.

三方ヨリ出入リスル : 세 방향에서 출입함.

是ハ皆小島 : 이들은 모두 작은 섬임.

西東ノ長イ赤線ハ島ト海ノ界 : 동서로 길게 그은 빨간 선은 섬과 바다의 경계임.

釜ノ所ヨリ下ノ浜ガ見ヘル : 가마가 있는 곳에서 아래쪽 바닷가가 보임.

五箇村久見ヨリ乾四十五里ノ所ニアリ : 고가손구미五箇村久見로부터 북서 방향으로 45리 떨어진 곳에 있음.

明治中頃ヨリ久見石橋松太郎氏オットセ取リニ行キ : 메이지 중엽부터 구미의 이시바시 마쓰타로石橋松太郎 씨가 물개를 잡아감.

橋岡氏昭和十一、二、三年六月久見ヨリアワビ取リニ行キ : 하시오카 씨가 쇼와 11, 12, 13년 6월 구미에서 (와서) 전복을 잡아감.

야하타 씨의 진술은 독도의 정확한 위치 정보를 제공하고 있다. 독도의 위치에 대해서는 고가손구미五箇村久見에서 북서쪽으로 약 160킬로미터 떨어진 곳이라고 적었다. 어부들은 가지잡이뿐만 아니라 중요한 수입원인 전복 채취도 했음을 알 수 있다. 하루에 약 375킬로그램(100관) 정도 채취했다고 하니 독도가 전복의 주산지였음을 알 수 있다. 그런데 야하타 씨는 긴 장대로 전복을 잡는다고 하지만, 다른 사진에 나오는 고용된 제주도 좀녀들은 물속으로 들어가서 전복을 채취한다. 이 대목에서는 야하타 씨의 진술이 엇갈리고 있다. 자연적인 거주 공간과 일꾼의 오두막이 있던 자리는 현재 어민의 숙소이자 독도 주민(김성도 씨)의 생활 공간으로 사용되고 있다. 흰 모래톱이 있는 곳은 1934년 취재팀이 촬영한 사진의 배경이 된 자리이다. 여기에서 어부들과 제주도에서 건너간 좀녀 네 명이 함께 찍은 사진이 있다. '리양코무舞'라는 이름이 붙은, 춤을 추는 장면을 담은 사진도 여기서 찍었다. 춤을 추면서 불렀던 노래의 가사가 궁금해서 오키노시마 구미의 노인들에게 확인하였지만, 알 수가 없었다. 이 지도의 특징은 주요 어로 작업을 수행한 장소를 설명하면서 해당 지명을 적은 것이다.

이상의 지도들에 나타난 자료들을 근거로 분석해보면, 울릉도 주민들의 '독도'에 대한 인식과 오키노시마 주민들의 '죽도'에 대한 인식에는 기본적인 차이가 있다. 그런데 야하타 씨가 그린 지도에는 과거에 지어진 이름들의 일부가 전승되지 않고 있다. 전승되지 못하고 사라진 이름들이 전해주는 메시지가 있다. 누적적인 일상성이 결여된 현상의 방증인 셈이다. "0으로 표시한 맑은 샘물이 나오는 곳"에는 가지의 '서식지'가 있었던 모양이

그림41 하시오카 씨 일행이 가지잡이 사이의 휴식 시간에 여흥으로 "리양코 춤"을 추고 있다 (오키향토관 전시 사진)

그림42 1934년 독도에서 찍은 사진. 현재 동도에 건설된 선착장 자리라고 생각된다.
일본인 어부 열두 명과 제주도에서 고용한 좀녀 네 명이 보인다.
좀녀들이 입고 있는 옷은 치마저고리인데 질감으로 보아 '갈중이'라고 생각된다
(오키노시마 향토자료관 소장. 이 자료관의 사진 설명에는 "소화 8년"이라고 적혀 있으나,
그 기록은 소화 9년[1934년]으로 고쳐져야 한다).

그림43 서도의 물골 입구

그림44 이 작지(자갈밭)에서 가지들이 쉬었을 것이다.
멀리 수평선에 큰가제바우와 작은가제바우가 보인다.
가지의 서식지로는 천혜의 조건인 셈이다.

그림45 물골정비공사의 결과, 안쪽으로 출입하는 입구가 봉쇄되었다.

다. 예를 들면, 1934년 어부들을 따라서 취재를 나갔던 오사카 아사히신문의 마쓰우라松浦直治 씨의 기사에 따르면, 서도의 동굴 아랫부분에 있는 두 군데 못에 가지의 서식지가 있었다. 하나는 평면 3척尺, 다른 하나는 평면 5척이며, [...] 여기서 가지들이 새끼들의 영법을 가르쳤다고 한다. 못의 이름은 풍취정風吹井과 조취정潮吹井이다.[51] 이 두 못에는 민물이 고여 있다. 포유류인 가지의 생활에는 필수적인 것이 민물이다.

이러한 이름도 잘 기록해두어야 한다. 독도에서 어로를 했던 사람들의 역사를 정리하는 데 기초 자료가 되기 때문이다. 후일 가지의 서식지와 번식지를 복원하는 작업을 할 경우 아주 중요한 역할을 할 수 있다. 기록의 원천이 한국어냐 일본어냐 하는 것은 차후의 문제이다. 자연이 먼저다.

현재 서도의 물골이 있는 곳, 즉 가지가 새끼를 키우던 곳에는 "물골정비공사"라는 놋쇠로 만든 패가 암벽에 부착되어 있다. 그 내용을 보면 "1. 기간: 2007년 9월 10일~2007년 11월 20일. 2. 내용: 저수조보강 1식, 출입로 1식, 보호망 1식"이라고 적혀 있고, 암벽에 "최성곤", "김종만" 등의 이름이 한글로 석각되어 있다. "독도어민보호시설기념"이란 동판도 시멘트로 암벽에 부착되어 있다. 그 내용을 보면 "1. 시설물: 어민보호소(6평), 선치장

51 松浦直治 1934. 7. 5.

(7m), 급수소(1개소). 2. 총공사비(1,200,000원). 3. 공사기간: 착공(1966. 10. 5), 준공(1966. 11. 22). 이 시설물은 독도 근해에 출어하는 대한민국 어민의 안전보호와 독도 수산자원 개발을 위하여 시설함. 1966년 11월 22일 경상북도지사 김인"이라고 적혀 있다. '물골정비'와 '독도어민보호시설' 건설로 인하여 외부로부터 물골 안쪽, 즉 풍취정과 조취정이 있는 곳으로 드나들 수가 없게 되었다. 시멘트로 구축한 인공시설을 제거하면, 민물을 찾아오는 포유류들을 불러들일 수 있을 것이다.

한때 해양수산부 측에서 독도의 가지 복원사업의 실천 방안으로 캘리포니아 또는 호주로부터 그곳의 가지들을 들여와 정착하게 하는 방법을 제안한 적이 있었다. 그러한 방식들과 비교하면, 경비도 적게 들고 과정 자체를 용이하게 하는 방법인 "물골정비공사"로 만든 시멘트 구조물들을 철거하여 자연대로 원상복구시키는 것이다.

부록1 사료에서 발췌한 울릉도의 토속지명

울릉도 사적	울릉도 도형	수토기	해동지도	조선지도	대동여지도	검찰일기	울릉도 외도	울릉도 내도	울릉도 도형	정처사술회가	조선지지자료	조선지형도
1694	1711	1794	18세기 중엽	18세기 중엽	1861	1882	1882	1882	19세기 추정	1882년 추정	1910	1917
							나리동(일명 국동)	나리동		ᄂᆞ리골(나리)	나리동, 라리골ᄌᆡ(나리치)	나리동, 나리치
중봉	중봉	중봉	중봉	중봉	중봉	소황토구미(학포)			소황토구미	즁영(中嶺)	학포동	학포동
		황토구미진	백중봉			대황토구미(태하)	대황토구미		대황토구미	황토금(황토구미)	台霞동, ᄐᆞᄒᆞ동ᄌᆡ(태하천), 황토구미ᄌᆡ(태하치)	臺霞동,台霞천, 台霞치
삼봉	우산도	황토구미굴	우산도	우산		황토구미			황토굴	울능도		황토감령(坎嶺), 황토감
		통구미(桶丘尾)				통구미(桶邱尾)	통구미(桶邱尾)		통구미(桶龜尾)	통구미	통구미동, 통구미ᄌᆡ(通九味치)	통구미(通九味), 통구미치
		구미진(丘尾津)					웅통구미			웅통H)(웅통개)	웅통H)(웅통포)	
		향목정									향목동	향목동, 향목령
	석간주토굴처		주토굴	주토굴	주토굴		석간주혈				쥬사골(주사곡)	주사곡, 주사산, 주사천
			주토구미									
			천저구미						천저구미			

울릉도 사적	울릉도 도형	수토기	해동지도	조선지도	대동여 지도	검찰일기	울릉도 외도	울릉도 내도	울릉도 도형	정처사술회가	조선지지자료	조선지형도
			도장구미 (道莊仇尾)						도장구미 (都臟龜尾)			
		옹도가지도					가지굴					
			대쇄암									
		죽암				죽암				ᄣᅥᄂᆞ셤(대섬, 竹島)	ᄃᆡ방위(죽암)	죽암
		후포암							후죽암			
		공암	공암	공암	공암				공암	구무쑤러(공암)	구암(광암)	공암, 광암(光巖)
		추산				추봉	추봉	추봉	추봉		송곳산(추봉), 송곳산쑤(추산천)	추산, 추산천
				대풍소	대풍소	대풍포	대풍구미		대풍구미, 대풍소			대풍감
						흑작지						
						창우암	창우암					
						촉태암 (燭台암)	촉대암 (燭大암)					촉대암
						천년포	천년포					천년포
			선유대									
		저전동			저전동							내수전

		방패도										
		죽도				죽도	죽도					죽도(죽암)
		병풍석										
			사강포								사공넘이 (사강리)	
		장작지포				장작지포 (사동)	장작지					
						왜선창 (천부)	왜선창		왜선창구미		예선창(고船昌)	
						홍문가	홍문가	홍문가				홍문동
									장사구미			
						창암(?)	창암					
						소저포						중저동
						대저포						대저포
						저동	저포			모시기(저동)	모시지(저동), 모시개지(저동치)	저동, 저동치
						향목구미포	향목구미					
						선판구미	선창구미					
			대암				대암					
						도항						도항

울릉도 사적	울릉도 도형	수토기	해동지도	조선지도	대동여지도	검찰일기	울릉도 외도	울릉도 내도	울릉도 도형	정처사술회가	조선지지자료	조선지형도
						와달웅					와달리	
						도방청(도동:도방청포구)	도방청			도동	도동	도동
						죽포						
			대천	대천	대천							
						화암	화암	화봉				
						곡포 (남양)	곡포					남양동
						사태구미	사태구미		사태구미			사태감(坎)
						삼막동	산막동				산막골(산막곡)	
						현작지	흑작지					
						현포	현포도항		현포구미	현표(현포)	감은작지 (현포동)	현포동, 현포
							산봉 (蒜봉)					
							노고암					
							장군암	장군봉		중군디(장군대)		
										귀암(龜巖)	龜암동,굴방위지(龜암치)	귀암(龜巖), 귀암치
							문암					
							형제암					

							주암					
							풍암					
							굴암					
			쌍포암									
										천부동		
						나리동중봉						
						성인봉		성인봉				성인봉
								도덕봉				
								활인봉				
								축갈봉				
								신선봉				
								항봉				
								충봉				
								고봉				
								태봉				
								기린봉		귀인봉		
								옥녀봉				
									대우도			
									소우도			
									평탁구미			
									용암			

울릉도 사적	울릉도 도형	수토기	해동지도	조선지도	대동여 지도	검찰일기	울릉도 외도	울릉도 내도	울릉도 도형	정처사술회가	조선지지자료	조선지형도
			우각암									
										아록ᄉᆞ,알록ᄉᆞ, 알옥ᄉᆞ(와록사사동)	아록사ᄌᆡ (사동치)	
										남양동		
										쥰마봉(준마봉)		
										화ᄀᆡ봉(화개봉)		
										문필봉		
										노적봉		
										동ᄌᆞ석(동자석)		
										노인석		노인치
										가두머리 (가두봉)		가두치
										우복동	우복동(옥천동), 우복동걸(우복동계)	옥천동, 우복동계
										호연봉(未詳)		
										ᄌᆞ쒸을(未詳)		
											골ᄀᆡ(남양동)	
											정돌포(석포동)	석포동
											남셔골물 (남서계)	남서동, 남서계

											석문동, 석문골물(석문동계)	석문동, 석문동계
											말바위(마암),말방위지(마암치)	마암, 마암치
											밧두루봉(외주치)	외주치
											안두루봉(내주치)	내주치
											알봉(알치)	알봉
											둑겁산(?산)	?산
											간영지(간영치)	간령치, 간령
											사동	사동, 사동치
											장흥동	장흥동
											천부동	천부동
											평리동	평리
											신흥동	신흥동
			황암골									남면
												북면
												서면
												주도(북정암)
												신리
												관모봉(현 갈미봉)

울릉도 사적	울릉도 도형	수토기	해동지도	조선지도	대동여지도	검찰일기	울릉도 외도	울릉도 내도	울릉도 도형	정처사술회가	조선지지자료	조선지형도
												초봉
												미륵봉
												?
												주치(현 한글 지명 두리봉)
												가사산
												나팔등
												수층동
												산억동
												창동
												행남
												석치
												서달령
												관음도
												일본입도(一本立島)(현 딴방우)
												삼본입
												대등(현 큰등때)
												복호포
												용천

2장

학포 민속지

폐촌화

그림46 학포의 어느 폐가에서

울릉군이 역점사업으로 학포의 관광지화를 채택하면서 학포는 인위적 '개발사업'에 의해 큰 변화를 경험하게 되었다. 관광지화에 따른 학포의 급격한 변화가 예상되었고, 변화 이전 모습에 관한 기록이 요청되었다. 도시화와 산업화로 인해 전국적으로 농촌 지역의 인구 감소와 고령화가 이루어지고 있고, 과소화過疏化를 넘어서 폐촌화가 두드러지고 있다. 특정 지역을 단지화하는 관광지화가 이러한 과소화와 폐촌화에 어떻게 대응할 것인가 하는 문제가 있다.

학포의 경우, 지방정부 주도의 관광지화에 따른 폐촌화의 경향은 외면하기 어렵다는 생각이 든다. 이에 학포 민속지를 정리하는 것은 장래에 닥칠 폐촌화라는 사회적 현상을 가늠해보는 전초 작업일 수 있다. 고고학의 발굴이라는 단계로 넘어가기 전의 폐촌화에 관한 인류학적 연구가 앞으로 대두될 과제들 중의 하나라고 생각한다. 폐촌 직전과 폐촌이 진행되는 과정, 그리고 폐촌으로 일단락된 상황에 대한 인류학적 연구는 미시적으로 거시적으로 인류문화 전개 과정에 대한 설명에 일조를 할 수 있을 것으로 기대된다. 여기서 제기하는 학포 민속지가 '폐촌화 연구의 인류학적 의미'에 하나의 작은 촉발제 역할이 될 것을 기대해본다. 이름하여 폐촌화 민속지의 시발점인 셈이다.

여기서 말하는 폐촌화는 사람이 집단적으로 거주하던 촌락이 인구감소의 과정으로 인하여 폐허로 변하는 과정을 말한다.

이 과정이 그렇게 간단하지만은 않다는 점에 유의하고자 한다. "학포 민속지"라고 이름한 이 장은 필자가 만들었던 울릉군 발주의 용역 보고서 「울릉도 개척사 테마관광지 조성사업 사회민속조사 학술연구용역 결과보고서: 학포를 중심으로 한 태하동의 사회인류학적 연구」(2009.9.15.)를 전면 수정보완한 것이다.

울릉도의 학포

인구

2008년 7월 현재 울릉군의 인구 현황은, 전체 인구수는 1만 383명이고 이 중 남자가 5,379명, 여자가 5,004명이다. 따라서 성비지수는 107.49이다. 본 연구의 중점 대상 지역인 태하출장소 관내의 인구 현황은 다음과 같다. 전체 인구는 547명이고 이 가운데 남자는 287명, 여자는 260명이다. 울릉도 사회 역시 고령화가

표8 학포마을의 노령 인구

	남	여	계
65세 이상	867	1,096	1,963
85세 이상	36	82	118
울릉도 전체 인구	5,379	5,004	10,383

진행되고 있는데, 노인 인구의 현황을 살펴보자. 노인의 기준인 65세 이상의 인구는 전체 인구의 18.9퍼센트이고, 이 중에서 초고령에 해당되는 85세 이상의 인구 비율, 다시 말해 장수율은 6.0퍼센트이다.

태하리의 인구 변동 상황을 점검하기 위해 1979년도 자료를 검토하였다. 1979년 현재 태하리 전체의 가구당 평균 인원수는 4.65명으로 나타났다. 2009년 7월 23일 현재 행정 문서에 등록된 태하리의 인구는 다음과 같다.[52] 태하1리에는 242세대에 486명(남 260명, 여 226명)이 거주하고, 태하2리(학포가 여기에 해당함)에는 39세대에 73명(남 40명, 여 33명)이 거주하여 태하리 전체에 281세대 559명(남 300명, 여 259명)이 거주한다. 즉 태하리 전체의 가구당 평균 인원은 2.0명이다. 지난 30년 동안 가구당 평균 인원수가 4.65명에서 2.0명으로 급감한 것이다.

이러한 행정 문서의 통계자료는 실제 거주 인구를 제대로 반영하고 있지 않은 점이 있다. 적지 않은 주민이 주민등록상 거주지는 태하리에 두고 실제로는 도동이나 저동에 살고 있으며, 이보다 더 많은 사람들이 육지로 나가서 살고 있음이 실사를 통하여 확인되었다. 따라서 실제 거주 인구는 행정 통계 자료에 나타난 숫자보다 적다는 사실을 알 수 있다. 학포에는 10여 년 전만

52 2019년 4월 기준 서면태하출장소 관할의 인구는 493명, 310세대이다.

표9 자연촌락별 직업별 가구 및 인구 현황(1979년도)

		계		농업		어업		상업		기타	
		가구	인구	가구	인구	가구	인구	가구	인구	가구	인구
태하1리	연변	191	867	10	52	127	593	34	159	31	63
	중리	44	211	38	192	-	-	-	-	6	19
	서달	36	155	35	152	-	-	-	-	1	3
	향목	9	41	5	33	-	-	-	-	4	8
태하2리	학포	52	269	31	170	10	56	3	16	8	27
	삼막	13	61	13	61	-	-	-	-	-	-
소계		345	1604	132	660	137	649	37	175	50	120

(한상복, 이기욱 1981: 276에서 발췌)

해도 40여 가구가 거주하였으나, 2005년도에는 네 가구가 거주하고 있었다. 최근에는 외지에서 들어온 세대수가 약간 늘어난 상태이다.

2008년도 울릉도 통계연보 중 "읍면리별 세대 및 인구"에 따르면 학포(태하2리)에는 36세대가 거주하고 있다. 남자는 37명, 여자는 33명으로 총 70명이 등록되어 있다.[53] 그러나 실제로 거주하는 세대는 이보다 훨씬 적은 20가구 정도이다. 학포는 울릉도 내에서도 비교적 풍요로운 마을로 알려져 있었으나, 울릉도 인

53 울릉도 통계연보 2008.

구 유출 현상과 더불어, 가구 수가 점점 줄어들어 현재는 매우 작은 마을이 되어버렸다. 집과 땅을 팔지는 않고 육지로 나가 살면서 가끔 명이나물, 산채나물을 재배할 때만 임시 거주하는 가구들도 있다. 적지 않은 수의 토박이(인근 지역에서 태어났거나, 학포로 이주한 지 30년이 넘는 사람들)들이 육지로 이주하였으며, 얼마 남지 않은 토박이들도 곧 집과 땅을 매각할 생각을 하고 있다.

울릉도의 경작지를 이르는 단위는 마지기이며 한 마지기는 150평이다. 울릉도에서 농토가 가장 많은 곳은 태하인데 논이 200마지기 정도 있었다. 지금은 적지 않은 면적이 공장 부지나 주택지로 전환되었고 경작을 포기한 상태로 묵히고 있는 땅도 있다.

전설로 남은 폐촌

학포마을 또는 학포리는 경상북도 울릉군 서면 태하2리를 가리킨다. 태하터널에서 산막터널 사이의 공간에 학포가 자리 잡고 있다. 울릉도 일주도로 위와 아래로 가옥이 있으며, 바닷가 주택이 밀집된 구역은 '연변'이라고 불린다. 학포는 양쪽 바위 절벽이 마을을 보호하고 있는 형상이고, 연변 앞 해변에는 까맣고 동글동글한 자갈들이 밀려왔다 밀려가는 파도에 장단을 맞춰 "고로로로로로" 하는 소리를 낸다.

학포마을 사람들의 생활 터전은 이 연변 앞바다와 산비탈을

그림47 시기별로 본 태하의 모습. 태하의 논(위, 토리이 류조가 찍은 사진), 식민지 시기 사진 엽서(가운데, “울릉도 서면 태하동 전경”), 현재 태하의 모습(아래)

그림48 학포마을 전경

타고 일구어 놓은 밭이라고 할 수 있다. 학포의 경관을 구성하는 주요한 지역들에 얽힌 전설과 설화들은 학포 사람들이 자연환경에 적응하며 살아온 과정을 보여준다.

- 비파산과 학포: 울릉군을 우산국이라고 이해할 때, 가장 훌륭한 왕으로 우해라는 왕이 있었다. 용맹이 뛰어나서 대마도(일본)까지 가서 대마도주의 항복을 받고, 그의 셋째 딸을 데리고 와 왕후로 삼았다. 왕후가 우산국으로 올 때 학을 한 마리 가지고 왔다. 왕후의 이름은 풍미녀였는데, 왕후가 되고부터는 사치가 너무 심해서 결국 우산국을 멸망케 하였다. 풍미녀는 우산국의 국력을 기울게 해놓고, 별님이라는 공주를 남기고 죽었다. 우해왕은 사랑하던 왕후가 죽자 슬퍼서 뒷산에 병풍을 치고 백일 제사를 지냈다. 대마도에서 데리고 온 열두 시녀로 하여금 매일 비파를 뜯게 하였다. 왕후가 평소 사랑하던 학도 그 병풍 앞에 갖다 두었다. 백 일이 되던 날 학은 한 소리 높이 슬프게 울며 지금의 학포 쪽으로 날아갔다. 그곳을 '학포'라고 하며, 병풍을 쳐 비파를 뜯던 곳을 '비파산'이라고 한다.[54]
- 학포와 학의 머리: 학포의 마을 이름은 마을 뒷산이 학처럼 생겼기 때문에 붙여진 이름이다. 그런데 이 학의 머리 부분에 해당

54 울릉군지편찬위원회, 『울릉군지』(울릉군청, 2007), 803~804쪽.

하는 뒷산이 무너졌기 때문에 이 마을에는 부자가 나지 않는다고 한다. 광복 후 국회의원 선거가 한창일 때, 이 마을의 유권자 표를 전부 몰아 한 사람에게 던질 터이니 학 머리를 다시 쌓아 재생시킬 수 없겠느냐는 흥정을 했던 웃지 못할 이야기도 있다.[55]

- 황토구미: 삼척의 어느 사또가 관기를 데리고 선유놀이를 나갔다가 급작스러운 돌풍을 만나 울릉도에 표착하게 되었다. 그 당시 이 섬에는 사람이 살고 있지 않았다. 준비된 식량이 있을 리 만무한 이곳에서 모두가 굶주림에 허덕이게 되었다. 이리저리 먹을 것을 구하려 헤매었으나, 먹을 것이라곤 아무것도 없었다. 모두가 허기에 지쳐 있었는데, 그중 한 사람이 황토를 발견하고 궁한 나머지 "이 흙이라도" 하고는 입에 조금 넣어 씹어보았더니 그대로 먹을 만했다. 그래서 이 흙을 먹고 모두가 연명을 했는데, 먹어본 그 맛이 모두가 다르다고 했다. 이후 이곳을 가리켜 '황토구미'라고 불렀다고 한다.[56]
- 대풍령: 태하에는 현재 유인 등대가 있다. 이 등대 아래에 '대풍령'이라는 고개가 있다. 이 고개 밑에는 시퍼런 바다가 출렁이고 있다. 이곳에는 옛날부터 배가 많이 드나들었는데, 배를 매어두기 위해 이곳에 구멍을 뚫어 배를 매었고, 돛단배이기 때문에 바람을 기다린다고 해서 '대풍령'이라고 불렀다. 이 고개에는 작은

55 울릉군지편찬위원회, 『울릉군지』(울릉군청, 2007), 804쪽.

56 울릉군지편찬위원회, 『울릉군지』(울릉군청, 2007), 804쪽.

그림49 황토구미의 황토층

구멍뿐만이 아니고 큰 굴이 있었는데, 이 굴이 옛날에는 육지와 연결되어 있었고, 이 굴을 이용하여 도둑들이 이곳의 보물을 많이 훔쳐 갔다. 그래서 보다 못한 어떤 도인이 술을 써서 이 굴을 막아버렸다고 한다.[57]

- 미륵산(태하 서달령 뒷산): 초봉산 근처에 미륵산이 있다. 미륵산 근처에 살고 있던 한 늙은이가 어느 날 밭을 매고 있었다. 그 날따라 구름이 많이 껴서 한 발 앞도 잘 보이지 않았다. 노인은 어쩐지 무시무시한 생각이 들었다. 어디선지 "꿍짜자작 꿍짜자작" 하는 풍악 소리가 들렸다. 노인이 이상하다고 생각하며 머리를 들어보니, 큰 황소와 같으면서 황소보다 몇 배나 크고 황소를 닮았으나 황소는 아닌, 발이 가마솥 뚜껑만 한 짐승이 바로 앞에 서 있었다. 노인은 '걸음아 날 살려라' 하며 호미를 버리고 집으로 뛰어 내려갔다. 내려가면서 이 노인은 중얼거렸다. "미륵님네 미륵님네. 제발 조금 살려주소 / 가련하온 인생 목숨 미륵님이 돌보시면 / 오늘 이날 무사하리 비나이다 미륵님네 / 비나이다 미륵님네." 그때부터 노인은 병이 나서 며칠을 앓아누웠다가 겨우 일어나서 그 밭에 올라가보니 짐승은 보이지 않고 밭고랑에 호미만 있더라는 것이다. 노인은 '미륵님'에게 빌었기 때문에 무사했다고 하여 이 산을 '미륵산'이라 부르게 되었다.[58]

---

57 울릉군지편찬위원회, 『울릉군지』(울릉군청, 2007), 804쪽.

58 『울릉문화』, 울릉문화원, 2002.

• 남근 봉우리와 처녀봉: 옛날에 아무도 살지 않는 사태구미 골짜기에 한 농부가 아내는 일찍 죽고 어린 딸과 함께 고기도 잡고 농사를 지으면서 살았다. 딸은 크면서 효녀라는 칭찬을 받을 만큼 아버지를 극진히 봉양하였다. 세월이 흘러 딸은 시집갈 나이가 되었으나 이웃도 없을뿐더러 총각도 없었다. 주야로 신세타령만 하다가 어느 날 꿈에 문득 동쪽 해 뜨는 쪽을 무심코 쳐다보니 미묘한 산봉우리가 몸에 안겨서 한없이 울었다. 그 후로 딸은 비몽사몽 열상 끝에 자기 몸에 이상이 발생하기 시작하므로 할 수 없이 아버지에게 말씀드렸더니, 아버지는 어디 가서 못된 짓을 했느냐고 노발대발하면서 결국 딸을 내쫓고 말았다. 딸은 무거운 몸을 안고 뒷산 봉우리에 올라가 전에 꿈에 보았던 동쪽 봉우리로 올라간 후 선녀가 되어서 하늘로 올라갔다. 이것이 처녀봉이다.[59]

울릉도의 설화 수집이 가장 풍부한 논문은 유종목에 의해서 1975년 8월 19일부터 26일 사이에 실시되었던 학술조사의 결과이다. 당시 유종목은 동제와 해신제에 관해서 간략한 보고를 포함하여 22편의 설화를 수집하였다(유종목 1976: 112-128). 당시 부산학생산악연명釜山學生山岳聯盟이 주관한 하계울릉도학술조사

59 『울릉문화』, 울릉문화원, 2002.

계획夏季鬱陵島學術調査計劃의 일환이었다. 이 부분에 관한 후일의 분석이 기다려진다.

현재 태하리의 상수도원은 '와사비'의 찬물이다. 일제시대에 일본 사람들이 이곳의 찬물을 이용하여 와사비山葵, 고추냉이를 재배한 데서 유래한 지명인 듯하다. 새마을 사업을 하면서 '와사비' 위로 길을 낼 때 고분 2기를 헐어서 나온 돌을 이용하였다. 서달령마을 진입로의 석축공사를 하면서 고분을 헐었다. 당시 약 40cm 길이의 석불이 발견되었고, 그 석불은 복장 시설을 포함하고 있었다(1981년 당시 공사에 참가하였던 오삼술 석공의 증언. 김기백 씨 담). 그 석불은 현재 행방불명 상태이다.

이렇듯 태하리를 중심으로 한 학포 일대의 지형에는 지난 역사가 각인된 지명들이 주민들의 생활공간을 둘러싸고 있다. 인간의 생활공간은 역사와 전설, 이야기와 더불어 유전되고 있는 것이다. 폐촌이 되어가는 시간과 공간 속에 저장되는 사람들의 이야기가 유산으로 남는다.

전설과 풍경

학포라는 이름은 대마도에서 우산국으로 시집온 풍미녀가 데려온 학이 주인의 죽음과 함께 바위(마을 해안에 있음)가 되었다는 전설에서 유래한다.[60] 지금은 잊힌 울릉도와 대마도 사이에서 전개되었던 삶의 끈들에 대해서 관심을 갖는 것이 폐촌화에 대응하는 미래지향의 삶을 구성할 수도 있다. 실제로 울릉도 사람들은 이 마을을 태하2리라는 행정구역명 대신 '학포'라고 부른다. 자연스럽게 '태하'는 온전히 태하1리 지역만을 가리키게 되었다.

태하를 중심으로 한 울릉도의 역사를 보여주는 자료들은 크게 두 가지다. 하나는 족보나 호적과 같은 문서이고, 다른 하나는 개별 인터뷰를 통해서 얻을 수 있는 구술 자료이다. 울릉도의 구술 자료에 관해서는 이미 박성용 교수가 상당한 양의 자료를 보고한 바 있다(박성용 2008: 99-103). 그 자료에 등장하는 주인공들 중의 한 분인 박해수 씨를 태하에서 만났다. 그가 건조한 배 네 척은 부산의 남항에서 운항되었다고 한다. 그가 학포리 어촌계장을 할 때, '미역방구'를 팔아서 자금을 모아 마을의 배를 만들려고 했다. 미역바위의 미역에만 의존하여 생존하는 몇 사람들이 "공산주의냐? 박해수는 빨×이 아니냐?" 하고 몰아붙이며 항의하는 바람에, 주민들은 이미 내린 결정을 파기했다. 그래서 박해수 씨는 홀로 배 사업을 시작했다.

일본인들이 울릉도에서 잡히는 오징어를 다 수입해 가던 시절도 있었다. 독도 근해의 오징어가 가장 좋은 오징어다. 일본인들은 명태는 알만 빼서 가져갔고, 나머지는 조선인들에게 팔기 위

---

60 울릉군지편찬위원회, 『울릉군지』(울릉군청, 2007), 804쪽.

그림50 울릉도 해안 곳곳에 산재한 대간첩작전용 초소

해서 제수용 북어를 만들기도 했다. 오징어의 종류는 갑오징어, 한치, 먹통(먹물 많이 쏘는 종류. 통통한 모양새로 몸 가운데 뼈가 들어 있음), 낙지(엄청나게 큰 오징어다. 보통 낙지라고 하는 것은 문어류임) 등이다. 쭈꾸미는 문어과의 일종으로 오징어가 아니라고 했다.

'반공민속'이라는 장르를 탄생시킬 수도 있을 법한 박해수 씨의 경험담에 관심이 간다. 이곳 해안가의 절경에 건설되어 있는 대공용 군경 막사들도 주민 생활과 깊게 연관되어 있다. 정부가 홍보한 반공주의가 주민 생활에 깊이 있게 뿌리박고 있는 현장에 대한 실제 자료의 수집이 아쉽기도 하다. 정부 주도의 반공사상이 강하게 각인되어 있는 건물들과 이야기들이 만속지의 내용으로 외면될 이유가 없다. 그러한 과정이 삶의 내용으로 담기는 것은 지극히 당연하며, 대공 관련 사건들의 트라우마가 삶에 각인되는 과정과 그 결과가 궁극적인 폐촌화에 어떻게 영향을 미치는지에 대한 인류학자의 시선이 기다려진다. 완전히 폐촌이 되어버린 와달리의 현장은 장래 민속학적 발굴에 의하여 1960년대 울릉도 주민들의 살림살이와 폐촌화 사례를 증언하게 될 것이다.

마을 풍경

일주도로를 따라가다 수층터널과 삼막터널을 지나 태하령을 넘기 전 '학포'정류장에 내리면, 굴다리 쪽으로 포장된 내리막길이 보인다. 버스정류장 부근 삼막으로 가는 언덕배기에 있는 몇몇 가구들과 이 내리막길을 내려가는 길에 보이는 가구들, 그리고 바닷가 주변의 가구들에 거주하는 주민들이 태하2리인 학포마을의 구성원들이다. 내리막길이 끝나는 곳에 있는 바닷가 주변 마을이 연변이고, 연변 위로는 특별한 명칭 없이 '위'로 불리지만 여기서는 편의상 '윗마을'이라고 칭한다. 꼬불꼬불한 산비탈에 올망졸망 흩어진 가옥들의 전경이다. 산들이 병풍처럼 둘러싸고 있는 '아랫마을' 연변 앞에는 작은 어선들 서너 척과 함께 검은 자갈 해변이 펼쳐져 있다. 학포 해변에서 나오는 주요 어획물은 벵에돔, 전복, 따개비, 홍합, 소라, 미역, 김 등이며, 가끔 꼴뚜기나 게를 잡기도 한다.

윗마을의 가옥들은 산줄기를 따라 솟은 언덕에 있어서 주변으로는 가파른 산지를 개간한 밭들이 있다. 주요 농작물은 미역취, 더덕, 고비, 섬쑥부쟁이, 옥수수, 감자 등이다. 연변이 바다와, 윗마을이 밭과 가깝다고 해서 오늘날 이들의 생업이 어업과 농업으로 확연히 구분되는 것은 아니다. 나물 농사가 한창인 봄부터 초여름까지는 연변 사람들이 품삯을 받고 밭일을 도와주러

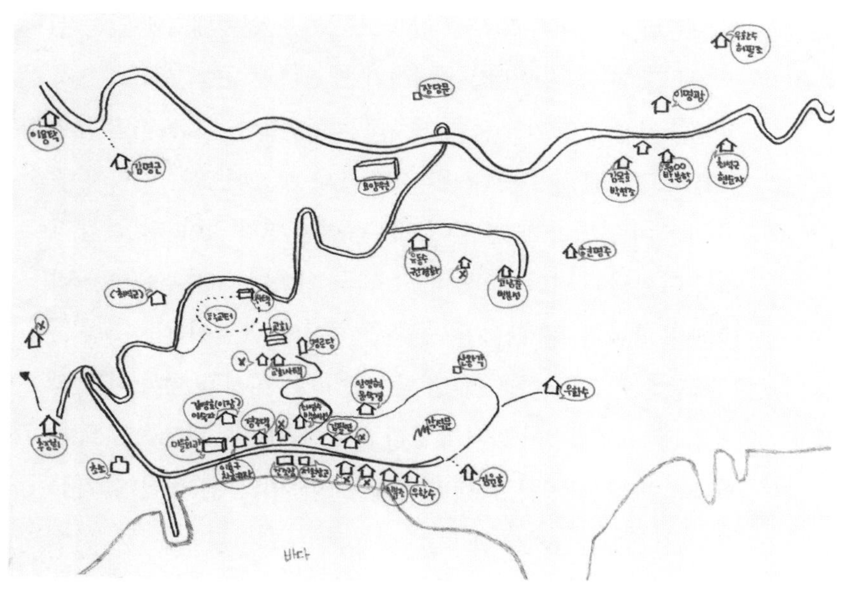

그림51 학포마을 가구 분포도

가거나 자기 밭을 경작한다. 윗마을 사람들 중에는 어선을 소유하고 농업과 어업을 병행하는 이들도 있다. 따라서 이들을 윗마을과 연변(아랫마을)으로 구분하는 기준은 생업이 아닌 지리적 위치와 풍경이며, 여기에는 구이주민과 신이주민의 정서 문제도 작용한다.

윗마을 이야기

일주도로 주변의 가옥들에서 유동수 씨 댁까지가 연변 사람들이 말하는 '저 위에 사는 사람들'의 범주다. 유동수 씨의 가옥과 연변 사이에 일반적인 의미의 가정집은 없다. 산꼭대기 부근에 있는 윗마을은 식수 조달이 원활한 편이지만 연변은 그렇지 못하다. 학포 북쪽의 산지에서 발원하여 태하항까지 흘러드는 태하천 덕분에 태하에서는 비교적 물이 풍부하지만, 상수도를 사용해 물을 끌어오는 학포 위쪽에 살면 물을 선점할 수 있다. 윗마을의 일부 가구에서는 상수도가 생기기 전처럼 북쪽 산지의 계곡물을 끌어다 쓰기도 했다. 여름에도 늘 차가운 발원지의 물 덕분에 냉장고가 없던 시절에도 윗마을 주민들은 시원한 물을 마실 수 있었다. 물이 부족한 울릉도에서 계곡에서 내려오는 '윗물'과 상수도에서 나오는 '아랫물'을 모두 쓸 수 있으면, 농사나 가축 사육에도 유리하다. 뿐만 아니라 위에서 아래로 흐르는 물의 특성상 윗마을은 생활하수나 오수를 아랫마을로 내려보낼 수도 있다.

학포는 저동이나 사동과 같은 어촌 마을이 아니었지만, 주민들이 학포에 정착하던 60년대 중후반에서 70년대 초반에는 어업이 흥했다. 학포에서 태어나고 자란 추정희 씨의 친정은 농사를 지었지만 비슷한 시기 학포로 이주, 정착한 가정은 대부분 고기잡이를 주업으로 삼았다. 학포의 토질에서 자라는 나무는 '터발라져서' 배를 만들 수 없었는데, 이때부터 통구미 등지에서 떼배를 만들어서 학포의 고기잡이에 이용하기 시작했고, 작은 어선으로 근해에서 오징어잡이를 하기도 했다. 이 당시부터 학포에 거주하고 있는 '구이주민'들도 어업을 주업으로 삼는 경우가 많았다. 사동에서 고남준 씨에게 시집온 변분선 씨 댁과, 도동 출신으로 포항 태생의 남편 유동수 씨와 학포에 정착한 권경화 씨 댁은 모두 학포 근처에서 오징어를 잡았다. 김목호 씨는 아예 먼 바다로 나가는 오징어잡이 배를 몰았다.

여자들은 나물 농사를 짓거나 소를 키우는 동시에 미역을 채취하고 겨울에는 바위에 붙은 돌김을 채취하기도 했다. 이들 중에 지금도 고기잡이를 주업으로 삼는 이는 없다. 어종과 개체 수가 감소했기 때문에 가까운 바다에서는 오징어를 잡기 어렵게 되었고, 쌀을 사려면 오징어를 몇 축이나 지불해야 할 만큼 오징어의 도매가가 낮아 어업만으로는 생활이 어렵게 되었다. 연변에 살던 권경화 씨 댁은 70년대 후반에 윗마을로 이사하여, 산

너머의 밭을 사서 감자, 옥수수, 더덕, 천궁, 시호 농사를 지었다. 변분선 씨 댁 역시 어업에서 손을 떼고 감자, 옥수수, 미역취 농사를 시작하였다. 현재는 3,000평에 달하는 밭을 일구고 있다. 나리동에서 이주해 온 남편 이용철 씨와 연변에서 살던 추정희 씨도 미역취와 섬쑥부쟁이 농사의 규모가 커짐에 따라 삼막 쪽에 집을 사서 농사에 전념하기 시작했다. 이용철 씨의 형인 이용탁 씨 역시 연변에서 윗마을로 이사해 섬쑥부쟁이와 취나물 농사에 주력했으며, 김목호 씨는 배 사업을 정리하고 천궁, 더덕, 미역취를 부인 박연조 씨와 함께 재배하기 시작했다.

오늘날 윗마을의 농사는 울릉군의 지원으로 훨씬 수월해졌지만, 예전 같은 활기는 찾아보기 힘들다. 군청에서 모노레일 설치 비용을 대부분 지원해준 덕분에 경사진 밭을 오르내리거나 농작물을 운반하기는 쉬워졌지만, 젊은 사람이 없는 학포에서 60, 70대 노인이 혼자 밭을 경작하기란 여간 어려운 일이 아니다. 유동수 씨는 농사일이 고되어서 몇 년째 밭을 그대로 묵혔더니, 지금은 풀이 무성하게 자라 들어가지도 못할 지경이 됐다. 유동수 씨 댁은 집 뒤편의 작은 텃밭에서 반찬거리로 사용할 고추, 상추 등을 재배하는 상태다. 고남준·변분선 씨는 농사를 짓고 싶어 하는 육지 사람에게 집과 밭을 팔고, 포항에 마련해놓은 집으로 이사할 예정이다. 김목호 씨 댁은 파킨슨병으로 거동이 불편한 김목호 씨를 대신해 부인 박연조 씨가 혼자 농사일을 도

그림52 현포의 떼배

그림53 벼랑길을 아슬아슬하게 다니는 산골의 경운기

맡아 하고 있으며, 추정희 씨는 남편 사후 마련한 연변 근처의 거처에 머물며 밭의 규모를 점차 줄여나갈 생각이다. 삼막에 사는 김종길 씨 역시 가옥과 밭을 이미 팔았고, 육지로 나갈 날만을 기다리고 있다. 현재 윗마을에서 활발하게 농사를 짓는 집은 만물상전망대를 운영하는 현순자 씨 댁과 신이주민인 우화수 씨 댁 정도다. 폐촌 직전의 풍경으로 치닫는 마을의 모습이다.

예전처럼 파도가 거세지 않은 여름날 떼배를 타고 찬거리로 쓸 따개비 등을 잡는 모습 역시 찾아보기 힘들다. 남자들은 어촌계의 공동 노동에 참여할 뿐이다. 여성들은 겨울철에 김을 채집하는 일, 혹은 도로 청소와 같은 공공근로를 하기도 한다. 강도 높은 노동은 거의 찾아보기 힘든데, 자식들도 장성했고 경제적으로도 크게 어렵지 않기 때문에 부업이나 하는 상황이다. 여가 시간에는 나이가 비슷한 이웃이 사는 집으로 자주 마실을 다닌다. 이들의 정서적 유대는 가까운 데 거주한다는 점과 학포 지역의 구이주자로서 공감대가 형성된 데서 비롯된 것으로 보인다. 유동수 씨와 함께 공공근로를 하는 이용탁 씨, 근처에 사는 고남준 씨 댁이 자주 교류하며, 김목호 씨 옆집에 사는 윤석현 씨도 김목호 씨 댁에 자주 들르는 편이다. 현순자 씨를 포함해 김종길 씨 내외, 유동수 씨 내외, 변분선 씨 내외는 기독교 신자이기 때문에 매주 교회에서도 얼굴을 마주한다.

노인들만 살던 윗마을에 청장년 인구가 들어오면 여러 가지 변화가 나타날 것이다. 유동수 씨의 셋째 아들인 유영민 씨는 현재 구암에 거주하는데 울릉도의 농산품을 판매하는 인터넷 쇼핑몰을 운영하고 있으며, 유동수 씨의 가옥 위쪽에 30평의 2층 집과 10평의 냉동 창고를 지을 예정이다. 이곳은 '울릉 태하리 임오명 각석문'에서 직선거리로 320미터 떨어진 지점으로, 300미터 지점까지가 도 지정 문화재 보호구역이기 때문에 건축허가를 받는 데 시간이 오래 걸렸다. 각석문에 지질학적 영향이 없다는 조사 결과가 나온 후에야, 유영민 씨는 1층짜리 농산물 포장 공장과 농민 지원 대상인 규격 냉동 창고가 포함된 펜션 형태의 가옥에 대해 건축허가를 받을 수 있었다. 가옥이 완공되면 유영민 씨가 아버지 유동수 씨 소유의 밭이며 냉동 창고를 어떻게 이용할지에 관심이 쏠린다. 현재 농협에서 전매하는 미역취 가격의 등락이 마을에 적지 않은 변화를 초래할 것으로 생각한다.

아랫마을 이야기

가파른 내리막길이 끝나는 지점에 해경 경비초소 건물이 있고 해변이 펼쳐진다. 이 해변을 따라 가옥들이 죽 늘어서 있는데 이곳을 '연변'이라고 한다. 연변을 둘러싸고 있는 산줄기의 경사면이 가팔라서 폭우나 폭설이 내릴 때 이곳 사람들은 긴장할 수밖에 없다. 내리막길을 타고 폭포처럼 쏟아지는 물은 불어난 바닷물로 인해 더욱 거세진 파도와 함께 앞뒤의 양쪽에서 연변을 덮친다. 태풍 '나비'가 왔을 때 대피한 이야기는 종종 회자된다. 울릉도 특유의 강한 바람도 이곳 연변에서는 유난히 더 거센 듯하다.

물을 끌어다 쓰는 발원지와 멀리 떨어진 까닭에 연변 사람들은 제당골이라고 부르는 산왕각 주변의 계곡으로 태하 물의 일부를 끌어와 사용한다. 그래서 물은 언제나 귀할 수밖에 없고, 비라도 오게 되면 수도에서는 흙탕물이 나오기 일쑤다. 단수도 잦아서 여름에는 소방차가 물을 싣고 와 주민들에게 나누어주기도 한다. 연변의 일부 가정에는 단수에 대비해 비상용 물을 담아놓는 물통이 있다. 이곳의 물 사정을 모르는 손님이 찾아와서 물의 양이 모자랄까 걱정이 될 때는, 수도를 잠그고 물통에 받아놓은 물만 사용하게 하는 일도 있다.

오징어잡이가 흥하던 시절 저동에서 오징어 배를 타던 사람들이 이주해 왔기 때문에, 학포 연변은 100가구가 넘게 살 정도로 북적였던 적이 있었다. 배를 가진 사람들은 해안 가까운 곳에서 오징어를 잡을 수 있었고, 자연산 전복이나 미역 같은 수산자원도 풍부했기 때문에, 가진 것 없는 사람들이 먹고살기에는 그렇게 어렵지 않았다. 그러나 어족의 개체 수가 줄어들고, 어업을 통해 큰 소득을 올릴 수 없을뿐더러 자동조상기의 도입으로 조업 인원이 크게 줄면서 대부분의 어업 인구는 일자리를 찾아 다른 마을이나 육지로 떠나갔다. 일부는 밭을 사서 지금의 윗마을로 올라갔다. 연변 인구 중 나리 출신의 이용구 씨와 사동 출신의 차혜자 씨 부부, 최용수 씨 부부, 이분조 씨를 제외한 대부분의 거주자가 최근 10년 사이 외지에서 전입해 왔다. 이들 중 고정 거주자는 평양 태생으로 중국 선양과 서울에 거주한 적이 있는 우화수 씨, 마을 이장직을 맡고 있는 김영호 씨, 전원주택에서 살고 있는 김윤호 씨 정도이다. 다른 가구는 봄에 나물 수확이 한창일 때만 들어오는가 하면, 도동이나 육지에 집을 두고 여기 있는 집은 별장으로 사용하기 때문에, 대부분 한동안 육지에 나가 있는 상태다.

연변의 유일한 구이주민인 이용구·차혜자 씨 댁은 윗마을 쪽 고개에 밭을 빌려 미역취, 섬쑥부쟁이, 고비, 오이 등의 작물을 경작하고, 차혜자 씨는 한때 수퍼마켓을 운영하기도 했다. 밭은 넓지 않아서 일손이 부족한 다른 가구에 품을 팔러 갈 여유도 있다. 마을회장을 맡고 있는 이용구 씨는 종종 떼배를 띄워 미역이나 따개비 등의 찬거리를 채취해 주변 사람들에게 나누어준다. 우화수 씨는 8~9년 전 울릉도에 들어와 산왕각 앞쪽 터에 집을 지었다. 지금은 산에서 야생 명이를 채취하면서, 자신의 집과 연변의 가옥 한 채, 도동의 가옥 한 채를 민박집으로 운영하고 있다. 식재료는 주로 자신의 작은 텃밭과 바다낚시로 얻는다. 태하2리 이장 김영호 씨는 부업으로 택시 운행을 하고 있다. 주로 도동에 나가 손님을 태우다가 저녁에 학포로 돌아온다. 이분조 씨는 할아버지가 돌아가신 후 혼자 살다가 뇌경색으로 포항의

병원에 입원해 있다. 이 마을에서 가장 오래 거주한 최용수 씨는 농사와 어업을 모두 정리하고 일주도로 주변의 땅 4,000여 평을 활용해 펜션 사업을 할 계획이다.

우화수 씨, 김영호 씨, 김윤호 씨, 김명근 씨 같은 신이주자들은 대개 새로 지은 현대식 주택에 거주하며 농업이나 어업을 주업으로 삼고 있지 않다. 상주하지 않는 가구가 절반이 넘기 때문에 윗마을과 달리 유대가 돈독하지 않고, 이웃끼리 친밀하게 교류하지도 않는다. 마을 일에 적극적이며 윗마을의 구이주자들과 친분을 유지하고 있는 가구는 윗마을 부근에 밭이 있는 이용구·차혜자 씨 댁 정도이다. 이용구 씨는 바다가 지척에 있어 직책은 없지만 어촌계 일에 적극 나서는 편이기 때문에, 어장과 비교적 먼 거리에 있는 윗마을의 어촌계 회원들에게 호감을 사고 있다.

학포의 어촌계에서는 주로 전복 종자를 사다가 어촌계가 관리하는 해안의 구역 내에 뿌려놓고 겨울에 채취한다. 전복이 자랄 동안 관광객이나 외지인들이 어장에 들어가지 못하게 감시하는 일을 어장이 내려다보이는 곳에 집이 있는 차혜자 씨가 종종 해왔다. 어촌계가 관리하는 바다에서 전복을 채취해 가는 신이주민을 고발한 것도 이들이었다. 이 일은 당사자의 사과로 일단락되었지만, 주로 윗마을에 거주하는 어촌계의 구이주민들 사이에서 그 신이주민에 대한 평판은 좋지 않게 되었다. 원래 이

지역에서 전복을 채취한 이들은 어촌계에 일정 금액을 지불하는 것이 관례다. 얼마 전 연변 앞 어장에서 전복을 잡은 관광객들 역시 노인회 회장에게 10만 원을 용돈조로 지불한 경우도 있었다.

어촌계는 관광객이 많아지는 휴가철부터 전복이 어느 정도 자라는 늦가을까지 어촌계 배를 띄워 돌아가면서 어장을 감시하기로 결정했다. 여기에 참여한 이들에게는 어촌계의 자금에서 일당 5만 원이 지급된다. 전복 채취는 어촌계 배에서 바닥까지 내려가는 그물을 던져놓고 다음 날 건져 올리는 식으로 행해진다. 전복을 판매한 대금은 다음해에 전복 종자를 구입할 7,000여만 원과 어촌계 운용 자금 일부를 제외하고는 공동 조업에 참여한 회원들에게 공평하게 분배된다. 젊은 일손이 부족한 탓에 다른 동네에 경매로 팔아넘긴 봄철 미역채취권에 대한 대금도 마찬가지로 관리된다.

어촌계 구성원 다수가 윗마을의 구이주민이라는 점을 고려했을 때, 어업을 연변의 주요 생업으로 보기는 어렵다. 어촌계 일을 제외하면 어업이라고 해봐야 어촌계가 관리하는 어장에서 개인적으로 채취한 꼴뚜기, 방어, 홍합, 따개비, 소라 등의 해산물을 이웃들과 나누어 먹는 정도가 고작이다. 학포의 배들은 태풍 '매미'가 왔을 때 대부분 파손됐기 때문에, 한치 철이 되면 타지의 고깃배들이 학포 앞바다에서 조업을 하기도 한다. 해변은 연변 사람들의 생활공간임에는 틀림없다. 찬거리로 쓸 고기를 잡고, 겨울에 부업으로 부녀자들이 김을 채취할 뿐 아니라 집에서 나온 생활 쓰레기를 태우거나, 폭우가 쏟아진 후에 떠밀려 온 상자나 바가지 같은 물건들을 주울 수 있는 곳이기도 하다. 일부지만 수세식 화장실이 없는 가구는 관광객들을 위해 해변에 설치한 공용화장실을 이용하기도 한다.

신이주민인 우화수 씨는 1944년생이다. 평양 출신으로 서울에서 오랫동안 사업을 한 사람이다. IMF 사태가 일어난 뒤 사업을 접었고, 이혼한 후 울릉도로 들어왔다. 그는 12년째 울릉도에 거주 중이다. 학포에 농가를 한 채 구입하여 수리해서 팔고, 현재는 다른 농가를 구입해서 수리하여 자신이 거주하고 있다. 집은 학포의 산왕각 건너편에 있다. 민박도 운영하고, 도동의 우체국 앞에 가게를 하나 마련하여 이곳에서 만난 여인에게 맡겨서 운영하고 있다.

그의 하루 일과를 따라가보았다. 토요일 낮 시간에 세 시간 정도 도동항 옆의 낚시터에 가서 100마리가 넘는 자리돔과 벵에돔을 낚았다. 이웃 사람들에게 나누어주기도 하고, 지나가는 행인이 관심을 가지니 한 마리에 500원씩 팔겠다며 흥정을 한다. 도동항의 생선 가게에서 한 마리에 1,000원씩에 파는 것과 대조하면 절반 가격이다. 우 씨의 생선은 팔리지 않았고, 이웃이 몇 마리 가져갔는데, 나머지는 젓갈을 담글 예정이다. 겨울에는 고등어 낚시가 잘된다. 따라서 겨울 동안에는 고등어회가 울릉도의 별미다.

우 씨는 외지인이 울릉도에서 살기가 쉬운 일이 아니라고 했다. 가게를 기웃거리며 지나가는 사람과 인사를 하는 정도로 교유하고 있다. 울릉도에도 이북오도민회가 조직되어 있다. 한국전쟁이 한창일 때 울릉도는 전쟁의 영향을 거의 받지 않았으나, 휴전 회담이 진행되는 동안에 군부대의 일부가 활동하고 있었다. 이북 출신으로만 구성된 부대로서 함경도 쪽에서 모종의 공작을 수행할 예정이었는데, 파견 한 달 전에 휴전이 성립되었다. 부대는 해체되었고, 부대원들의 일부는 울릉도에 잔류하게 되었다. 이 중에 북파 공작에 참가한 후 지게꾼 노릇을 하며 정보원으로 활동하도록 훈련받은 노인 한 분이 몇 년 전 85세로 사망하였다. 그 노인으로부터 이상의 얘기를 들었다고 한다.

중간 지대 이야기

유동수 씨의 가옥에서 연변까지 300~400미터에 이르는 내리막길 주변에는 엄밀한 의미의 가정집은 찾아볼 수 없다. 조금 아래쪽에 요양병원 공사장 인부들의 숙소로 쓰이고 있는 집 한 채, 지금은 폐허가 된 옛 학교 터와 창고, 교회와 사택 그리고 연변 인근의 오른편 언덕을 한참 오르면 나타나는 추정희 씨의 새집이 있을 뿐이다. 섬 전체가 하나의 화산으로 이루어져 평지가 귀한 울릉도에서, 그것도 경사가 유달리 가파른 학포에서, 연변과 윗마을의 중간 지대에 위치한 학교와 교회는 예로부터 주민회관 역할을 해왔다. 추정희 씨는 자신의 결혼식을 학포초등학교 운동장에서 했다고 회상한다. 웨딩드레스를 입고 결혼하는 자신을 보려고 학포 주민들 대부분이 운동장에 모였다. 별다른 오락거리가 없는 학포에서 바닷가와 더불어 학교 운동장은 아이들의 가장 좋은 놀이터였다. 지금은 잡초가 무성한 공터로 남아 있다.

학교 터 옆에 자리 잡은 '학포침례교회'는 본래 마을의 어부들에게 판매할 술을 만드는 양조장이었다. 50여 년 전 선교사가 양조장 두 칸을 매입하여 교회로 개축하였다. 교회 사택 역시 일제시대에 지어진 가옥을 매입한 것이다. 100명에 달하는 마을의 아이들과 노인들은 춤과 노래를 가르쳐주는 교회를 방문했다. 당시 교회 신도들의 헌금은 교회와 사택의 매입 대금을 갚아나갈 수 있을 만큼 충분했다. 교회는 중간 지대이자 놀이 공간으로서 마을 사람들이 활발하게 상호작용하는 장의 역할도 하였다. 어업의 불황으로 인구가 대거 빠져나간 후에도 학포의 구이 주민들은 꾸준히 교회를 다녔다. 처음에는 재미삼아 다니던 주민들도 시간이 지나면서 신앙심이 독실해진 경우도 있다. 그들은 목사의 설교만으로도 부지런히 출석한다. 교회는 바쁜 와중에 서로 얼굴도 못 마주쳤던 주민들, 특히 윗마을 사람들과 아랫마을 사람들이 마주하고 이야기를 나눌 수 있는 시간과 공간을

그림54 기독교 교회

제공했다. 지금은 영양의 신평교회로 이전한 목사가 이러한 연결고리 역할을 했던 것 같다.

교회 오른편에 있는 인부들의 숙소 건물은 학포마을 입구에 들어설 요양병원 건립 담당자 한 명과 요양병원 파견 직원 두 명, 그리고 일용직 기술자들이 숙소로 이용하고 있다. 민박을 운영하려고 현순자 씨 부부가 건물을 지었지만, 자금 문제로 인하여 외벽은 회색 콘크리트가 그대로 보이는 미완의 상태에 머물러 있다. 연변으로 내려가는 길목 초입의 오른쪽으로 뻗어 있는 오르막길을 따라 언덕으로 올라가면, 추정희 씨의 새집이 나온다. 8년 전쯤 지은 이 현대식 가옥을 추정희 씨는 얼마 전 남편이 사망한 후 매입했다. 남편과 생활하던 삼막 부근의 옛집에 가면 아직도 정서적으로 힘들다고 호소한다. 새집은 연변이 내려다보이는 언덕에 있는데, 이 집으로 올라가는 사람의 모습은 연변에서 보인다는 뜻이다. 추정희 씨는 남편 사후에 가끔 시동생 이용구 씨를 불러서 수도를 고치는 일을 부탁한다. 손수 하기 어려운 집안일의 도움을 요청하는 것이다.

생업

학포 주민의 주요 농업 활동은 나물 재배로 보인다. 주로 미역취,

삼나물, 섬쑥부쟁이, 고비와 같은 산채 농사를 하며, 옥수수와 감자를 소규모로 재배한다. 몇 년 전에 대부분 주민이 했던 천궁과 시호 등의 약초류와 마늘 농사는 지력 소모로 인하여 대부분 그만두었다. 어업을 주 생업으로 삼는 사람은 한 명도 없으나 어촌계를 통해 수산자원을 공동 채취함으로써 수입을 올리고 있다. 일부 가구는 농업과 같은 1차산업에 종사하지 않고, 민박과 택시 운전 등 서비스업에 종사하고 있다.

지금은 어업을 하는 사람이 없지만, 과거에 학포의 토박이들은 '오징어잡이'가 가장 중요한 생계수단이었다. 주민들은 짧게는 20년 길게는 40년 동안 오징어잡이를 했다. 울릉도의 1929년에서 1986년의 연도별 인구와 오징어 생산 현황을 살펴보면, 오징어잡이를 중심으로 한 어업에 종사하고 있는 인구가 1976년까지 지속적으로 증가했고, 특히 1970년대에는 농업에서 어업으로 업종을 바꾸는 경향이 현저했다. 1976년에는 전체 인구의 49퍼센트가 어업 인구였다. 그러나 이후 어업 인구는 계속 감소하였다.[61] 학포 역시 울릉도의 전반적인 경향과 비슷한 상황을 겪었으리라고 생각된다.

어업에 종사하는 인구가 증가하고 감소하는 현상의 원인은 다양하다. 한 가지 원인으로는 오징어잡이와 관련된 어업 기술

---

61 최영동 · 조현미, 「도서 관광지로서의 울릉도의 현황과 개발 방향」, 96쪽.

의 변화를 들 수 있다. 손낚시를 하다가 손물레를 이용하게 되고, 무동력선이 동력선으로 대체되면서 승선 선원이 늘고 어장이 확장되어 생산량이 증가하게 되었다. 그러나 어업 기술의 발달이 반드시 생산량 증가를 담보하는 것은 아니다. 이는 사회적 변화를 초래하는데, 총유와 사유를 고려한 서남해안 어업 기술에 대한 연구[62]에서는 "어업 기술의 발달에 따른 어선의 동력화와 어구의 과학화는 어장을 배타, 독점적 지배 관계가 성립할 수 없는 원양과 심해로 확장시킴으로써 어업 공동체의 존립 기반을 흔들어놓았을 뿐만 아니라 대형화되고 과학화된 어업 생산 수단의 장비, 그 자체의 준비에 많은 자본을 투자하게 되었다"고 지적하였다. 이를 통해 원양어업과 근해어업의 분화가 촉진되었고, 공동체의 관계가 바뀌는가 하면 경우에 따라 공동체 해체에 이르는 결과를 낳기도 했다.

1980년대 들어 정부가 주도한 어선 대형화와 조상기 같은 기계의 도입으로 인하여 1990년대 어민의 삶이 변화하기 시작한다. 어업 기술의 과학화와 대형화는 어가에 경제적 부담을 지우고, 유가의 상승은 이를 가중시켰다. 또한 손물레 대신 조상기를 사용하게 됨에 따라 오징어잡이 배에 승선하는 선원의 수요가 줄어드는 노동시장의 변화도 나타났다. 이러한 과정들이 폐

62 박광순 1981: 187

촌화에 어느 정도 영향을 미쳤는지에 대한 구체적 연구들이 아쉽다.

산업구조의 변화와 더불어 1990년대 울릉도에서는 약초 재배가 다시 유행하였다. 학포 사람들은 사업상 위험부담이 크고 신체 안전의 위협을 받으며 기계(조상기, 배)에 계속 재투자해야 하는 오징어 어업을 포기하고 특용작물, 즉 약초 재배에서 활로를 찾았다. 오징어잡이를 했던 어민들이 연로해지고 자녀들은 배를 타기를 원하지 않는 점도 일부 영향을 미쳤다. 결국 한때 호황을 누린 학포의 오징어잡이는 이제 자취를 감추었다.

김목호, 고남준, 현명주 씨의 사례를 바탕으로 학포 사람들의 생업 양상을 살펴보면, 1940년대부터 1970년대까지는 주로 오징어잡이를 하였고, 1970년대부터 1980년까지 10년 남짓한 기간에는 약초인 천궁 재배를 하는 가구가 급증했으며, 1990년대부터는 산 나물을 중심으로 한 나물 농사를 하는 사람이 많아지는 변화를 경험하였다.

바다에서

오징어잡이

현재 학포마을에 거주하고 있는 최고령자인 김목호 씨, 노인회장인 현명주 씨, 학포마을에서 농사를 가장 크게 짓고 있지만 이주를 계획하고 있는 고남준 씨의 증언을 토대로 오징어잡이의 변화를 살펴본다.

김목호 씨는 오징어잡이를 돔부낚시, 물레낚시, 로라낚시의 시기로 나누며, 고남준 씨는 사도낚시, 물레낚시, 기계낚시의 시기로 나눈다. 사도낚시와 돔부낚시는 사람이 손으로 직접 낚싯줄을 내리고 올린다, 인공적인 빛(등)을 사용하지 않는다, 배에 선원이 세 명 승선한다는 점 등이 서로 유사하다. 김목호 씨는 돔부라는 낚싯바늘을, 고남준 씨는 사기에 철사를 연결하여 낚싯줄을 연결하는 방식을 구체적으로 묘사한다.

먼저 오징어잡이에 대한 정보를 제공한 세 핵심 제보자를 개괄적으로 소개한다. 첫째로 김목호 씨는 1926년생(2009년 현재 나이 84세)으로 고향은 경북 군위인데, 3세에 울릉도로 이주하여 살다가 12세에 군위로 돌아갔다. 18세에는 일본으로 징용을 갔다가 21세에 귀국했고, 이후 울릉도에서 살아왔다. 박연조 씨와 결혼하여 슬하에 자식을 다섯 명 두었으며, 그중 두 명은 울릉도에서 오징어잡이를 하고 있다. 그가 오징어잡이를 한 기간은 어림잡아 40년이다. 김목호 씨는 오징어잡이의 변화를 크게 세 시기로 구분한다. 제1기는 맨손으로 낚싯줄을 내렸다 올리면서 오징어를 낚던 '돔부낚시' 시기이고, 제2기는 나무로 만든 물레에 줄을 감아 손으로 물레를 풀고 감아 오징어를 낚던 '물레

그림55 저동의 오징어 건조덕장

낚시' 시기이며, 제3기는 현재 많이 사용하는 조상기인 '로라'(롤러, 기계낚시)가 등장한 80년대 말 이후의 시기이다. '로라낚시'라고 이름할 만하다.

현명주 씨는 1937년생(2009년 현재 73세)으로 강원도 정선 출신이다. 울릉도에는 1972년(36세)에 들어왔다. 경제적인 어려움을 겪던 시기에 울릉도 오징어잡이가 호황이라는 소식을 듣고 들어왔다. 부인과 아들과 딸이 함께 들어왔지만 아들과 딸은 장성하여 육지로 나갔고, 현재는 부인과 함께 학포에 거주하고 있다. 그는 울릉도에서 오징어잡이를 23년간 하였다. 처음에는 남의 사랑방에 얹혀살면서 물레꾼을 했다. 물레꾼은 얹혀사는 집의 땔나무를 해주는 대신 자신이 잡은 오징어를 그 집에서 건조했다. 예전에는 같은 마을에 거주하는 고남준 씨가 선주로 있는 배를 타기도 했다. 그가 오징어잡이를 시작했을 당시에는 70년대로 물레낚시의 시기였다. 나이가 많이 들었기 때문에, 물레를 다루는 작업이 육체적으로 힘이 들어서 오징어잡이를 그만두었다.

고남준 씨는 1936년생(2009년 현재 74세)으로 울릉도 남양에서 태어났다. 이후 도동으로 이사하여 살다가 약 50년 전에 학포로 이사했다(영천 출신인 고남준 씨의 조부가 울릉도에 입도하였고, 아버지는 울릉도에서 태어나 목수 일과 오징어잡이를 했음). 고남준 씨는 오징어잡이를 아버지로부터 배워 19세(1954년)에 처음 배를 탔고, 45세에 오징어잡이를 그만두고 농사를 짓기 시작했다. 천궁 농사를 지어 돈을 벌었고, 천궁 농사를 그만둔 이후에는 지금까지 산채 농사를 하고 있다.

돔부낚시(1950년대 이전~1970년대)

손을 오므린 모양의 철제 도구를 줄에 연결하여 한 손에 한 줄씩, 한 사람당 두 줄로 오징어를 낚는 방식이다. 언제부터 시작되었는지는 알 수 없지만, 김목호 씨가 처음 낚시를 시작했을 때(대략 1950년경)에 흔히 통용되던 낚시 방법으로 보인다. 당시 오징어잡이는 음력 5월 20일 정도에 시작하여 12월 중순까지 이어졌다. 보통 오징어잡이는 해 질 때 시작하여 익일 해가 뜰 때 끝났다. 배는 돛대선을 이용하였다. 돛대선의 길이는 5발(한 발은 성인 한 명이 양팔을 벌린 경우 양손 사이의 거리를 말함)로 세 명의 선원이 승선한다. 직접 나무(삼나무)를 베어서 제재소로 가져가 송판을 만들어 돛배를 짓는데, 그 기술은 일본 사람으로부터 배웠다.

돛대선은 바람을 타고 이동해야 하기 때문에 먼 바다로 나갈 수는 없다. 당시에는 가까운 바다에도 오징어가 많았기 때문에 멀리 나갈 필요가 없었다. 선원 세 명은 각자 한 손에 한 줄씩 낚싯줄을 잡고 양손으로 줄을 내렸다 올렸다 하면서 낚시를 한다. 강철로 만든 돔부에 줄(경심)을 달아서 1미터씩 내리는데, 오징어가 없으면 25미터까지도 내린다. 줄을 내렸다 올렸다 하다 보면 손에 피도 많이 났다. 한 번 나가면 60두름(1,200마리) 정도 잡는데, 1,000마리를 못 잡으면 본전이 되지 않았다. 오징어를 모으기 위해 특별히 등燈을 사용하지는 않았다. 줄을 내렸다 올렸다 하면 물이 푸르게 빛나는데, 이것을 본 오징어가 낚시를 문다. 오징어가 많은 곳을 찾는 요령이 있다. 바닷물은 흐름이 있어서 오징어가 많았던 구역이 있으면, 다음 날에는 일정 거리만큼 물이 흘러간 구역에 오징어가 모여 있다. 그래서 어림짐작으로 자리를 찾아서 오징어를 잡는데, 오징어가 많고 적은 것은 그날의 운에 달렸다.

그때는 오징어를 잡아서 건조까지 한 후에 팔았는데 한 두름(20마리)에 50~70원씩 받았다. 요즘에는 2만 5,000원에서 3만 5,000원 정도 한다. 오징어를 잡는 구역이 따로 정해져 있지 않아서 먼저 자리를 잡은 사람이 낚시를 할 수 있었다. 배 위에서 조리는 하지 않고 집에서 도시락을 싸 가지고 가서 먹었다. 오징어잡이는 남자만 하였는데, 근력이 많이 필요한 오징어잡이에 여성 노동력은 적합하지 않기 때문이다. 그러나 잡아 온 오징어의 손질은 주로 여성이 한다. 많이 잡으면 동네 사람들과 모여서 하기도 한다. 손질을 하는 사람은 일당을 받는다. 오징어의 질을 판별하는 기준이 있는데, 귀와 발이 상하지 않고 발의 빨판이 떨어지지 않은 오징어가 좋다. 또한 건조 상태에서 빛깔이 붉지 않고, 분이 부옇게 일어나지 않은 것이 좋다.

사도낚시(1950년대 이전~1970년대)

사기 조각 양 끝에 낚싯줄을 달아서 두 줄 낚시를 하는 방식이다. 닻을 내려놓고 낚싯줄을 흔들면 줄이 왔다 갔다 하면서 바닷물 속에서 움직이는 사기 조각이 반짝반짝 빛난다. 이런 행동을 물쓰리기라고 한다. 오징어를 낚싯바늘에서 빼내려면 손으로 훑어서 던지면 된다. 밤새 2,000마리 정도 잡았다. 달이 밝은 날에는 적게 잡힌다. 배는 나무판자로 만든 돛단배이고 세 명이 탄다. 노를 저어서 가다가 바람을 타고 돌아온다. 사도낚시는 없어진 지 40년 되었다. 오징어를 손질한 후, 나무 기둥을 세우고 나뭇가지를 엮어 만든 '덕장'에 올려놓고 말린다.

물레낚시(1970년대 초~1980년대 말)

나무 물레에 100미터 정도 되는 줄(경심)을 감고, 바늘을 서른 개 정도 달아놓은 낚싯줄을 풀었다 감았다 하면서 오징어를 잡는다. 이때부터 오징어 무리를 모으기 위하여 백열등을 이용한 낚시가 시작되었다. 물레는 전부 사람이 돌려야 해서 인력이 많이 필요했기 때문에 배 한 척에 사람이 열대여섯 명씩 탔고, 선원이 모자라서 육지에서 사람을 많이 데려왔다. 오징어잡이를 많이 할 때는 학포에도 오징어잡이 배만 일곱 척이 있었다. 당시에는 바다에 오징어가 많았기 때문에 바늘 서른 개에 모두 오징어가 달려 올라오는 일도 많았다. 저녁 7시에 나가서 날이 샐 때 돌아오며 1년 중 5월부터 12월까지가 한철이다. 초창기에는 돛단 배를 사용하였다.

1970년대 초는 울릉도 오징어잡이의 최대 호황기로 보인다. 학포마을 주민이자 핵심 제보자인 현명주 씨 역시 1970년대 초 울릉도에 입도하였는데, 울릉도에서 오징어낚시가 잘된다는 말을 들었다고 한다. 1981년 5월 4일 자 경향신문은 이 같은 현상을 10년이 지난 시점에서 서술하고 있다.

> 동해의 외딴섬 울릉도 저동항구의 중심가 땅값이 한 평에 200만원까지 호가, 서울 등 대도시 땅값을 무색케 하고 있다. 하늘 높은 줄 모르고 땅값이 치솟기만 하는 현주소는 경북 울릉도 울릉읍 도동3동 저동항 상가 지대. 60년대 이전만 해도 자연 포구로 초라하기만 했던 저동항 땅값이 이같이 치솟은 것은 70년 초 울릉도 및 독도 근해와 대화퇴어장에서의 오징어잡이 호황으로 외지에서 수많은 어부들이 몰려들면서부터.[63]

김목호 씨와 고남준 씨 역시 많은 선원들이 울릉도 및 학포로 유입되었다고 증언한다. 오징어가 풍부했고, 오징어잡이 배도 많았다고 한다. 1983년에 일본에서 조상기를 들여와 사용하였으

63 《경향신문》 1981년 5월 4일 자.

나 성능이 좋지 못하여 손물레를 더 많이 사용하였다. 일본제 조상기는 그물의 줄이 엉키고 오징어가 튕기기도 하여 사용하는 데 불편이 많았다.[64]

로라낚시 또는 기계낚시(1990년대 초~현재)

손낚시가 기계낚시로 변하기 시작한 때는 1985년 즈음이고, 1990년대에는 대부분 기계를 사용하게 되었다. 자동화된 조상기를 사용함으로써 어획고가 증가[65]했지만, 두세 명만 일해도 충분하기 때문에 이전에 비해 선원 수요는 줄었다. 또한 대형 선박과 기계를 구비하는 데 드는 투자비용이 적지 않았기 때문에, 이미 노인이 된 학포의 토박이들은 오징어잡이를 그만두게 된다. 김목호 씨의 아들은 저동에서 오징어잡이를 하고 있다. 기름값은 비싼데 근해에서는 오징어가 안 잡혀 멀리 나가야 하기 때문에 벌이가 시원치 않다. 오징어잡이가 기계낚시로 변모하는 시기와 오징어잡이를 하는 사람이 사라진 시기는 학포에서는 어느 정도 일치하는 것으로 보인다. 김목호, 고남준, 현명주 씨는 이때 오징어잡이를 그만두었다. 김목호 씨와 고남준 씨는 천궁이라는 환금작물을 재배하기 시작했으며, 이때 마을에 천궁 농사를 짓는 이가 많이 늘었다.

---

64 박성용, 『독도·울릉도 사람들의 생활공간과 사회조직 연구』(경인문화사, 2008), 148~149쪽.

65 박성용, 『독도·울릉도 사람들의 생활공간과 사회조직 연구』(경인문화사, 2008), 149쪽.

돌김 채취

울릉도의 돌김은 육지에서 인기가 있기 때문에, 좋은 값에 팔 수 있어서 주요 생계수단이다. 돌김은 겨울에 채취하는데, 이 작업은 12월에 시작하여 다음해 초봄까지 지속된다. 날씨가 추워지면 파도가 김을 바닷가 바위까지 밀어 올려놓기 때문에, 손에 목장갑을 끼고 깔개(함석으로 만든 동그란 긁개)와 초배기(대나무로 만든 작은 바구니)를 가지고 가서 돌김을 채취한다. 어촌계가 생긴 이후부터 어촌계 구역의 바위에서만 채취할 수 있다. 10월에서 3월까지의 기간 내에 돈을 내고 바위를 빌려서 해당 바위에 붙는 돌김만 채취할 수 있다. 돌김 채취에 남녀노소 할 것 없이 모두 가담한다. 채취한 돌김은 집으로 가져와서 대나무로 만든 발에 물을 축이고 붙여서 말린다. 김 말리기는 추운 날에는 사나흘씩 걸리고 날이 좋을 때에는 하루에도 끝난다. 건조된 김을 접어서 열 장씩 묶어 한 권을 만든다. 한 권은 1만 3,000원에서 1만 5,000원에 팔린다.

김의 질은 색을 보고 구별할 수 있는데, 붉은 김은 늦자란 김이기 때문에 맛이 좋지 않고, 검은색의 김이 어린 김이라서 맛이 좋다. 며칠간 계속 파도가 친 다음에 나가서 뜯은 김은 바위에 오랫동안 붙어 있던 것이기 때문에 맛이 좋지 않다. 요즈음 생산되는 김의 양은 옛날만큼 많지 않은데, 날씨가 따뜻해졌기 때문이라고 한다.

미역 채취

소만(5월 20일경)에 떼배를 타고 바다로 나가는데, 떼배 한 척당 한 명씩 탄다. 배 위에 자리를 잡고 낫으로 미역을 따서 올린다. 미역 채취 작업은 오징어잡이와 마찬가지로 남자들만 하는 일이다. 옛날에는 한 달 동안 채취했지만 어촌계가 생긴 이후로는 1년에 사흘, 공동 채취하여 공평하게 배분한다. 미역으로 직접 나눌 때도 있고, 미역을 판 수입을 나눌 때도 있다. 하루에 7~8짐 정도를 할 수 있다. 채취한 미역은 집으로 가져오지 않고 부둣가에서 대나무발에 올려놓고 말린다. 미역발은 김발보다 대가 더 조밀하고 얇다. 미역 손질을 할 때는 "대가리"(미역 '꽁다리'가 있는 부분을 말하며 미역의 새순과 뿌리로 이어지는 부분을 말함.)를 다듬어야 하며, 이 부분의 질이 좋지 않은 경우에는 떼어내 버린다. 미역을 열 장씩 묶어서 한 단을 만든다. 육지에서 온 상인에게 판매한다.

꽁치잡이

김목호 씨는 20대 초반부터 10년 정도 꽁치잡이를 하였다(1950년대부터 60년대까지로 추정). 꽁치는 음력 5월 중순부터 대체로 20여 일간 잡을 수 있다. 보리를 타작할 시점부터는 농사일이 바쁘기 때문에 꽁치잡이할 시간이 없어서 중단한다. 꽁치는 집에서 가족끼리 먹기 위해서 잡는다. 돛단배를 타고 나가는데 똑똑

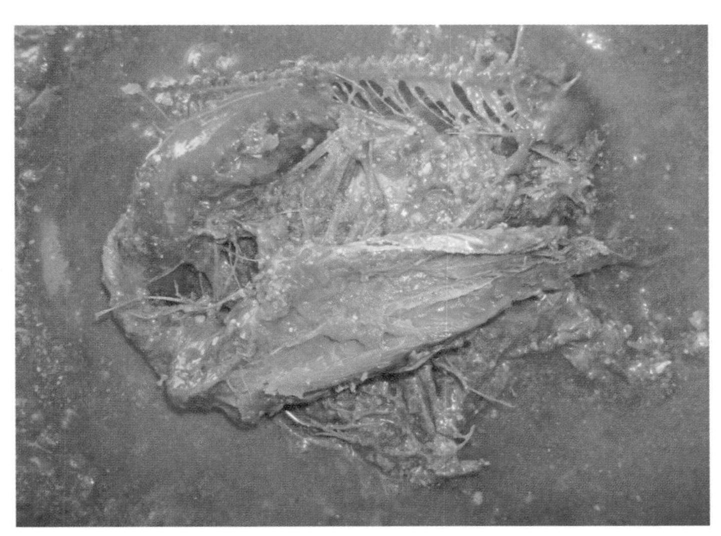

그림54 꽁치 식해食醢

자반('말'이라고도 함)을 미끼로 가져간다. 똑똑자반을 손에 넣어서 물에 담그고 있다가 손으로 들어오는 꽁치를 잡아 올린다. 울릉도에서는 꽁치가 매우 흔해서 울릉도 사람들에게는 팔기 힘들고, 육지에 판매하려면 보관을 잘해야 한다. 보관과정이 까다롭기 때문에 대부분 가족끼리 먹었다. 꽁치를 잡아 오면 가족끼리 둘러앉아 밤새도록 배를 따며 손질한다. 꽁치를 씻어서 내장을 뺀 후 발에 늘어놓고 말리는데, 벌레가 꽁치의 배 안에 생기지 않도록 하기 위해 재를 이용한다. 산에서 베어 온 풀을 태워 재를 만들어 말린 꽁치의 배 안에 넣어놓는다. 이렇게 보관하면 1년 내내 먹을 수 있다. 꽁치로 만드는 식해는 울릉도의 별미로 유명하다.

어촌계

어촌계는 울릉도 수산업협동조합의 하부 조직이다. 수협은 감사 두 명, 이사 다섯 명의 실무진과 자금 운영을 토의하는 열다섯 명의 총대總代로 구성되어 지역 어촌계와 연결되어 있다. 울릉읍의 도동, 신흥, 저동, 사동, 서면의 통구미, 남양, 태하, 북면의 현포, 학포, 천부, 죽암 등 모두 열한 곳에 어촌계가 조직되어 있다. 1997년 12월 31일 현재 총 조합원 수는 1,059명[66]이었다. 학포

66 조강회·조승연, 「독도, 울릉도민의 사회조직과 경제생활」, 290쪽.

의 어촌계는 20년 전에 조직되었으며, 현재 총 열아홉 명이 가입해 있다. 미역, 김, 해삼, 전복, 홍합을 수확한다. 현재 학포에는 어업으로 생계를 꾸리는 사람이 없기 때문에, 학포 어촌계는 태하1리의 선원을 고용하여 수산자원을 수확하며, 배는 어촌계의 재산이다. 수확할 때는 어촌계 사무장이 함께 승선하여 감시하게 되어 있다. 해변에서 바다 쪽으로 10미터까지의 구역이 어촌계의 관리 대상이다. 어촌계는 매년 전복 씨를 1,300만 원어치 뿌리며, 씨 뿌리는 작업은 계원이 직접 한다. 어촌계의 1년 수입은 1억 원 정도이며, 어촌계원 한 명당 100만 원 남짓 수익이 돌아간다.

관리 구역 내에서 전복과 소라의 불법 수확을 방지하기 위해 어촌계원들이 돌아가면서 보초를 서야 한다. 두 명씩 아침 9시부터 저녁 6시 30분까지 구암 앞바다까지 감시한다. 하루 임금은 경비 포함 5만 원이며 8월부터 10월까지 보초를 선다.

산비탈에서

천궁 농사

천궁 농사는 한때 학포는 물론이고 울릉도 전체에 크게 유행했다. 울릉도의 바람에는 염분이 많아서 천궁이 자라기 좋은 환경이라고 한다. 천궁은 적은 양도 비싼 값으로 팔려 학포 주민들에게 새로운 꿈을 안겨주는 작물이 되었지만, 지력을 빼앗는 특성이 있어서 오랫동안 지속되지는 못했다. 이 시절 농가에서 무분별하게 사용한 화학비료와 농약은 지력 감소를 촉진하는 데 한몫하였다. 당시 대부분의 재배 농민들은 화학비료와 농약이 어떤 부작용을 초래할지를 몰랐다. 화학비료와 농약의 사용에 따른 지력 감소라는 문제는 내재적, 외재적 요인을 두루 관련지어 보아야 한다.

지력 감소와 더불어 정부의 수출입 정책의 변화도 천궁 농사에 영향을 미쳤다. 신문 기사에서는 한약재에 대한 수입 규제를 완화하려는 움직임을 감지할 수 있다. 이리하여 천궁 가격이 하락하게 된다.

> 보사부는 29일 하반기 의약품 등의 수출입 요령을 일부 개정, 8개 한약재와 진해제 원료인 구아야클과 의약 및 화장품용 유기계면활성제를 수입 자동화키로 했다. [...] 이번에 수입 규제가 완화된 한약재는 오미자, 천궁, 맥문동, 후박, 익이익, 건강, 도인, 행인 등 8개 품목으로 이미 수입이 개방된 감초, 두충, 사양, 녹용, 녹각, 우황 등 6개 품목과 합치면 모두 14개 품목의 한약재가 수입 개방케 되는 것인데 보사부는 한약재의 가격 안정과 수급 원활을 위해 한약재에 대해서는 앞으로도 계속 수입 개방 품목을 늘려나가겠다고 밝혔다. 수입이 개방된 한약재에 대해서는 한국

> 의약품수출입협회의 추천을 거쳐 수입을 하게 된다.[67]

> 일반 대중의 한방의학에 대한 인식 제고 등에 의해 한약재의 수입액이 최근 들어 늘어나고 있다. 8일 관계 당국에 따르면 올 들어 8월 말 현재 한약재 수입 추천액은 1,382만 달러(약 100억 원)로 한 달 평균 172만 5,000달러어치를 들여옴으로써 지난 81년의 월평균 수입액 159만 달러를 초과하고 있다.[68]

지력 감소와 한약재 수입에 따른 가격 경쟁력 약화로 천궁 농사는 결국 자취를 감춘다. 천궁은 자식 대학 공부를 시킬 수 있게 한 효자 작물이었고, 그래서 고남준 씨는 천궁을 '금덩이'라고 표현했다.

김목호 씨는 본인 나이 50세 무렵, 약 30년 전(1970년대 말)에 시작해 10여 년 동안 천궁 농사를 지었다. 당시 수확한 천궁은 육지에 팔거나 일본이나 중국으로 수출하기도 했다. 천궁은 일본이나 중국으로부터 수입된 씨앗을 받아서 천궁재배 농가들의 공동작업으로 심었다. 천궁 재배는 협동이 많이 필요한 일이었기 때문에, 학포마을에 천궁 재배를 위한 농촌계가 구성되었다. 학포마을 사람들은 천궁 농사에 쓸 물을 구하기 위해 농촌계

67 《매일경제》 1978년 6월 29일 자.

68 《경향신문》 1982년 11월 8일 자.

(열두 명으로 조직)를 만들어서 땅을 74미터나 깊이 파고 들어갔다(현재 유동수 씨 집 위쪽에서). 1년 반에 걸쳐 공사를 했는데, 막상 용수 검사를 받아보니 철분이 많아서 식수로는 사용할 수 없었다. 농업용수로는 쓸 수 있었지만 사용중지가 되었고 관련 시설들은 철거되었는데, 주민들도 이유는 모른다고 하였다. 농촌계는 농사에 필요한 기계와 물품들도 공동 구매했다. 포항으로 가서 경운기 두 대와 양수기 두 대, 그리고 고무호스(지름 60밀리미터)를 구입했다. 천궁 재배에는 전동기도 필요한데, 대구에서 개별적으로 구매하였다.

천궁은 음력 10월 말, 즉 양력으로 12월쯤에 심어서 이듬해 양력 10월 중순에 수확한다. 밭을 1년 내내 사용하기 때문에 다른 작물은 재배하지 못한다. 비교적 넓고 평평한 밭은 소를 이용해서 갈고, 좁고 경사진 밭은 괭이질을 해서 정리한다. 울릉도 밭은 가파르게 경사져 있기 때문에 트랙터는 사용하지 못한다. 씨앗은 한 뼘 이상의 간격을 두고 심는다. 천궁은 비료와 농약을 많이 써야 하는 약초였다. 김목호 씨의 창고 곳곳에는 쓰다 남은 비료와 농약이 남아 있었다. 천궁은 수확 철에 갈고리로 캐내 약초의 머리를 떼어낸 후 자루에 넣어서 근당 700~1,000원에 팔았다.

천궁은 높은 수익을 올렸으나 초기에 필요한 기계를 구입하고 농업용수를 구하는 데 많은 돈이 들었다. 다른 사람들보다 규모 있게 효율적으로 재배했던 사람은 돈을 벌었지만, 소규모로 농사를 지은 사람은 별로 이득을 얻지 못했다. 김목호 씨는 이를 두고 "본전치기했다"라고 표현하였다. 천궁은 재배 기간이 1년이기 때문에 밭이 쉴 틈이 없었고, 화학비료 사용으로 땅이 죽을 수밖에 없었다. 작물은 비료와 농약을 쓰지 않으면 잘 안 된다는 김목호 씨의 말에서 주민들이 비료와 농약을 아주 많이 사용했음을 알 수 있다.

학포마을 창고에는 여전히 천궁 재배에 사용했던 기계와 농약 그리고 비료들이 고스란히 남아 있다. 다시는 쓸 일이 없을 것임을 알지만 선뜻 버릴 수도 없다. 한때나마 꿈에 부풀게 해주었던 물건이기 때문이다.

산채 농사

옛날에는 옥수수, 감자, 보리 같은 생계용 작물을 재배했지만 이제는 환금작물인 산채 위주로 농사를 짓고 있다. 울릉도는 일조량이 적고 습기가 많다. 겨울에는 눈이, 여름에는 비가 많이 내린다. 바람만 불지 않으면 기온이 영하로 내려가도 그렇게 춥지 않은 곳이다. 토심이 얕아서 작물 재배에 그리 좋은 편은 아니지만 습기가 많기 때문에 산채 재배에 비교적 적합한 환경이다. 산채 농사는 3월에 비료를 주며 농약은 쓰지 않는다. 왜냐하면 수확 후에 삶아서 판매하는데, 부분적으로 벌레 먹은 산채도 판매에는 지장이 없기 때문이다. 산채는 농협이나 일반 상인에게 판매한다. 삼나물은 모종으로 이종하며 한 번 수확하는데 기계로 삶고 말려서 판다. 섬쑥부쟁이는 11월에 파종하여 3~4월에 수확한다.

미역취

울릉도에서 가장 많이 재배하는 산채는 다비성 작물인 미역취다. 미역취는 1월경에 심어서 5월경에 이종하지만 당해에는 수확하지 못하고 이듬해에 수확한다. 4~5월에 한 번 수확하고 7월경에 또 한 번 수확한다. 11월에도 수확할 수는 있지만 이때 나물은 맛이 없기 때문에 재배하지 않는다. 김목호 씨는 천궁 재배를 종료한 후 미역취를 많이 재배했지만, 미역취 역시 지력을 뺏는 특성이 있어 10년 남짓 하고 그만두었다. 미역취 재배는 수확량을 늘리기 위해 화학비료를 과다 사용하고 지속되는 연작으로 토양이 손상되었음을 시사한다. 화학비료와 연작은 토양병해를 낳기 때문에 현재 울릉도에서도 미역취는 뿌리썩음병과 황병 문제를 낳고 있다. 참고비, 섬쑥부쟁이, 삼나물은 같은 땅에서 재배되고 있지만 병이 많이 생기지는 않는다. 미역취는 산에서 미역취의 눈을 따 와서 심는데, 밭에서 난 취나물의 눈은 못 쓴다. 종자를 채종하는 시기는 11월 초이다.

미역취는 수확한 다음 삶고 말려서 판매한다. 과거에는 가마솥으로 나물을 삶았지만, 1990년대에 정부 지원을 통해 나물 삶는 기계와 비비는 기계가 보급되었다. 이 시기에 경사진 울릉도 밭의 곳곳을 편하게 다닐 수 있는 모노레일도 정부 지원으로 설치되었다. 나물 삶는 기계와 비비는 기계는 울릉도 사람이 연구해 만든 것이다. 비비는 기계가 없을 때는 나물을 직접 문질러서 부드럽게 만들어야 했기 때문에 손이 많이 필요했다. 기계로 나물을 다 삶는 데 3분밖에 걸리지 않는다. 기름으로 물을 데우기 때문에 예전에 나무로 데울 때보다 한결 쉽다. 기계 도입 전에는 가마솥으로 나물을 200킬로그램 정도 삶았지만, 기계로는 2,000킬로그램 정도 삶을 수 있어서 생산성이 열 배가량 향상되었다. 나물 삶는 기계는 아궁이처럼 설치하는데, 커다란 철제 거름망이 기름을 사용해 물을 데울 수 있도록 고안된 아궁이에 설치되어 있다. 끓는 물에 나물을 삶은 후 지렛대로 용기를 들어 올려 꺼낼 수 있다. 이 작업 과정에서 적지 않은 사람들이 화상을 입기도 하였다. 위험하기 때문에 남성이 기계를 운용하고 여성은 나물을 비비는 일을 한다.

명이

울릉도 특산물인 명이는 값이 비싸고 산에서 나는 나물이기 때문에 개인 소유권이 없어서 채취 경쟁이 심하다. 과도한 채취로 인해 명이는 멸종 위기에 있다. 정부에서는 채취량을 제한하고

그림57 명이 상품화

단속을 한다고는 하지만 주민들은 유명무실한 단속이라고 말한다. 해가 거듭될수록 수확량이 줄고 멍이값은 천정부지로 치솟고 있다.

보리

보리는 가을(음력 10월)에 파종한다. 밭에 골을 파서 파종한 후 흙을 덮는다. 골 만드는 일은 마을 사람들과 함께한다. 한 마지기에 사람이 몇 명이 필요한지는 땅 상태를 보아서 판단한다. 땅의 경사는 별로 상관없다. 학포에 거주하였던 박 씨는 보리 농사를 그만둔 지 10년이 넘었는데, 많이 할 때는 소를 이용하여 일곱 마지기를 갈아서 지었다. 보리 농사에는 비료는 사용하지 않고 소에서 나온 축분 퇴비만 조금 준다. 설 쇠고 날이 풀리고 땅도 해동되면서 발아하면 비료(요소)를 준다. 보리는 음력 4월에 낫으로 베어 수확한다. 수확한 보리를 집으로 가져와서 타작을 한다. 보리를 묶어 돌에 얹어 두들긴다. 보리를 정맥기에 찧어서 먹을 수 있는 보리의 알갱이를 얻게 된다. 보리를 지게에 얹어서 연변에 있는 방앗간(지금은 없어짐)까지 가지고 갔다. 식구가 많았기 때문에 팔기보다는 집에서 주로 먹었다. 타작하고 남은 줄기는 외양간 바닥에 깔아서 소 퇴비를 만든다. 마을 사람들이 보리 농사를 짓지 않게 되면서 연변의 방앗간이 문을 닫게 되었다.

폐촌에 대응하여

울릉도에서 야로fieldwork를 하던 도중 고남준 씨의 집과 땅이 육지 사람에게 팔렸다는 이야기를 들었다. 이미 학포의 많은 주민들이 집과 땅을 팔고 육지로 나가거나 다른 지역으로 이주하였으며, 지금도 인구 유출은 꾸준히 진행되고 있음을 알 수 있다. 팔린 집은 아무도 거주하지 않는 폐가로 변한다. 이 경우도, 집을 구입한 사람이 거주 목적으로 구입하지 않았을 가능성이 높다. 김목호 씨 또한 집과 땅이 팔리기를 바라고 있다. 최영수 씨도 밭을 팔았고, 현재는 부인의 간병을 위해 육지의 병원으로 나가 있다. 학포가 테마공원 개발지로 지정되었지만, 주민들은 관광업 활성화로 인한 이득을 기대하기보다는 땅값이 올랐을 때 팔아서 이곳을 떠나기로 결정하는 경향이다.

토박이들은 학포를 떠나가지만, 학포의 변화에 따라 새로이 유입되는 인구도 소수 있다. 최근 몇 년간 인구는 조금씩 꾸준히 증가하고 있다(2005년 28세대 54명, 2007년 30세대 50명, 2008년 36세대 70명). 유동수 씨의 막내아들은 울릉도 내 타 지역에서 거주하고 있었으나, 학포마을에 집을 지어서(현재 시공 중) 민박업과 특산물 판매업을 할 계획이다. 옆에는 노인요양시설 송담실버타운이 2009년 9월에 문을 열 예정이다. 이처럼 학포 주민들은 이제 어업과 농업보다는 서비스업에 기대를 걸고 있다. 서

그림58 학포 폐가의 내부

비스업이라는 새로운 형태의 생업이 폐촌화 과정의 적응 전략으로 성공할 수 있을지는 두고볼 일이다.

여객선과 장보기

학포는 포항-울릉도, 동해-울릉도를 오가는 여객선의 터미널이 자리 잡은 도동에서 16킬로미터 떨어져 있으며, 같은 행정구역에 속하는 서면의 남양, 태하와는 각각 6킬로미터, 3킬로미터 떨어져 있다. 도동에서 천부를 잇는 울릉도 일주도로가 완공되고 버스 편이 늘었기 때문에, 지금의 학포 주민들은 울릉도 내 모든 지역으로 쉽게 이동할 수 있게 되었다. 마을에서 버스정류장까지는 가파른 언덕을 20~30분가량 올라가야 하지만, 버스가 한 시간 간격으로 있고, 거리별 차등요금이 적용되어 도동까지 3,000원을 내야 했던 시절에 비하면 교통 조건이 훨씬 낫다. 요즘은 점심시간, 저녁시간을 제외하고는 버스가 30분 간격으로 있고 요금도 같은 면 소속인 남양, 태하는 1,000원, 나머지는 1,500원을 내면 되기 때문이다. 차량이 있는 가정은 일주도로를 이용하면 울릉도 중심가인 도동까지 25분 이내에 갈 수 있다. 오늘날 학포를, 이전처럼 지리적 위치를 근거로 고립된 마을이라고 판단하기는 어렵다.

그림59 도동항에 정박한 정기여객선

교통이 편리해지면서 확장된 생활권은 셋으로 나뉜다. 태하와 도동 그리고 육지로의 연결로 구분된다. 간단한 행정업무나 장 보는 일은 같은 서면 내, 주로 태하 지역에서 이루어진다. 이는 도로가 생기기 전의 생활 권역인데, 학포 주민들은 '태하리 비상연락망'을 통해 태하 주민들과 연락을 주고받으며 정서적 유대가 비교적 돈독하다. 개인간의 생업, 집안일까지 비교적 소상히 알고 있다. 학포 일주도로나 해변 청소에 태하 지역의 공공근로 인력이 동원되기도 한다. 일주도로가 완공되면서 생활 권역은 도동으로 확대되었다. 더 좋은 서비스를 이용할 필요가 있을 때는 도동으로 간다. 도동을 통해 육지로 가는 길이 편리해졌다. 정부가 울릉도 주민에 한해서 도선료를 지원하기 때문에, 1인당 5,000원에 페리를 타고 포항과 동해까지 갈 수 있게 되었다. 울릉읍에서 해결할 수 없는 일을 하거나 자식들을 방문하기 위해 주민들은 육지로 나간다.

태하 등지에 농협이 들어와서 면세 가격으로 물건을 팔기 시작하자, 20여 년 전 학포의 유일한 수퍼마켓이 문을 닫았다. 그후 주민들은 대중교통(버스) 혹은 자가용을 이용해 장을 보러 간다. 15분 정도면 도착할 수 있는 태하나 남양에는 서너 개의 수퍼마켓과 음식점 같은 편의시설이 있다. 수퍼마켓에서는 주로 술이나 밀가루, 라면, 놀러 온 손자들에게 줄 아이스크림, 술안주로 먹을 안줏거리 같은 식료품을 구입한다. 고기류, 특히 육지에서 수입하는 돼지고기는 남양의 정육점에서 구입하는데 학포 주민들은 이곳 고기의 품질에 좋은 평가를 내린다. 울릉도에서 나오지 않는 과일은 태하나 배가 들어오는 도동에서 구입하기도 하지만, 도동에서 물건을 싣고 오는 과일장수 트럭에서 사기도 한다. 트럭을 운전하는 아주머니는 사과, 참외, 포도, 복숭아, 자두, 바나나, 수박 등의 과일 외에도 계란, 수박, 밀가루, 국수, 소주, 건빵 등을 차량 가득 싣고 다니며, 수퍼마켓이 없는 동네에 판매하는데 학포에도 가끔 들른다. 가격도 시장과 큰 차이가 없다.

도로가 생기기 전에는 주로 바닷가 쪽 언덕길을 넘어 태하까지 걸어가서 장을 보거나 마을 뒤편의 산을 넘어 남양의 가게에 들렀고, 단순히 시장을 보려고 도동까지 걸어가는 일은 없었다. 서면뿐만 아니라 북면 사람들이 모여서 소를 사고팔 정도로 규모가 큰 태하장이 있었기 때문에, 장은 주로 태하 내에서 보았던 것이다. 오늘날에는 사람을 만나는 등의 일이 없어도 도동까지 장을 보러 가기도 한다. 도동은 학포 주민들이 식료품 외에도 플라스틱 바가지, 빨래집게 등의 공산품이나 호미, 낫 등 지금은 태하에서 팔지 않는 물품들을 구입하는 곳이기도 하다. 40여 년간 학포에서 농사를 짓고 있는 고남준 씨와 김목호 씨는 대부분의 농기구를 도동의 철물점에서 구입했다.

육지에 자녀가 있는 집들은 자녀들 집에 들렀다 오는 길에 장을 봐 오기도 한다. 주로 구입하는 품목은 의류, 신발, 이불, 안경

등 공산품들이다. 울릉도에서 쉽게 구할 수 없을 뿐만 아니라 무게가 가벼워 운반도 용이한 물건들이다. 특히 의류와 신발에 대해서는 "울릉도에서는 이만한 물건을 찾을 수 없다"고 입을 모아 말한다. 쌀이나 울릉도에서 생산되지 않는 과일과 부식들은 자녀들이 우체국택배[69]를 이용해 보내주기도 한다.

차혜자 씨(50세 학포 거주)는 동네 주민의 차를 얻어 타고 25분 만에 도동에 도착했다. 우선 호박엿 공장에 들러 호박엿을 한 봉지 구입하였다. 이후 도시에서 혼자 생활하고 있는 딸에게 방세 30만 원을 보내기 위해 수협에 들렀다. 밑창이 떨어진 신발을 수선하러 갔지만, 주인 할아버지가 출타 중이었기 때문에 근처의 철물점에서 순간접착제를 구입하였다. 수퍼마켓에서 우유와 요구르트를 구입한 후 약국에 들러서 모기향을 산 후에 버스를 타고 학포로 돌아갔다.

육지에서 교육받고 거주하는 자식들이 늘어나면서 혼사는 자녀가 자리 잡고 사는 육지에서 치른다. 결혼식에 간다고 하면, 동네 주민들은 부조금을 걷어주고 식사 대신 수건과 같은 물품을 나중에 받는다. 상례는 울릉도 내에서 치르는 경우, 마을 사람들이 상을 당한 집이나 의료원 장례식장으로 가서 도와주고 구암이나 저동에 있는 화장터에서 화장식을 치른다. 육지 병원

69 무게에 따라 5,000~9,000원의 요금이 부과되며 제주도와는 달리 항공편이 없고 선편으로만 배송이 가능하다. 도서 지역이지만 추가 요금은 없으며 한 번에 최대 30킬로그램까지 보낼 수 있다.

에서 치료나 요양을 하던 중에 사망한 경우는 육지에서 상을 치르기도 하는데, 이때는 돌아와서 부조금을 받거나 일부는 미리 챙겨주기도 한다.

간단한 행정 업무는 태하에 있는 울릉군청 출장소에서 보고 도민일보 등의 정보지를 얻어 가기도 한다. 농업 관련 교육을 받거나 비료, 종자를 구매할 때도 태하의 농협을 이용한다. 우체국은 도동에 있지만, 우체국택배는 전화로 물품 수거 신청을 하면 굳이 도동까지 나가지 않아도 해결된다. 은행 업무는 남양이나 태하에 있는 농협, 혹은 도동에 있는 수협, 우체국을 이용할 수 있다.

겨울이 되면 농사일을 못 할 뿐만 아니라 오징어 어획량도 줄기 때문에 육지에서 지내는 가구가 늘었다. 주로 자녀들이나 친척에게 가는데, 고남준·변분선 씨 같은 경우는 아예 포항에 집을 마련하여 겨울을 보낸 지 몇 년이 되었다. 다른 주민들도 겨울에는 가까운 포항, 대구, 부산, 경주 등지에 있는 자녀나 친척 집에서 꽤 오래 머문다.

의료 서비스의 변화

도로가 완공되어 주민들이 더 편하게 의료 서비스를 받을 수 있게 되었으며, 서비스의 질에 따라 이용 권역도 구분된다. 이전의 학포에서는 의료 인력의 도움 없이 집에서 아기를 낳았는데, 1963년 설립된 울릉군보건소와 1965년 설립된 울릉군립병원[70]은 도동에 있어서 가기가 쉽지 않았기 때문이었다. 1981년 남양에 서면보건지소가, 1983년에는 태하보건진료소가 설립[71]되기 전까지 대부분의 질환은 바늘로 손가락을 따거나 안티푸라민(외용 진통소염제)을 바르는 정도로 스스로 해결했다. 오늘날 학포 주민들은 감기, 신경통 같은 간단한 질병이나 만성질환에 대한 처방 '리피트'[72]를 원할 경우 태하보건진료소를 이용하며, 전문 처방이 요구되는 외과, 안과, 피부과 질환이나 중증질환의 경우 도동에 있는 울릉보건의료원(구 울릉군립병원)까지 간다. 약국이나 한의원을 이용할 때도 도동까지 나가는데, 가까운 남양보건지소에 공중보건 한방의(일반의)가 있음에도 불구하고, 울릉보건의료원의 한방과 전문의나 도동의 개업 한의원(전문의)을 선호하는 편이다.

거동이 불편한 노인은 주기적으로 방문하여 회충약, 파스까지 주고 가는 방문 진료 서비스를 신청할 수 있으며, 현재 학포에

---

70 울릉군지편찬위원회, 『울릉군지』(울릉군청, 2007), 586쪽.

71 울릉군지편찬위원회, 『울릉군지』(울릉군청, 2007), 590쪽.

72 고혈압, 당뇨 등의 만성질환의 경우 육지의 2차, 3차 의료기관에서 내린 처방을 보건진료소에서 반복 처방하거나 동일한 효과가 있는 약을 지어주는 '리피트'가 자주 이루어진다.

서는 한 명이 이용하고 있다. 교통비가 싸기도 해서 육지에 자녀가 있으면 관절염이나 수술, 요양을 요하는 심각한 증상은 육지의 종합병원을 이용한다. 나물 삶는 솥에 발이 빠져 발목에 화상을 입은 변분선 씨는 도동까지 차로 이동한 후 곧바로 배를 타고 육지 병원으로 가 피부 이식수술을 받았고, 권경화 씨는 경기도의 병원에서 디스크 수술을 받았으며, 김목호 씨는 대구의 병원에서 파킨슨병 진단과 치료를 받았다. 이분조 씨, 최용수 씨도 육지의 병원에서 치료와 요양을 병행하고 있다.

요양병원 이야기

현재 학포마을 입구 넓은 평지에 건설 중인 '송담요양원'은 앞으로 학포 주민들의 생업 및 생활환경에 폭넓은 영향을 끼칠 것으로 보인다. 건물은 지상 3층과 지하 1층(보일러실)으로 이루어져 있으며, 경북 칠곡에서 노인 무료 요양시설인 '연꽃피는집'을 운영하는 영불원재단이 출자한 것이다. 이 재단은 조계종 소속의 종명 스님이 이끌고 있다. 부지는 추정희 씨의 친정 소유였으며, 다른 사람을 한 번 거쳐 영불원재단에서 매입했다. 시공은 공개입찰을 통해 부산의 건설업체가 들어와 전담하고 있다. 부지 후보로 거론되던 남양 대신 학포를 선택한 이유는 이곳 부지가 넓고 평평할 뿐만 아니라 일주도로와 가까워 접근성이 좋고, 응급상황이 발생했을 때 환자 이송도 용이하기 때문이다. 종명 스님은 학포가 풍수지리상 길한 암상이기 때문에 노인들이 편안하게 쉬기에 좋다고 말한다. 요양원이 노인장기요양보험 1, 2급에 해당하는 중증노인성질환자만을 무료로 돌본다는 이유로 마을 사람들이 심하게 반대한 적도 있었다.

요양병원이 마을에서 가장 높은 언덕에 위치한 만큼 주민들에게 민감한 사항은 물 문제다. 주민들은 태하에서 어렵게 끌어오는 물을 요양원에 나누어줄 수 없다고 했고, 덩달아 태하 주민들도 요양병원에 물을 대면 학포로 끌어가는 물을 끊어버리겠다고 으름장을 놓았다. 요양원에서 오폐수를 내려보내면 어촌계의 어장이 큰 타격을 입을 것이라는 우려도 한몫한다. 주민들은 요양원이란 시설이 동네 이미지에 좋지 않은 영향을 끼칠 수 있다는 걱정도 하고 있다. '테마관광단지'로 개발될 마을의 초입에 요양병원이 자리 잡으면 혹여 개발이나 관광객 유치에 차질이 생기지 않을까 염려하는 것이다. 주민 대다수가 노인인 학포에서 요양병원의 고용창출 효과는 미미할 수밖에 없다. 실제로 요양보호사로 일자리를 얻은 사람도 차혜자 씨가 유일하다.

요양병원은 학포 주민들의 일상생활에 많은 영향을 미칠 전망이다. 요양병원 옥상의 매점은 학포 주민들도 이용할 수 있으며, 환자들을 위한 영화 상영 행사에는 마을 주민들도 초청할 예정이다. 커다란 장독대를 두고 손수 장을 담그어서 마을 사람들과 나누어 먹을 계획도 세우고 있다. 현재 직원들과 교류하는 윗마을뿐 아니라 마을 전체와 이런 혜택을 나눌지는 알 수 없다. 요양병원 측은 학포 지역에 자신들이 도움을 줄 수 있으리라고 생각한다. 요양원 이름이 송담松潭인 이유도 학바위의 머리 부분이 떨어진 이후 사람들이 다 나가고 마을이 쇠락했다는 전설 때문이다. 이는 소나무松와 연못潭을 마련했으니 마을에 학이 다시 날아들 것이라는 종명 스님의 풍수지리적 견해가 반영된 것이라고 한다. 요양병원 측이 가장 관심을 기울이는 것은 상수도 건설이다. 봉래폭포의 정수장과 상수도를 연결하는 것은 학포의 숙원 사업이었으나, 그동안 계속 미루어져 왔다. 요양병원 측은 자신들이 정기적으로 건의한다면 공사를 앞당길 수 있으리라 기대한다.

송담요양원은 사회복지법인 영불원이 발주하여 준영건설이 공사하고 있으며 현장 책임자는 김환숙金還淑 상무이다. 만 56세(용띠)이며, 부산 개성중학교 출신이다.

가옥

전통과 현대

위도상 편서풍의 영향을 많이 받을 수밖에 없는 환경에서 섬의 서쪽에 자리 잡은 학포는 태하와 함께 바람이 센 곳으로 유명하다. 울릉도 내의 다른 지역에 비해 눈이나 비는 많이 오지 않는다. 북서계절풍의 영향으로 강설량이 많은 나리분지와 달리 학포는 평지가 아니어서 겨울에 사람 키 높이로 쌓이는 눈을 헤치고 다녀야 할 염려는 없다. 비는 경사진 길을 타고 바다로 흘러내려가기 때문에, 태풍이 왔을 때 전기가 끊기고 배가 파손된 것을 제외하면 다른 수해는 없었다. 눈, 비의 영향이 적은 대신 바람이 강한 기후 조건 때문에 학포의 가옥은 전통 울릉도식 가옥과 약간 다르다. 울릉도 전통 가옥의 아이디어를 차용하여 현대적으로 지은 것이라고 할 수 있다.

울릉도 전통 가옥의 가장 큰 특징은 일자형 구조와 '우데기'다. 부엌과 방, 대청, 방이 일자로 이어진 이러한 가옥은 기후가 온화한 남부 지방에서 발견된다. 울릉도의 전통 투막집 역시 부엌과 방 두 개가 나란히 붙어 있는 일자형인데, 바람이 많이 부는 울릉도의 특성상 대청은 없다. 울릉도는 여름 최고 기온이 32.3도, 겨울 최저 기온이 영하 9.1도(2005년 기준)로 크게 덥거나 춥지 않은 해양성기후대[73]에 속해 일자형 가옥이 자리 잡았으며, 학포의 가옥 역시 대부분 일자형 구조로 지어졌다.

우데기는 바람과 눈을 막기 위해 집의 투방벽에서 130~150센티미터의 공간을 두고 바깥쪽에 둘러치는 일종의 외벽이다.[74]

---

73 울릉군지편찬위원회, 『울릉군지』(울릉군청, 2007), 45쪽.

74 울릉군지편찬위원회, 『울릉군지』(울릉군청, 2007), 744~746쪽.

그림60 나리 분지 투막집 전경(위, 전시용으로 복원된 것), 나리동 투막집 내부와 우데기(아래)

벽체 바깥쪽에 기둥을 세운 후 억새나 옥수수대를 엮어 둘러치며 말아 올릴 수 있는 문을 달아 집 안의 온도를 조절하며, 방풍 효과를 더한다. 눈이 많이 쌓였을 때 외부로 나가지 않고도 생활할 수 있도록 우데기 내부에는 부엌과 장독 등이 있다. 벽체와 우데기 사이의 공간을 축담이라고 하는데 눈이 많이 쌓인 겨울에도 축담을 통해 우데기 안에 있는 부엌과 장독으로 이동할 수 있다. 축담 내부 공간에 있는, 방과 방 사이를 연결하는 봉당은 남부 지방 가옥의 툇마루와 비슷한 역할을 한다. 울릉도에서 봉당은 신발을 신지 않고 집 안에서 이동할 수 있는 통로이자 가족들이 모여 음식을 먹거나 이야기를 나누는 공간이며 더위를 피하는 공간이기도 하다.

오늘날 학포의 가옥에서는 억새나 옥수수 대신 콘크리트를 사용한 현대식 우데기를 쉽게 찾아볼 수 있다. 이분조 씨의 가옥은 현대식 건물 외부에 콘크리트 우데기를 두른 이중벽이 특징이며, 김목호, 고남준, 유동수, 차혜자 씨의 가옥 내부는 옛집의 모습을 그대로 남기고 바깥쪽에 콘크리트 외벽을 둘러쳤다. 주목과 소나무로 지은 김목호 씨 댁은 40년이 지났는데, 콘크리트 외벽 공사는 10여 년 전에 했다. 예전에는 슬레이트로 외벽을 만들었다. 내벽 바깥쪽을 두른 콘크리트 외벽은 억새나 옥수수대에 비해 단열, 보온 효과가 떨어지지만 동절기 바다의 거센 바람을 막는 역할을 한다. 추정희 씨 댁이나 교회 사택, 우화수 씨 댁 등 해변에서 조금 떨어져 있어 바람의 영향을 크게 받지 않는 집에는 이런 외벽이 없다. 김윤호 씨와 이장 댁처럼 현관 부분을 돌출시켜 이중문을 설치한 가구도 있다.

상대적으로 눈이 많이 오지 않는 학포에서 부엌, 장독대, 화장실이 모두 우데기 내부에 있는 경우는 거의 없다. 따라서 학포의 가옥에서는 우데기 내의 통로보다 봉당의 마루 기능이 더 강조된다. 나리의 전통 투막집과는 달리 학포의 가옥 중에서 봉당 없이 축담만 있는 집은 찾아볼 수 없다. 3면에 달하는 축담 중에서 바다 반대쪽 축담에 봉당을 설치해 바람을 피해 가족들이 모여 생활할 수 있는 공간을 확보했으며, 가장 바람이 적은 남쪽 축담에 봉당을 설치했다. 이분조 씨와 유동수 씨 댁, 마을회관 건물은 아예 축담 전체에 장판을 깔아 봉당으로 활용한다. 폭이 넓어진 봉당은 온 식구들이 모이는 마루와 같은 생활공간이 된다. 신발을 벗지 않아도 되고 학포에서 이웃끼리 긴밀하게 소통할 수 있는 공간이기도 하다. 울릉도의 전통 가옥은 창문을 내지 않은 데다 억새나 옥수수대로 만든 우데기 때문에 채광이 부실했다. 반면 학포의 가옥은 100여 년 된 유동수 씨의 투막집을 비롯하여 모두 창문이 있다. 대부분 콘크리트 우데기에 유리문을 설치해 채광에 신경을 썼다.

유동수·권경화 씨 부부는 못을 쓰지 않고 참나무와 흙으로 벽을 만들고 섬에서 나는 대나무로 천장을 엮은 투막집을 40여

그림61 현재의 나리동 투막집 너와(위)와 토리이 류조가 찍은 너와집(아래 두 장)

년 전에 매입했다. 그때까지만 해도 동네에 서너 군데 투막집이 있었지만 인구가 급격히 빠져나가고 있는 상황에서 모두 헐리고 말았다. 유동수 씨는 마을 초입에 있어서 계곡물을 바로 끌어다 쓸 수 있으니 복 있는 집이라 생각했다. 당시 유동수 씨 집에는 포항에서 태어난 첫째 아들과 연변에서 태어난 둘째, 셋째 아들이 있었다.

아이들이 모두 초등학교에 다닐 때쯤 유동수 씨는 투막집을 그대로 남긴 채 콘크리트 외벽을 만들었다. 외벽과 투막집 사이의 축담은 구식 부엌 자리에 들어설 신식 부엌까지 이어져 넓은 마루가 되었다. 마루에는 아궁이를 없애고, 싱크대를 들여놓았고 신식 화장실과 창고까지 만들었다. 옛날 부엌에서 썼던 큰 솥은 마당의 수돗가 옆에 놓았다. 세월이 가면서 부엌과 화장실은 몇 번 보수하였다. 지금은 방으로 쓰는 투막집의 벽이 갈라지고 흙이 떨어지기 시작하자 유동수 씨는 직접 황토흙을 구입하였다. 황토흙에는 접착물질이 배합되어 있었는데, 고무장갑이나 목장갑을 끼고는 도무지 흙을 바를 수가 없었다. 결국 며칠 동안 맨손으로 황토흙을 발랐다. 투막집에 발린 황토는 천장의 대나무와 어우러져 은은한 향을 풍긴다. 내부에 들어가면 축담 마루에서 잘 때와는 비교도 안 될 정도로 따뜻하다. 여름에는 시원하고 겨울에는 따뜻한 공간이 마련된 셈이다. 땔감을 구하기가 힘들어서 나무 보일러를 기름 보일러로 교체한 것도 변화의 모습이다.

교육

생활환경에 직접적인 영향을 미치는 육지 중심의 모든 제도들이 울릉도와 학포 주민들을 주변적으로 몰아넣은 현상은 교육 면에서도 잘 드러난다.

학포마을의 교육과 관련된 현황을 최영수 씨 집안을 중심으로 살펴본다. 최영수 씨는 조부와 아버지, 본인 그리고 자녀들까지, 4대가 울릉도에서 살아왔다. 이들이 받은 학교교육을 통해 학포마을 사람들이 추구했던 전형적인 교육 방식을 어느 정도 알 수 있다. 한 집안의 상황을 통시적으로 간략하게 설명하는 것만으로도, 근대화 시기 학포마을의 교육기관이 어떤 변화를 겪었는지를 살펴보는 데 도움이 된다. 간략하게 최영수 씨의 집안 내력도 함께 살펴보기로 한다.

교육기관은 울릉도 개척 이후부터 생기기 시작했다. 개척령이 내려진 뒤 육지의 한학자들이 울릉도로 들어와 서당을 설립하였고, 때로 주민들의 요구에 따라서 육지에서 훈장이 들어와 아동들을 교육했다. 울릉도에는 나리서당羅里書堂 등 열세 개 서당이 있었으나 일제시대에 대부분 폐쇄되었다. 예외적으로 간령서당簡領書堂은 1934년 6월 3일에 울릉공립보통학교 장흥간이학교로 바뀌었는데, 이 학교가 장흥초등학교의 전신인 셈이다. 서당은 근대 교육제도가 생긴 이후에도 울릉도에서 교육 기능

표10 학포 최영수 씨 집안의 내력과 교육 현황

최정현(조부)	선비였음. 1882년 부인 나주 신 씨와 경북 의성에서 울릉도로 이주. 1945년 타계.
최학목 (부)	1897년생. 대한제국 시기 학포에서 태어나 일제시대 후반 마을 구장을 여러 번 지냈고, 해방 후 서면 초대 면장 역임. 1963년 67세로 타계.
최영수 (본인)	1924년생. 학포에서 태어나 일제시대를 보냈으며, 20세에 해방을 맞이함. 해방을 맞은 해에 결혼을 해서 29세에 군에 입대함. 휴가를 맞아 고향으로 오던 배 안에서 자신의 자녀들은 이런 고생을 시키지 않기 위해 육지에 보내 교육시키겠다는 각오를 함. 현재 아내의 간병을 위해 잠시 서울에서 지내고 있음.
자녀	첫째(女) 최○아: 1948년생. 태하국민학교 학포분교, 울릉중학교 둘째(女) 최○필: 1950년생. 태하국민학교 학포분교, 울릉중학교 셋째(子) 최○환: 1955년생. 울릉중학교, 서울한양공고, 경기대학교 넷째(子) 최○환: 1958년생. 태하국민학교 학포분교, 울릉중학교, 대구성광고등학교, 육군사관학교 다섯째(女) 최○옥: 1961년생. 태하국민학교 학포분교, 울릉중학교 태하분교, 서울 염광고등학교, 서울 숭실여전 여섯째(女) 최○숙: 1964년생. 학포국민학교, 울릉중학교 태하분교, 대구 경상여상, 현재 대학 재학 중.

을 계속 수행하였다. 학포마을에는 학포서당鶴圃書堂이 있었으며 김홍기金弘基 씨가 훈장이었다. 김홍기 씨는 울릉읍 저동1리에 있었던 중저서당中佇書堂에서 2년간 훈장을 하다가 학포로 이주하면서 학포서당을 차렸다.[75]

75 울릉군지편찬위원회, 『울릉군지』(울릉군청, 2007), 625~627쪽 참조.

일제시대 이후 1918년 '서당규칙'이 공포되면서 서당에도 시련이 닥쳤다. 김홍기 씨의 학포서당 역시 폐쇄되었는데, 서당이 한문 수업을 통해 민족교육에 기여함을 우려했기 때문이라는 설명이 있다. 학포마을의 경우 연변 쪽에 일본인 어부가 일제시기 초부터 여섯 가구 정도 살았고,[76] 약 4킬로미터 떨어진 태하에는 일본인이 여러 세대 거주했기 때문에, 일본이 세운 초등학교가 있었다. 일제시대 학포마을 교육은 소학교를 중심으로 이루어졌다. 서당이 폐쇄되었고, 중학교도 해방 이후에야 생기기 때문에 교육기관이라고는 소학교가 전부였다.

학포에 국민학교가 세워진 해는 광복 이후인 1949년이다. 일제시대에 학포 아이들은 1914년 태하에 세워진 태하공립심상소학교에 다녔다. 태하공립심상소학교는 1913년 3월 13일에 도동에 세워진 울릉도공립심상소학교와 더불어 일본인 전용 학교였다. 울릉도에 일본인 거주자가 늘어나면서 이들을 위해 일본인 전용 학교가 설립되었고, 서면의 태하 역시 일본인이 도동 다음으로 많이 거주하는 곳인 만큼 심상소학교가 세워진 것이다.

도동에는 1908년 심능익 군수가 관어학교觀於學校를 세우면서 1910년 신명학교가 설립되었고, 1911년 '사립학교법규칙'이 공포되면서 울릉보통학교의 전신인 울릉사립보통학교가 생겼다.

---

76 학포마을 연변에는 일본인이 살던 집과 그들이 생선을 대량으로 절여 본국으로 이송하기 위해 만들었던 '간재비공장'의 흔적이 남아 있다.

그림62 울도심상고등소학교(위), 울도공립태하학교(아래)(식민지시대 사진엽서)

울릉도에 첫 공립학교가 1913년에 세워졌으니 학포의 학생들도 도동 아이들과 비슷한 시기에 학교를 다닌 것이다.

일제시대 학포의 학생들은 태하공립심상소학교에 다녔다. 그러나 최영수 씨는 한학에 조예가 깊었던 조부 최정현 씨의 만류로 학교에 다니지 못했다. 조부는 "왜놈들이 곧 망하기 때문에 그런 교육은 받을 필요가 없다"며 최영수 씨를 비롯한 학생 대여섯 명에게 사적으로 한문 교육을 시켰다. 조부의 영향으로 최영수 씨는 열네 살까지 학교에 다니지 않고 한문을 배웠으며, 당시 상황을 이렇게 설명했다. "나만 빼고 다른 아이들이 학교를 다니는 것을 보니 내가 시대에 뒤떨어지는 것처럼 느껴졌다. 조부께는 감히 말할 수 없었고, 아버지께 학교를 보내달라고 간청했다. 아버지가 할아버지를 설득한 끝에 태하심상소학교에 들어가기로 결정을 했으나 보통 아이들에 비해 나이가 많았다. 소학교에 바로 들어가지 못해서 현포의 '간이학교'에서 2년간 교육을 받은 뒤에 심상소학교에 4학년으로 입학할 수 있었다."

당시 학포에서 20여 명의 학생들이 소학교에 다녔다. 소학교에서는 일본어로 교육을 받았다. 소학교 학년별 학생 수는 10여 명으로 전교생을 합하면 60명 정도였다. 대부분이 남학생들이어서 전교생 중 여학생은 두 명밖에 없었고, 수업은 오전 9시에 시작했다. 학생들은 감자밥, 보리밥으로 도시락을 싸서 갖고 다녔다. 통학 거리는 약 4킬로미터였으며, 학포에서 더 멀리 약 3킬로

그림63 '내선일체' 정책을 학교 전면에 내걸었던 태하심상소학교의 사진(박해수 씨 소유)

미터 떨어진 곳에서도 통학하는 학생들이 10여 명 있었다. 이 아이들은 고생이 많았다. 겨울에는 눈이 1미터씩 쌓였기 때문에 통학하기가 힘이 들었다. 이때는 마을 어른이 학생들의 통학 길을 만들어주기도 했다. 어른 한 명이 '설피'를 신고 앞으로 걸어가서 길을 만들면, 아이들이 뒤따라 한 줄로 갈미봉을 돌아가는 식이었다. 여름에 비가 많이 오는 날에는 태하까지 가더라도 불어난 물 때문에 등교를 못 하고 다시 산을 넘어 돌아오기도 했다.

최영수 씨가 4학년으로 편입했을 때, 태하심상소학교에는 두 분의 선생님이 있었다. 1~3학년을 지도했던 조선인 배문규 씨(작고)와 4~6학년을 가르쳤던 코니시 유노기치 씨(교장, 당시 50세)가 재직하고 있었다. 최영수 씨가 6학년이 되었을 때, 코니시 씨가 자신을 불러서 공부를 열심히 한다고 칭찬해주며, "신용은 돈의 근본이다"라고 한 말을 지금도 생생히 기억했다. 최 씨의 회상에 의하면, 당시 소학교는 사회에 나가서 활용할 수 있는 공부를 시켰다고 한다.

광복을 맞이하면서 학포에도 학교가 생겼다. 1949년 6월 30일 태하국민학교 학포분교가 개학하였다. 학포분교는 현재 요양원에서 태하 방향으로 5미터가량 떨어진 도로 왼편에 있었으며, 학포국민학교가 세워지기 전까지 1~3학년 학생들이 여기 다니다가 고학년이 되면 태하국민학교로 넘어갔다. 학포에서 태하국민학교까지는 갈미봉 쪽으로 난 능선을 따라 다녔는데, 눈이 오거나 비가 많이 오면 도랑물이 넘쳐서 등교를 포기하고 집으로 돌아오곤 했다. 당시 박봉식 씨(67세, 학포 어촌계장)는 50년대에 태하국민학교를 다닐 때 고무신이 없어서 신고 다니던 짚신이 떨어지면 칡넝쿨을 엮어서 신고 다녔다. 학포분교에는 구암을 지나 자리 잡은 말바위 동네 학생도 다녔다.

학포분교가 학포국민학교로 독립 개교한 때는 분교가 세워진 지 25년이 지난 1975년 3월 1일이었다. 박봉식 씨에 의하면, 30~40년 전에 사람이 가장 많을 때에는 산막과 말바위까지 학포마을로 간주했으며, 모두 127~128가구가 살았다. 오징어잡이가 활발해지면서 외부에서 들어온 인구가 많아졌기 때문이었다. 당시에는 사람 손으로 오징어를 잡았기 때문에 배 한 척에 17~18명이 탔고, 이런 배가 15~16척 있었으니 학포 인구수를 가늠해볼 수 있다. 오징어잡이가 한창일 때에는 외부에서 온 사람들에게 월세 방을 임대해주기도 해서 마을 전체가 부산하고 활기찼다.

분교가 산 중턱에 있어서 불편함을 느끼던 주민들은 인구가 늘어나자 '연변' 쪽에 학교를 세우자는 의견을 모았고, 1975년도에 학포국민학교가 개교하였다. 학포국민학교는 8년가량 유지되다가 10년도 채 안 되어 1983년 2월 태하국민학교 학포분교로 지위가 낮아졌다. 오징어잡이가 기계화되면서 마을로 들어오는 인구가 급격히 감소했고, 덩달아 학생들도 줄었기 때문이

그림64 토리이 류조가 찍은 저동 해변(위). 후박나무로 둘러싸인 곳이 관해정이다.
2006년 현재 저동항(중간). 도시 건물군 하단에 후박나무 군락이 보인다.
관해정 자리를 차지한 박정희 기념비(박의장각하기공비취지문)(아래).

었다. 저동항이 개발된 이후 오징어 배를 사람 힘으로 끌어 올릴 필요 없이 항상 배를 정박할 수 있게 되면서, 학포 인구가 저동과 도동으로 유출되었다. 1999년 3월 1일에는 분교마저 폐쇄되면서 학포의 유일한 초등교육기관인 학포분교는 태하초등학교에 통폐합되었다. 현재 학포마을에는 초등학생이 한 명(임예은) 있는데, 태하초등학교로 통학하다가 적응하는 데 어려움을 겪어 얼마 전 학생 수가 더 많은 남양초등학교로 전학했다. 거리는 태하초등학교보다 조금 멀지만 학부모 임형순 씨(학포침례교회 목사)는 딸의 교우관계와 학교 시설, 교사들의 교육 방식에 만족하고 있다.

울릉도에 중학교가 설립된 해는 1946년이다. 당시 일본인 학교였던 울릉도공립심상소학교를 인수해서 3월 1일에 사립중학교가 개교했다. 지금의 울릉중학교의 전신은 1952년 12월 5일에 사립중학교에서 공립중학교로 승격된 우산중학교이다. 당시 학포에는 중학교가 없었기 때문에 학생들은 도동과 태하에 있는 중학교에 다녀야 했다. 태하에 울릉중학교 태하분교가 설립된 해가 1971년이니 학포의 중학생들은 20여 년간 도동에서 중학교를 다닌 것이다. 당시 도동까지는 오징어 배를 타거나 걸어서 가야 했기 때문에 학포의 중학생들은 도동의 학교 주변에서 자취를 해야 했다. 5일간 자취방 생활을 하다가 토요일 오전 수업을 마치고 집에 가서 주말을 보낸 뒤 일요일에 쌀, 보리, 옥수수 같은 식량을 챙겨 가곤 했다. 학포에서 태하령과 통구미재를 차례로 넘어갔으며, 걸어서 두 시간 반 정도 걸렸다.

1971년 1월 15일 울릉중학교 태하분교가 설립되면서 학포 중학생들은 가까운 태하분교에 다녔다. 태하분교는 태하마을, 학포, 현포의 윗마을 학생들이 다녔다. 당시 최영수 씨의 자제인 최남옥 씨와 최남숙 씨는 바다가 굽어보이는 갈미봉을 넘어서 태하에 있는 울릉중학교 태하분교에 다녔다. 도동에 있던 울릉중학교를 다녔던 이들은 1958년생들까지로서 고등학교 무시험 진학 바로 이전 세대였다. 최남숙 씨에 의하면, 도동에 있는 중학교를 다닐 때는 부모님, 언니, 오빠 모두 고생이 많았는데, 태하분교가 설립되면서 학교 다니기가 훨씬 수월해졌다. 현재 태하분교에는 1~3학년에 총 여덟 명이 재학 중이며, 교사는 여섯 명, 교감 한 명, 교직원 두 명이 있다. 그러나 현재 학포마을에는 중학생이 없다.

중학교를 외지로 다니는 경우도 있었지만, 흔치는 않았다. 박봉식 씨의 동생은 울릉중학교 태하분교에 다니다가 대구에 친척이 있어서 대구 심인중학교로 전학했다. 학포마을 주민들은 중학교를 마친 자녀를 울릉종합고등학교에 보내거나 육지로 유학을 보냈다. 도동3리에 있는 울릉종합고등학교는 울릉도 내 유일한 고등학교다. 울릉도에 고등학교가 처음 설립된 때는 1945년 5월 18일인데 자금난으로 1955년 12월 16일 울릉중학교와 병합했다. 1969년 10월 6일 도동3리에 신축 교사를 준공하여 이전

했으며, 1970년 1월 31일 울릉종합고등학교로 개편 인가를 받아 현재에 이르렀다.[77]

학포마을의 고등학생이 울릉종합고등학교에 다니려면 중학생과 마찬가지로 학교 주변에서 자취를 해야 했다. 자녀를 육지로 보내는 경우도 있었지만 이는 극히 드물었다. 최영수 씨는 딸들을 육지로 유학을 보냈다. 딸들은 졸업 후에 육지에 머물러서 본인들처럼 학업을 위해 육지로 나온 동생들에게 도움을 주었다. 1960~70년대 어려운 경제 사정에서 딸을 육지의 고등학교에 유학을 보내는 일은 흔치 않았다.

지금은 자녀가 고등학교 진학을 앞두고 있다면 양자 간에 선택을 하게 된다. 울릉종합고등학교는 도동과 저동의 중간 지역에 있어서 버스를 한 번 갈아타야 하기 때문에, 환승 대기 시간까지 고려하면 학포에서 통학하는 데 한 시간 정도 소요된다. 부모들은 대개 무리를 해서라도 아이들을 육지에 있는 고등학교에 보낸다. 학포 지역 학생들은 대구, 포항, 경주 등지로 유학길에 오른다. 유학 지역은 친인척이 있는지 여부에 따라 결정되며 대개 경상북도 지역, 특히 울릉도에서 출항하는 배가 들어가는 포항과 인근 대도시가 낙점된다. 한 집안의 형제, 자매, 남매는 같은 집에서 자취 생활을 함으로써 서로 의지하고 비용도 절약할

77 울릉군지편찬위원회, 『울릉군지』(울릉군청, 2007), 630쪽 참조.

수 있었다. 같은 집안의 형제자매간에 각각 따로 육지로 유학을 가거나 울릉도에 남는 식으로, 다른 길을 택한 경우는 찾아볼 수 없다. 유학 대신 울릉도에 남기로 결심한 아이들 역시 자취생활을 하기는 마찬가지다. 딸을 혼자 육지로 보낼 수 없는 가정에서는 학교 근처 저동에 자취방을 마련해준다.

울릉도 내에는 대학 캠퍼스가 없다. 따라서 대학 교육을 받으려면 무조건 육지로 갈 수밖에 없다. 학포의 학생들은 대구 계명대, 포항 선린대, 동국대(경주캠퍼스), 대전 침례교신학대 등에 진학했다. 최영수 씨는 아들 둘을 육지의 대학에 보냈다. 장남은 경기대학교 건축학과를 졸업한 후 한 기업의 이사로 재직 중이며, 차남은 육군사관학교를 졸업한 후 주미 한국대사관에 근무하다가 6월에 귀국했다. 최영수 씨는 차남이 서울대학교에 가고 싶어 했지만, 학비 때문에 육군사관학교를 가도록 설득했다. 최영수 씨는 60년대에 딸들을 당시 중등학교에 보냈고, 두 아들은 대학에 보냈으며, 딸 하나는 서울에 있는 전문대학에 보냈다. 이는 당시에는 육지의 시골에서도 흔치 않은 일로서, 최영수 씨는 지금도 학포마을에서 자식 교육에 성공한 인물로 손꼽히고 있다.

신앙과 종교

민간신앙

현재 학포의 종교 생활은 크게 민간신앙과 기성 종교 신앙으로 구분할 수 있다. 마을 사람들은 정월대보름에 동제, 삼월삼짇날에 해신제, 산신제 등을 지내고 있다. 꽤 많은 이들이 참여하긴 하지만, 1951년에 설립된 학포침례교회가 마을에 끼친 영향이 상당히 커서 민간신앙의 영역은 상당히 줄어든 것으로 보인다.

울릉도의 촌락에서는 산신과 해신을 모시고 있지만 촌락마다 양상은 다양하다. 작은 모시개마을처럼 산신, 해신, 동신을 모두 모시거나, 동신과 해신만을 모시기도 한다. 산신, 해신, 동신 가운데 하나만 모시는 곳도 있다. 학포마을은 다수의 신을 모신다. 이는 학포의 제당에서 모시는 신위를 통해서 알 수 있다. 학포의 산신당에는 토지산령지위土地山靈之位, 성황신지위城隍神之位, 여질지신위厲疾地神位, 토지지신산령지위土地之神山靈之位 등 네 신위를 모시고 있다. 산신당은 일주도로변 계곡에 있으며, 제당은 한 칸짜리 목조건물이며 벽면을 골함석으로 덧마감하였다. 내부에는 감실을 마련하여 네 신위를 모시고 있다. 토지산령지위, 성황신지위, 여질지신위는 오래전부터 학포에서 모셔온 신위이다. 토지지신산령지위는 학포와 산막마을의 동제가 합쳐지면서 산막마을의 신위가 되었다. 대보름날 제를 지내는데 풍물을

그림65 토리이 류조가 찍은 신당

울려야 한다.

많은 주민들이 어업에 종사하는 울릉도에서 해신제는 성대히 지낸다. 해신제 3일 전부터 제를 주관하는 제관과 축관들은 나들이를 하지 않고 근신한다. 제례는 제관, 축관을 중심으로 행제되지만 어촌계장, 수산과 담당 공무원들, 지서장, 면장, 대의원 등을 포함하는 동네 유지들이 참여한다. 학포마을에서는 산왕각에서 해신제를 지낸다. 산왕각은 1884년에 해변 쪽 암반 위에 세워졌다. 제당은 단칸 규모로 돌벽을 지어서 아늑한 공간을 만들었다. 조선시대 검찰사 이규원이 울릉도에 처음 상륙한 곳이 학포인데 제당 건립은 이 시기를 위로 거슬러 올라간다. 즉 바다를 배경으로 살아가는 울릉도와 학포 주민들의 신앙생활에 깊게 자리해온 산왕각이다. 해왕신위海王神位, 울릉도산신대왕지위鬱陵島山神大王之位의 신위를 모시며 삼월삼짇날 제를 지낸다.

산왕각

산왕각은 태하리 임오명 각석문에서 남쪽으로 약 80미터 떨어진 지점의 암반 사이에 정남쪽을 바라보며 서 있다. 당집은 단칸(가로 2.5미터, 세로 2.7미터) 규모로 뒷벽은 바위에 의지하고 나머지 삼면은 돌로 벽체를 쌓아 올렸다. 당의 주변은 시멘트로 바닥을 정리하고 의자를 놓아 마을 쉼터로 조성해놓은 상태다. 출입문은 계곡 쪽으로 쌍여닫이 판자문을 달았고, 문 위쪽 박공

밑에 산왕각山王閣이라는 현판을 걸었다. 현판 아래쪽에 광서십년갑신십월光緖十年甲申十月이라고 쓰여 있기 때문에, 1884년(고종 21년)에 건립되었음을 알 수 있다. 당집은 해방 이후 두 번 고쳤는데 1970년대, 1993년 재차 중수하였다. 내부 바닥은 시멘트로 마감하고 뒷벽 바위 앞에 낮은 시멘트 제단을 만들고 좌측에 해왕신위, 우측에 울릉도산신대왕지위 신위를 놓았다. 제일祭日은 음력 3월 3일이며, 새벽 6시에 제를 올린다. 제물은 돼지 한 마리를 올렸으나 요즘은 돼지머리와 떡, 과일, 해삼, 전복 등 여러 가지를 올린다.[78]

산신당

서면 태하리 산193번지. 태하1리에서 일주도로를 타고 가면 학포마을로 진입하는 지하도로 앞 200미터 지점 왼편 계곡 쪽에 있다. 당은 서향이며 계곡 경사면에 2단으로 석축을 쌓아 평탄한 바닥을 조성한 다음 단칸(가로 2.9미터, 세로 2.7미터) 규모의 목조 가옥으로 지었다. 석축에는 돌계단을 냈고 벽체는 네모 기둥에 판자로 마감하였는데, 정면을 제외한 삼면에는 골함석으로 덧마감하였다. 정면에는 두 짝 미닫이 판문(가로 1.3미터, 세로 1.5미터)을 달았고, 처마 밑에는 칡넝쿨에 한지를 끼운 금줄을

78 울릉군지편찬위원회, 『울릉군지』(울릉군청, 2007), 1039쪽.

쳐놓았다. 내부 바닥에는 장마루를 깔았고, 뒷벽에 감실을 마련하여 신위를 모셨다. 감실은 앞쪽에 여닫이문을 내고 내부에 네 신위를 모셨다. 신위는 좌측부터 토지산령지위, 성황신지위, 여질지신위가 나란히 세워져 있고, 우측에 별도로 토지지신산령지 신위가 모셔져 있다. 세 가지는 학포에서 오랫동안 모셔온 신위이며, 우측에 따로 모신 것은 학포와 산막마을이 합쳐진 후에 모셔온 산막의 신위이다.

음복 후 반드시 쇳소리를 내야 하기 때문에 풍물을 치며 인사를 드림으로써 제의를 마친다. 제관들의 행제가 끝나면, 마을 사람들이 어울려 음복에 참여한다. 마을 사람들은 이 신을 산령님이라 부르며, 일제시대나 한국전쟁 때에도 제사를 거르지 않았다. 제는 음력 정월 15일 새벽 1~2시경에 지냈으나 지금은 해 뜨기 전인 4시경에 지낸다.[79]

태하리의 동제

태하리에는 모두 다섯 개의 제당(천제당天祭堂, 산제당山祭堂, 성황당城隍堂, 법화당法華堂, 해신당海神堂)이 있다. 제당의 명칭에서 알 수 있듯이 단순한 마을 단위의 제의가 아니다. 또한 천제당과 성황당, 법화당은 울릉도 유일의 제당이자 특별한 사연이 있는 제당들이다.

---

79 울릉군지편찬위원회, 『울릉군지』(울릉군청, 2007), 1040쪽.

법화당을 제외하고는 모두 태하1리에 있으며, 제일은 모두 정월 보름날이다.

천제당

천제당은 태하초등학교에서 태하령 쪽으로 약 300미터 떨어진 지점의 왼쪽 산기슭에 있다. 제당은 큰 땅괴목(오동나무라고도 함.) 두 그루와 시멘트 제단, 큰 바위들로 구성되어 있다. 높이 170미터의 석축 위에 있는 시멘트 제단은 높이 50센티미터에 가로 162센티미터, 세로 90센티미터이며, 한쪽에 "甲寅年三月二十四日修理完工 有司 金銀雨"라고 기록한 것으로 보아 1974년에 수리했음을 알 수 있다. 제단 옆의 바위틈에는 제의에서 사용했던 촛농이 흩어져 있다.

강원도 평해 첨사僉使가 연 1회 순찰차 입도할 때 여기서 상제에게 제사를 지냈다고 한다. 제당은 옛 관사官舍 터 뒤편 산록의 밭머리에 있다. 이로써 관이 주도한 제의였음을 알 수 있지만, 오늘날에는 구체적인 실상을 제대로 알지 못한다. 현행 제의의 제수는 밥 한 그릇과 채소, 명태, 건포 등이다.

산제당

태하초등학교 뒤의 산록에 있다. 1967년도 조사보고서에 따르면 함석지붕을 얹은 송판 당집이 돌담으로 둘러싸여 있었다.

그림66 학포 산제당

그러나 1998년 조사보고서에 따르면 양철 지붕을 얹은, 가로 252센티미터, 높이 208센티미터, 폭 210센티미터의 시멘트 건물을 1미터 높이의 돌담이 둘러싸고 있으며, 제당 옆에는 나무 한 그루가 있다. 이 건물은 10년 전에 새로 지은 것이다. 제당 내부에는 높이 62센티미터에 가로 184센티미터, 세로 82센티미터의 제단이 마련되어 있다. 제단 위에는 향로와 술잔, 촛대가 마련되어 있고 벽에는 "산왕대신지위山王大神之位"라고 쓴 위패가 걸려 있으며, 위패 뒤쪽에는 "금강반야바라밀경탑다라니金剛般若波羅密經塔陀羅尼"라고 적힌 족자가 있다. 또 오른쪽 벽에는 호랑이 그림이 그려진 족자가 걸려 있다. 호랑이 그림은 시중에서 흔히 구할 수 있는 종류다. 제당 내부의 바닥에는 장판을 깔아두었다. 이곳은 울릉도민들이 가장 먼저 산신을 모시던 곳으로 알려져 있으며, 제의에는 육지와 바다에서 난 제수들을 두루 사용한다.

성황당

성하신당이라고 부르는 성황당은 마을 중앙에 자리 잡았고 제당 주위에는 해송과 울릉도 포구나무로 이루어진 숲이 있다. 이 숲에는 주민들을 위한 휴식 공간과 운동기구들이 있으며 주변은 아주 잘 단장되어 있다. 원래 신당은 현재 위치에서 남쪽으로 약 10미터 떨어진 개울 쪽에 있었으나, 1933년에 발생한 대홍수로 당집과 위패가 모두 유실되었다. 이듬해에 현 위치로 당집을 옮겨서 함석지붕을 얹어 신축했다. 그림67의 맨 위 사진(1984년 촬영)에 보이는 성황당 건물이 일본식 신사건물의 양식형태와 유사한 면을 보인다. 당시의 건물 크기는 지금의 절반 정도였다. 신당을 새로 지으면서 정면에 성황지남신위城隍之男神位와 성황지녀신위城隍之女神位를 새로 모셨다.

당시 당집에는 전설에 따라 남신을 위해서 쾌자를, 여신을 위해서는 4~5세 여아용 치마저고리를 횃대에 모셔두었다. 당집 전면 상단의 현판에도 "성황당城隍堂"이라고 기록되어 있었다. 그 후 1984년경 당시의 건물을 해체하고 현재의 신당을 증개축(상량에는 "歲在甲子四月二十一日吾時上樑"이라고 기록하였다.)하면서 "성하신당聖霞神堂"이라는 현판을 전면 상단에 달고 이전부터 모시던 성하지남신위聖霞之男神位, 성하지녀신위聖霞之女神位 위패(男과 女라는 글자는 다른 글자보다도 작게 쓰임.)를 모셨다. 그러나 주민들은 여전히 성황당이라고 부른다.

신당을 관리하는 유사가 매년 경비를 모으고, 군의 지원을 받아 신당을 신축하였다. 이때 제의 날짜를 정월 보름날로 변경하였다. 또 남녀 석고상을 만들어 모셨으며, 전설에 나오는 동남동녀를 혼인시키는 행사를 치렀다. 주민들은 이를 "처녀 총각이 어른 한다"고 말한다. 당시 한복을 입은 군수와 경찰서장을 비롯한 기관장들과 인근 여러 마을 사람들이 참가했을 정도로 큰 행사였다. 그 후 서낭당의 참배객들은 동남동녀, 두 신에게 성인

그림67 태하동 성하성황당(위, 장정룡 교수 제공, 1934년 개축된 당시 모습을 보여줌), 태하동 성하신당(가운데, 1984년 개축된 상태), 태하동 성하신당 내부(아래)

의 옷을 바치게 되었다. 지금도 참배객들이 바친 옷이 많이 걸려 있다. 이 옷이 여럿 모이면 생활이 어려운 마을 사람에게 나누어 주어 입도록 한다.

이와 관련된 울릉문화원의 기록은 다음과 같다. "남녀 신상을 봉안하자는 경로당 노인들의 의견이 있었다. 당시 울릉군으로부터 보조금 4만 원과 어업조합에서 백미 한 석을 받은 비용으로 성황당 유사인 김원호 씨가 대구에 가서 신상을 조각하려고 하였다. 조각가를 물색하던 중 경주의 여성 안모 씨에게 의뢰하여 제작하였고, 1970년 8월 23일 신상을 본군으로 모셔 와서 그해 9월 15일 신상 봉안식을 올리게 되었다. 이때 저동의 보살이 와서 경문을 읽으면서 불교식 제의를 봉행하였다. 1977년 1월 울릉군 고시 비지정 문화재로 인정을 받았고, 1978년 2월 성황당을 성하신당으로 개칭하여 울릉군의 수호신으로 이르고 있다."[80]

현재 제당 입구 쪽에는 시멘트 블록으로 통로를 만들고 통로 양옆에는 자갈돌을 깔아두었다. 안내판도 준비되어 있다. 제당 내부에는 길이 130센티미터 정도의 제단에 2층으로 된 단이 마련되어 있다. 아랫단에는 향로와 촛대가 있고, 윗단에는 위패가 있으며, 위패 뒤쪽에 신상이 있고, 신상 뒤쪽에 병풍이 쳐져 있

80 울릉문화원 2000:141

다. 신상 좌우에는 종이로 만든 연꽃과 참배객들이 바친 한복들이 있으며 문서 보관함도 있다. 위패를 보면 왼쪽에 성하지남신위聖霞之男神位, 오른쪽에는 성하지녀신위聖霞之女神位라고 쓰여 있다.[81] 울릉도민들은 한자로 쓰인 신위에 석고로 제작된 남녀 어린이의 전설을 담아 육지와 떨어진 섬 사회에서 생겨난 애절한 이야기를 형상화했다. 주민들은 기존 구비전승에 상상력을 가미하여 새로운 의례를 창출하였으며, 이를 통해 집단기억을 공고히 하고 있음을 알 수 있다.

울릉도 사람들은 배를 건조했거나 고기가 잘 잡히지 않거나 집안에 우환이 있을 때, 여기 와서 기도를 드린다. 특히 배를 건조한 후 출입하는 종교를 불문하고 반드시 여기서 기도를 드리는 절차가 상식으로 되어 있다. 이때 참배객들은 돈을 제단에 올려두는데, 유사가 부조록에 기록하고 모인 돈은 제당 관리비와 제의 비용으로 사용한다. 배 한 척을 건조한 후 제의를 행할 때 바치는 돈은 보통 5~10만 원이다. 현재 포항과 울릉도를 오가는 정기 여객선인 선플라워호의 관계자도 이곳에 와서 제의를 행하였다.

---

81 박성용·이기태 1998

해신당

선착장 뒤편 현무암 암석에 있다. 바가지를 엎어둔 모양인데 이곳에 올라갈 수 있도록 시멘트 계단을 만들어두었다. 본래 해변 평지에 단을 쌓아 제의를 치렀으나 개척령 이후 인구가 늘면서 해신당 주변을 깨끗하게 유지하기가 어려워지자 (해방 이후) 지금 위치로 이전하였다. 속이 바가지 모양으로 뚫린 자연적으로 형성된 화산암에 신당을 차렸다. 이 바위의 내부는 높이가 최고 230센티미터 정도이며, 전체가 둥근 바가지 속 같은 형상이다. 벽에는 용암의 구멍들이 많고, 촛불을 켠 흔적과 촛농 자국을 볼 수 있는데, 깨끗하게 정돈되어 있다. 아랫부분에는 높이 30센티미터, 가로 153센티미터, 세로 93센티미터 크기의 시멘트 제단이 마련되어 있다. 일제시대에는 도동에 거주하던 일본인들이 삼짓날이 되면 배 타고 여기 와서 불공을 드리고 갔다. 당시에 김중구라는 사람이 돌부처를 모셔두기도 했으나 해방 후에 없어졌다. 요즈음 사람들은 이곳을 해신당이라고 부른다.

법화당

태하령 및 서달영에 있으며, 과거에는 축원당祝願堂이라고 불렀다. 고종 11년(1874년) 순종 탄생을 축하하기 위해 강원도 영장營長을 수토사守討使로 삼아 명승지인 이곳에 축원당을 세운 후 3년에 한 번씩 영장을 보내 축원하도록 했다. 당시 영장은 울릉도에

그림68 태하 해신당

다녀왔다는 증거물로 주토朱土와 향목香木을 진상해야 했다. 일제 때 관헌의 압박으로 축원당 대신 법화당으로 고쳐 불렀다. 제의는 강원도 영장이 행하다가 이곳에 관사가 생기면서 도장島長[82]이 행하게 되었다. 1903년 군청이 남면 도동으로 이전한 후 울릉도에서 가장 유덕한 사람이 선택되어 제관을 맡아서 제의를 행했다.

이 제의는 나중에 동제로 변하여 1967년까지 정월 보름날 행하게 되었다. 태하리에서 가장 덕망 있는 사람이 주관하였으나 주민들 상당수가 기독교를 믿기 시작하면서 중단되었다. 그런데 마을에서 갑자기 사람이 죽는 등 나쁜 일이 일어나자 서달영 주민들은 태하1동의 제의에 동참하고 있다. 서달영 주민 대부분은 천궁 같은 약초를 대규모로 재배하여 경제적으로 풍요로워지자 '본토'로 이주하였다.

성하신당연기聖霞神堂緣起

武陵元無城隍堂/ 誰人尊稱聖神廟/ 文為昭然大神堂/ 黃土拘尾唯一在/ 点点悉皆山神閣/ 倭人又殺海神閣/ 聖霞兩位萬頃禦/ 撫海治山都守護/ 聖霞古事永世傳/ 萬人奉祝不絶影/ 童男童女淸純魂/ 至心奉祝願加護/ 只限不覺城隍堂/ 斯日告由致誠祭/

82 도사島司를 말하는 것 같음.

兩位廟堂奉尊號/ 聖人峰下太霞浦/ 聖神堂時聖化處/ 聖靈遙遙瑞霧裡/ 聖霞神堂緣起也

戊戌年正月十五日 郡守 朴鍾烋

甲子初夏節 郡守 辛承國書

무릉에는 본래 성황당이 없었고/ 사람들은 성신묘聖神廟라고 불렀다/ 글로써 대신당大神堂의 사연을 밝힌다/ 황토구미에만 유일하게 있었는데/ 마을마다 모두 산신각을 갖추었다/ 왜인들은 또한 해신각을 만들었다/ 성하의 양위兩位는 많은 것을 막아주신다/ 바다를 진무하고 산을 다스리는 우두머리 수호신이다/ 성하신당의 유래를 영원히 전하고/ 많은 사람이 올리는 큰 제사를 끊이지 않게 하여/ 동남동녀의 청순한 영혼을/ 지극한 마음으로 봉축奉祝하여 가호를 바란다/ 다만 성황당을 깨닫지 못함을 한스러워하여/ 이날 고유하고 치성을 드리고/ 두 신위를 모신 제당에 존호를 받든다/ 성인봉 아래 태하포에서/ 성신당聖神堂이 신성한 곳으로 될 때/ 성령은 아득히 아름다운 안개에 싸여 있구나/ 이것이 성하신당의 연기이다.

무술년 5월 15일 군수[83] 박종걸

83 당시의 공식 직함은 울도군수였다. 무술년은 1898년을 말한다. 대한제국이 선포되었던 해(1897년)의 익년이다.

갑자 초하절 군수 신승국[84] 서

성하신당연기의 내용 중에 흥미로운 부분은 왜인들에 관한 기록이다. 박종걸 군수 시대에 이 연기문을 기록할 당시 울릉도에는 일본인들도 거주하고 있었다. 당시 울릉도에 거주하던 일본인들이 해신각을 모시고 있었다는 점과 그들이 울도군수의 지배하에 울릉도에서 생활했던 상황이 기록되어 있다. 그들은 어업을 기반으로 생활하고 있었음을 알 수 있다.

제의

천제와 산신제, 성황제는 정월 보름날 지낸다. 해신당 제의는 1월 15일과 3월 3일에 행하다가 7~8년 전에 3월 3일로 통일했는데, 1997년에 성황제와 같은 날짜인 정월 보름날 행하기로 하였다.

제의를 행할 때는 먼저 제관을 선정한다. 설을 쉰 후 마을 어른들이 모인 가운데 유사(제당 관리자)가 주관해 제주댁(음식 만드는 집)과 제관을 선정한다. 제관은 다른 종교에 몸담지 않은 자로써 유교사상이 투철하고 가정에 문제가 없는 깨끗한 사람이어야 한다.

정월 열사흗날이 되면 유사와 제주는 금기를 지킨다. 제당 주

84 신승국은 27대 울릉군수이다. 재직 기간은 1982년 9월 21일부터 1985년 3월 25일까지이며, 갑자년은 1984년이다.

변뿐 아니라 제관과 제주댁 주변에도 황토를 뿌리고 금줄을 친다. 이들 부부는 목욕을 하고, 보기 싫은 데 가지 않고, 초상 치르는 광경이나 아기 낳은 집도 기피한다. 몸을 깨끗이 하는데 소변을 본 후에 꼭 손을 씻어야 했다. "병원 환자 다루기보다 더 깨끗이 한다"고 하였다.

이날부터 제수 준비를 시작한다. 도동에 가서 장을 보고, 마을에서 구할 수 있는 생선과 나물 등을 마련한다. 옛날에는 '동논'이라고 하여 동네에서 개간한 3~4마지기의 논이 있었다. 이것을 소작 주고 매년 도조賭租를 받아서 경비를 확보하였다. 그러나 1980년대 초반 특별조치법이 시행될 때 이 논을 팔았다. 지금은 관광객들이 참배하면서 두고 간 돈과 배 지은 사람들이 올려놓고 간 돈(몇만 원)으로 충당한다. 1997년에는 750만 원 정도가 모였다. 무보수로 일하던 유사가 없어진 후에는 태하경로당에서 관리하는데, 전년도의 제관이 관리인으로 지정된다. 관리인에게 수고비로 1년에 100여만 원을 주고 나머지는 경로회관에 보관한다. 1년간 적립된 돈은 구정을 쇤 후에 제당의 유지비와 제의 비용으로 사용한다.

제를 지내는 비용은 매년 50만 원 정도이다. 제물은 다음과 같다. 과일(배, 사과, 감, 곶감, 밤 등이며 제주댁의 취향에 따라 바나나 등도 사용한다. 과일은 손질하지 않은 채로 사용한다.), 어물(우럭, 볼락, 문어, 오징어 등이며, 방어와 게 등은 귀해서 사용하지 못한다. 비늘과 내장을 제거한 후 쪄서 올린다. 튀길 때는 콩기름을 사용한다.), 육류(산적용 돼지고기와 쇠고기, 돼지머리 등이며, 닭고기는 사용하지 않는다. 해신당에는 돼지 다리 한쪽을 사용한다. 돼지머리는 삶는다.), 전(파전, 두부전, 고기산적, 문어산적, 쇠고기산적, 돼지고기산적), 술(쌀 1~2되를 사용해 제주댁에서 빚는다. 제의를 행한 다음 날 음복주는 소주를 사용한다.), 메밥, 산나물(고비, 고사리, 콩나물, 무나물 등을 볶아서 사용한다. 이들은 깨끗한 집에서 구입한다.), 탕(간을 하지 않은 '민탕'을 쓰는데, 산적을 만들고 남은 고기와 잘게 썬 문어고기, 잘게 썬 오징어, 두부를 넣어서 끓인 것) 등이다. 다음 날인 열나흗날이 되면 제주 부부가 자기 집에서 입가리개를 끼고 제수를 준비한다(제당마다 별도로 준비). 그날 밤 12시경이 되면 제주댁과 축관 겸 제관 두 사람 등 세 사람이 준비한 제수를 가지고 제당으로 가서 제의를 행한다. 제의에는 남자들만 참여하며, 소요 시간은 세 시간 정도이다. 천제당-산제당-성황당-해신당의 순서로 치르며, 천제당 제의를 마치고 집으로 돌아가 새로운 제수를 가지고 산제당으로 가서 제의를 치르는 식으로 진행한다.

풍년과 마을의 안녕을 기원하는 각 제당 제의는 축문만 다르고 절차를 비롯한 나머지는 모두 동일하다. 축문은 옛날부터 사용하던 것인데, 축문들을 한 권의 책으로 묶어두었다. 이 책에는 한자로 된 축문과 한글로 된 축문이 같이 있으며, 제의에서는 한글 축문을 사용한다. 천제당 제의에서는 축문을 사용하지 않는다. 제당에서 행하는 제의의 절차는 다음과 같다.

강신(제주가 향불을 붙이고 술을 조금 부어놓은 술잔을 돌린 후 모사茅沙에 붓고 재배한다.) - 참신(참가한 제관이 동시에 재배) - 초헌례(제주가 담당) - 독축 - 아헌 - 종헌 - 유식(밥그릇 뚜껑을 열고, 수저를 걸고 소원을 빈다. 모두 꿇어앉아서 엎드린다.) - 재배 - 철상(참가자들이 복주를 마시고 철상한다.) - 소지 올리기(번거롭다는 이유로 10년 전에 중지되었다.)

철상 후에는 제주댁으로 간다. 제주가 눈을 잠깐 붙이는데 날이 밝으면 동네 사람들이 인사하러 온다. 주로 동네를 걱정하는 나이 든 분들이 온다. 주민들은 "지난 밤 욕봤다"고 인사치레를 하고 서로 맞절을 한다. 아침을 먹은 후 동장은 제주댁으로 음복하러 오라고 방송을 한다. 주민들은 하루 동안 꽹과리를 치면서 논다. 제주와 제관 댁부터 시작해 마을을 돌면서 풍물을 치고 술을 마시며 논다. 이를 "풍물 치고 논다"고 한다. 이때 '지신밟기'는 형식만 취한다. 다시 말해, 예전에 실천했던 내용들은 사라지고, 주로 형식만 남은 것이다.

축문의 종류

山祭祝

維

歲次某年某月某干支朔某日幼學某姓名

敢昭告于山王之神 西岳峻拔 東州之鎭 民斯尊址

于以成巷 呵噤不祥 隆之百美 蕩樵之利

寶貨之興 風雨惟時 鳥鼠勿災 田連稼成

屋比魔掃 靡所保祐 其誰爲生 敢將牲幣

用神虔告 尙

饗

유세차維歲次 모년 모월 간지삭干支朔 모일 유학幼學 모는 감히 산왕신山王神께 명백히 고하나이다. 서악西岳이 우뚝 솟아 동주東州를 진압하니, 백성이 이에 받들어 자리 잡고 마을을 이루었습니다. 상서롭지 않은 일을 호통쳐서 막고 온갖 좋은 일을 장려하시며, 물고기와 땔나무의 이로움과 재보財寶의 흥함에 바람과 비를 때맞추어 주시고 새와 쥐가 재액을 저지르지 못하게 하시어, 모든 밭에 풍년이 들고 모든 집에 마귀가 사라지게 하소서. 산왕신께서 보우하시는 바가 없으면, 그 누가 살 수 있겠습니까. 감히 희생을 바쳐 신께 경건히 고하오니, 흠향하시기 바라나이다.

聖霞神堂祝

維

歲次某年某月某干支朔某日幼學某姓名

敢昭告于

聖霞之神 海山之西 惟靈所止 謹請閭閘

如座(左[?])如右 驅除疫癘呵奪魑魅 有禱斯應

有致斯格 消災納慶 以安且和 凡此有生

就(孰[?])非神賴 玆用潔牲恭尊奠虔告 尙

饗

유세차 모년 모월 모간지삭 모일 유학 모는 감히 성하신聖霞神께 명백히 고하나이다. 해산海山의 서쪽은 신령스러움이 머무는 곳이니, 삼가 청컨대 거리거리마다 역귀疫鬼를 몰아내고 이매魑魅[85]를 호통쳐서 좇아버리소서. 기도를 올리면 들어주시고 치성을 드리면 감동하시어 재액을 없애고 경사를 내려 평안하고 화목하게 하소서. 저희가 사는 모든 것이 어찌 성하신의 덕분이 아니겠나이까. 이에 깨끗한 제수를 공손히 바치며 경건히 고하오니, 흠향하시기 바라나이다.

海祭祝

85 숲에 살며 사람을 해치는 악귀

維

歲次某年某月某干支朔某日幼學某姓名

敢昭告于

海王之神 惟天生一 洪大潤下 漁(鹽?)之利

梯帆之通 掃蕩百厄 興起萬祥 風調順雨

油我天穢 弘濟無涯 何尊神休 謹用潔祖(租)?

虔禱虔告 尙

饗

유세차 모년 모월 모간지삭 모일 유학 모는 감히 해왕신海王神께 명백히 고하나이다. 오직 하늘의 태일太一[86]이 위대하여 어염魚鹽의 이익과 육로와 수로의 교통을 윤택하게 내리고, 모든 재액을 싹 쓸어버리고 온갖 상서로운 일을 일으켜 바람은 고르고 비는 적당하며, 나의 액운과 더러움을 씻어 널리 구제함이 끝이 없었으니, 해왕신의 아름다움을 무엇으로 받들 수 있겠나이까. 삼가 깨끗한 곡식을 차려 경건히 기도하고 경건히 고하오니, 흠향하시기 바라나이다.

산제축의 "동주를 진압"한다는 표현은 일본을 의식한 것이라고

---

86 천신의 이름

볼 수 있다. 성하신당의 연기를 통해 울릉도의 제당은 성황당, 산신각, 해신각 순서로 건립되었음을 알 수 있다. 특히 황토구미에 제당이 있었다는 사실을 상기함으로써 잊어버렸던 제의 장소를 재발견하고 역사적 의미를 되새긴다. 사실 제의와 관련한 이야기들이 조선 태종 대로 거슬러 올라가는지 여부는 분명치 않다. 다만 주민들은 성하신당과 관련된 설화를 세월의 흐름에 따라 새롭게 재구성하며 섬 역사의 일부로 자리매김하여 정통성을 부여하려 한다는 사실이 지적된다. 여러 축문의 내용이 전하는 바에서 명백하게 드러나는 것은 깊이 배어든 유식화의 인식이다.

현재의 제의는 행정기관이 주도하는 성격을 띤다. 주로 울릉도의 기관장과 상위 계층 주민들 중심으로 진행되기 때문이다. 2000년 제의에는 군 단위 단체장, 경로회, 이장, 새마을 지도자, 부녀회, 어촌계장, 울릉문화원 임직원, 지역 원로와 주민들이 참여했다. 태하리 주민을 중심으로 치르는 동제는 아님을 알 수 있다. 21세기에도 이러한 의례가 여전히 행해지는 이유는 생업 공간인 바다가 불확실성이 매우 크기 때문이다. 어부들은 바다 신에게 안녕과 풍어를 빈다. 오늘날에도 1년에 몇 명씩 해상 사고로 죽어가기 때문에 유교 의례를 모방한 제의를 행한다. 이는 비록 섬의 민속신앙이 해체되고 있지만, 다른 한편으로 새로운 변화에 적절히 반응하면서 전통을 유지하고 있음을 보여주는 사례이다. 민속신앙의 유식화라는 인식론으로 깊이 있는 연구가 필요한 부분이다.

무엇보다 육지로 이주하는 인구가 증가하면서 전통적 사회관계가 해체되고 성하신당의 제의가 지역민들을 통합하는 역할을 상실하고 있음을 지적할 수 있다. 마을 사람들이 모이는 대동회와 농악놀이가 점차 사라져가고 있다. 후기 산업사회의 개인주의나 경제적 효율성을 추구하는 풍조 등이 성하신당 제의에도 영향을 미쳐서, 서로 다른 날짜에 치르던 제의를 정월 보름날 하루에 행하기로 하였다. 공동체 의례의 성격이 주민 중심으로부터 행정 중심으로 이동한 측면과 인구 감소로 인해 전통 사회의 인간관계의 지원을 받지 못하는 마을 공동체의 해체 현상이 앞으로 어떠한 양상으로 전개될지 민감해질 수밖에 없다.

학포의 해신제

해신제를 치르는 산왕각은 마을의 남쪽 언덕에 있다. 현판 전면 칡넝쿨에는 종이와 솔잎을 끼워서 달아두었다. 제당은 양철 지붕을 얹었고 돌로 벽을 쌓았다. 제당 입구에는 뽈뚜나무(보리수)가 있다.

제의는 3월 3일 새벽 4시경에 행하였다. 제관 두 명, 제주 한 명, 축관 한 명이 참여하였다. 축문은 한문으로 되어 있었으나 없어져서 한글 축문을 사용하다가 지금은 이것도 없다. 제일 열

그림69 나란히 자리 잡은 해신당과 파출소(태하)

흘 전에 제관을 선출하고, 제관은 사흘 전에 금줄을 치고, 하루 전에 제당 청소를 한다. 금줄은 새끼줄에 해송 가지와 백지 조각을 달아두었다. 그 후 1994~1995년에 칡을 달아두는 것으로 바꾸었다. 황토는 제당 입구에만 뿌린다. 제관은 자기 집에서 목욕을 한다. 제수는 주과포, 밥, 나물(콩나물과 산나물), 돼지머리 한 개(돼지 한 마리를 잡아서 머리만 사용), 문어, 전복, 소라 등이다. 제의를 행한 다음 날에는 음복을 하면서 술을 마신다. 이때 꽹과리를 치고 다니며, 모든 배에 올라서 풍어를 기원한다. 소주 한 병과 음식을 조금 차려서 제사를 지낸다. 제당 내부에는 해왕신위와 울릉도산신태왕신위가 모셔져 있고, 각 위패에는 백지 전지를 접어서 덮어두었다. 제당의 내부에는 삼짇날 풍어제와 지신밟기를 할 때 사용하는 북과 징이 있다.

학포 해신제의 경우 초자연적 실재와 관련된 공간이 통합되고 있어서 동제에 대한 가치관이 변하고 있음을 알 수 있다. 학포의 산왕각에 존치하고 있는 신체의 경우, 산신과 해신의 신위를 합설하고 있으며, 두 신에게 제사를 지내고 있다. 신들 사이에는 위계가 있는데 학포 주민들은 산신이 해신보다 더 높다고 여긴다. "이곳 제당에서 산신제를 지내고 나면 음식을 가지고 해신당(산왕각)에 내려가서 제의를 올렸다. 산신이 우선이다. 산신이 해신보다 높다."(최영수, 84세, 학포 거주)

산왕각의 경우, 비록 산왕각이라 쓰인 현판이 걸려 있지만 주민들은 해신당이라고 부른다. 먼저 산신을 모시다가 일제시대 이후 어업의 비중이 커지면서 해신을 합설한 것으로 추정된다. 해신으로부터 바라는 것은 해상안전과 풍어다. 그것이 필요한 사람들은 너도나도 해신을 모신다. 과거 일본인들이 태하에서 해신을 모시던 자리도 남아 있고, 지금도 부분적으로 기능하고 있다. 또 다른 방식의 안전이 필요한 사람들은 파출소를 설치했다. 안전과 풍요는 공통적으로 요구되는 삶의 방식이다. 신들이 공존하는 현상은 사람들의 신앙으로부터 비롯된다.

교회와 교육

학포침례교회는 1951년 3월 17일 최종식 전도사와 김종석 목사가 설립했다. 산막의 허봉수 씨의 집에서 세 가정이 모여서 예배를 드렸으며, 몇몇 교회의 목회자가 수시로 방문하여 인도하였다. 1955년 4월 1일부터는 태하국민학교 학포분교를 빌려서 예배처로 사용하다가 5월 10일 선교부의 지원으로 임시 예배당을 구입하였다. 1956년 7월 10일에는 임시 예배당을 처분하고 연변쪽에 있는 개인 주택을 구입하여 예배당으로 개조했다. 1961년 6월 20일 선교부의 원조와 교회 자금으로 지금의 땅을 마련하여 교회를 건축했다. 울릉도가 육지와 멀리 떨어져 있는 탓에 교역자가 없던 때도 있었다. 1966년 12월 30일에서 1986년 3월 30일, 1997년 8월 5일에서 1998년 2월 25일에는 교역자 없이 집사들이 교회를 운영하였다.

현재 학포침례교회의 재적 교인은 열여섯 명이다. 평소 새벽 기도를 5시에 드리며, 이는 설립 이후 학포 교회의 전통이 되었다. 주일에는 오전 11시에 예배를 드리고, 이후 간단한 점심 다과를 나눈 뒤에 2부 예배가 이어진다. 수요일에도 예배가 있으며, 이때 성경 공부를 한다. 교회 안수집사인 김종길 씨(83세)는 독실하고 한학에도 조예가 깊어 마을에서 존경받는 어른으로 알려져 있다. 교회 사택을 구입하기 위해 1988년 1월 16일 손재익 씨 집을 매입할 때 사재를 털었을 만큼 교회의 기반을 닦는 데 중요한 역할을 했다. 학포마을 신도 중 60대 후반에서 80대에 이르는 주민 가운데 글을 모르는 이가 없다는 것은 주목할 만하다. 학포침례교회에서 실시한 주민 교육이 일정 정도의 역할을 했음을 알 수 있다. 연구자는 고령 노인들이 막힘없이 성경을 읽는 것을 확인할 수 있었다.

학포마을에서 개신교회가 활발히 활동하고 있는 데 반해 천주교회의 신도 수는 두 명에 불과하다. 개신교회가 울릉도의 마을마다 있는 반면 천주교회는 천부와 도동에 각각 한 개씩만 있기 때문이다. 이들은 천부와 도동에 있는 천주교회에 다니고 있다. 그중 현명주 씨(73세)는 강원도 정선에서 태어나 1972년 4월 5일 학포마을에 온 사람으로, 오징어잡이로 생계를 유지하고 가족의 간병비를 벌기 위해 울릉도로 들어왔다. 천부성당이 차로 20분가량 떨어져 있기 때문에, 주일 아침이면 성당에서 보내주는 차를 타고 미사를 보러 갔다가 다시 차를 타고 돌아온다. 천주교 신자가 된 지는 50년 정도 되었으며, 천부성당에는 20년가량 다녔다.

정규 대학 교육을 받은 목회자가 학포에 단순히 거주만 한 것이 아니라 교회라는 공동체를 통해 주민 생활에 영향을 미친 일은 흥미로운 사례다. 정규 교육기관이 아닌 학포침례교회가 마을 교육에 끼친 영향은 주목할 만하다. 여름성경학교나 한글 가르치기 프로그램을 통해 어린아이와 성인들에게 무료로 글을 가르침으로써 학교에 다니기 어려웠던 시절에 나름의 역할을 수행했다. 이 교회는 마을의 여성들에게도 한글을 가르쳤다. 일제시대 교육을 받지 못한 학포의 여자아이들은 글을 몰랐는데, 교회에 다니면서 한글을 알아야 하는 상황이 발생했다. 한글을 모르면 성경을 읽을 수도 없기에 교회 목사가 자연스럽게 교육자 역할을 맡게 되었다.

현재 마을 입구의 가옥에 살고 있는 유동수 씨(73세)도 교회를 통해 자녀 교육에 많은 도움을 받았다고 회상한다. 유동수 씨의 아들의 경우는 학포초등학교와 울릉중학교 태하분교를 거쳐 육지로 나가서 대학을 졸업한 후 정규 신학대학원에서 목회학 석사학위를 받고, 전도사 생활을 거쳐 강원도에서 목회를 하고 있다.

불교

김목호 씨(84세)의 부인은 태하에 있는 천태종 사찰에 다닌다. 이로써 기독교와 천주교, 불교를 믿는 사람들을 제외하면 나머지는 특정 기성 종교의 일원으로 활동하고 있지 않다고 말할 수 있다. 동네 초입에 불교재단의 요양원이 세워지고 있다. 원장은 도난희 씨로 현재 40대 초반의 여성이다. 이 공사로 인해 학포마을 발전에 대한 기대가 커지는 한편 일부 우려 섞인 목소리도 흘러나오고 있다. 교회는 불교재단의 도움을 받은 요양원이 생겨나자 전도에 지장이 있을까 우려하고 있다. 인부들에게 유급 식사를 제공하는 등 요양원 공사를 적극 돕고 있는 유동수 씨를 교회 신자들은 곱지 않은 눈으로 보고 있다.

몇몇 주민들은 노인회관에 거주하고 있던 연구자를 찾아와 유동수 씨 댁에 거주하는 동료 연구자가 혹여 왜곡된 정보를 들을 수 있다며 우려를 표하기도 했다. 유동수 씨 측을 통해 유통되는 정보와 교회 공동체가 유통하는 정보는 마을 사람들이 서로 불편해할 만큼 상반되는 경우가 있었다. 양쪽의 애기를 들어보면 교회 공동체와 불교재단 요양원 간의 이해관계에 따라 가공된 정보들이 만들어져 유통될 수 있다는 점을 인지할 수 있다.

소결

비교적 단기간 여름방학을 이용하여 울릉도의 학포에서 진행되었던 민속지 작업의 결과로 '학포 민속지'라는 보고문을 작성할 수 있었다. 물론 나 혼자의 힘으로는 단기간이라는 제약을 감내할 길이 없어서 대학원생 제자들이 형편 되는 대로 시간을 쪼개어 나와 함께 작업에 임했던 결과를 보태어 종합적으로 정리한 것이 본 '학포 민속지'이다. 일상으로 진행되는 살림살이의 전개과정에 대해서 배운 결과를 바탕으로 '폐촌화'되어 가는 모습에 초점을 맞추어서 정리하였기 때문에, 결과를 보면 부족한 점이 너무나도 많이 지적될 수밖에 없는 생산물이 되었다. 이상적으로는 말리노브스키의 불가해성imponderabilia이라는 살림살이의 특징과 그에 대응할 수밖에 없는 근사치approximation 추구라는 방법론적 한계에 대한 선행인정을 제시하였던 에반스프리차드Evans-Pritchard의 명언들을 생각하였지만, 사실상 장기거주를 실천하지 못한 상태에서 살림살이의 불가해성이나 근사치 추구라는 용어들은 오히려 사치스러울 뿐이라는 생각도 든다. 그럼에도 불구하고, 학포 주민들의 인내가 담긴 협조에 힘입어 살림살이를 통한 일상 문화를 그려보려는 의지의 소산물이 부분적으로나마 만들어진 결과를 제시할 수 있다는 점에 대해서 안도하게 된다.

학포 주민들의 활동을 통하여 자연환경의 여러 가지 조건들이 제공하는 토양과 해양을 기반으로 한 생업구조는 끊임없이 변하고 있음을 알 수 있었다. 살림살이의 유지를 위한 주민들의 생업 활동은 토양과 해양을 가리지 않는다. 상황의 어려움에 대응하는 주민 중심으로 전개되는 리질리언스의 모습도 끊임없이 작동하고 있음도 관찰되었다. 살림살이를 위해서 도움이 될 수 있는 일이면, 그것이 토양을 기반으로 하든지 해양에서 이루어지는지를 가리지 않는다. 학포 주민들 중에서 일생 동안 한 가지 직종에만 종사하는 경우는 거의 찾아볼 수 없음을 알 수 있었다. 마을 구성원도 끊임없이 변하는 모습을 보였고, 그러한 사회구성원상의 변화가 마을의 사회조직에 긴장 관계를 조성하기도 하지만 동시에 새로운 활력소의 역할을 하고 있음도 포착할 수 있었다. 울릉도 전체의 인구구성이 전라도 흥양에서 경상도 경주로 전환되었던 정치적 격변의 영향도 있었을 뿐만 아니라 생업 구조를 좌우하는 오징어어업의 성쇠에 의한 인구이동도 급격한 사회 조직의 변동에 영향을 미쳤던 점도 객관적으로 지적되었다.

인구이동이 원인이 되어서 과소화를 넘어서 폐촌화의 경향도 보여주고 있다. 그럼에도 불구하고 새로운 인구가 유입되기도 하고, 지방자치정부의 주도로 관광단지화의 계획이 진행됨으로써, 새로운 생업구조의 창출이 예상되고 있다. 학포의 폐촌화 과정은 쉽사리 폐촌으로 끝나진 않을 것이라는 예상이다. 행정주도의 리질리언스로 학포는 새로운 통합의 모습을 보여줄 가능성도 있다. 새로운 주민들이 새로운 역할을 맡음으로써 학포는 공동체로서의 컨질리언스를 담보할 가능성을 보여주고 있다.

학포 주민들의 신앙이라는 차원은 종교적인 측면만으로 작동하지는 않는다. 신앙은 공동체의 조직에 영향을 미치고, 공동체 조직의 행동성은 생업 구조에도 영향을 미친다. 여러 가지 종류의 다양한 신앙들이 각축하는contested 현장이 학포라는 마을이다. 그곳에는 전통적인 전래의 신앙들이 여러 가지의 기대와 희망으로 얽혀 있을 뿐만 아니라, 해방 후 전래된 기독교가 공존하는 양상이다. 종교에 의해서 마을의 공동체가 분열되는 사건은 현재까지 경험하지 못했다. 학포 마을의 내부적인 조직적 문제와 갈등의 요인이 신앙과 얽혀 있기도 하지만, 그러한 얽힘이 살림살이의 컨질리언스를 해칠 만큼 불거지는 일은 없었다. 새로운 작물 도입이라는 혁신적인 요인이 살림살이의 리질리언스를 만족시킬 수 있는 기능을 하는 것처럼, 신앙이라는 측면에서도 새로운 요인은 학포의 살림살이라는 측면에서 순기능을 하는 모습도 체감된다. 내부적인 조직의 역동성만으로는 학포 마을의 공동체성을 감내해내지 못한다. 외부로부터 끊임없이 유입되는 정보와 관계망들 또한 마을의 역동성에 작동한다.

부서진 창문과 깨어진 장독을 드러내고 있는 폐가가 증가하는 것만으로는 학포가 폐촌화로 진행하고 있다는 결론을 내기가 어렵다. 그동안 살아왔던 살림살이의 관성이 쉽사리 폐촌이라는 현상에게 자리를 내어주기가 쉽지 않다는 점을 증언하는 것이다. 대간첩 작전에 희생당하였던 와달리와 같은 인위적인 군사작전과 강제적인 소개령에 의한 폐촌의 경우를 제외하면, 공동체 유지의 한계 상황을 경험하는 폐촌화는 실제로 진행되기가 어려운 것이다. 살림살이의 리질리언스와 컨질리언스에 대한 이해가 앞으로의 인류학적 과제일 것 같다.

최영수 씨 댁의 성공적 자녀교육과 관련된 경험담도 살림살이의 과정을 보여주는 하나의 텍스트이다. 최영수 씨 댁을 부러움으로 바라보는 박 씨의 사정은 드러내고 말할 수 없는 사연을 담고 있다. 나는 그 사연에 대해서 더욱더 궁금해진다. 왜냐하면, 천궁농사의 성공과 실패, 오징어잡이의 영고성쇠 등으로부터 살림살이의 굴곡을 충분히 가늠해볼 수 있기 때문이다. 박 씨의 둘째 딸이 겪었던 도시생활의 어려움이 결코 외면할 수 없는 우리의 삶을 대변하는 면을 보이고 있다는 생각이 들기 때문이다. 천궁농사 실패의 이면과 오징어잡이의 쇠락에서 드러난 살림살이의 면모가 또 다른 양상으로 전개되고, 그 과정은 행정에 대한 기대감의 포기와 신앙으로의 귀결로도 이어지기 때문이다. 일곱 남매의 자녀들이 모두 육지로, 도동으로 나간 뒤, 남편을 앞세운 86세의 한말녀 노파는 못 쓰는 다리를 끌고 비탈진 옥수수 밭의 잡초를 뽑으면서 살림살이를 이어간다. 젊은 시절에 그리도 닳도록 손때가 묻어서 반들거리는 호미도 마다고 맨손의 아귀에 힘을 주어 잡초를 뽑아낸다.

이 모든 것이 함께 어우러 저서 엮어내는 울릉도와 학포의 살림살이와 그 살림살이의 리질리언스를 담보하고 있다는 인간에 대한 신념이 있기 때문에, 새로운 주민이 앞서 살았던 주민들의 대타가 되어서 빈자리의 일부라도 메꾸는 실천을 이어간다. 그 신념과 공생을 기반으로 한 살림살이로부터 교육된 것이라고 생각하며, 나는 그 신념을 공생주의라고 이해하려고 한다. 이 신념이 전제되어 있기 때문에, 인류학을 공부하는 나는 파푸아 비약섬의 소르마을에서도, 베트남 메콩델타의 푸억탄에서도, 브라질 상파울루의 조세빠울리노 상가에서도, 우즈베키스탄 부하라에서도 민속지 작업을 하였다. 인류학은 일상의 살림살이로부터 '사람들이 함께 살아간다'는 것의 의미 즉 공생의 의미를 배우는 학문이라는 것을 뼈저리게 느낀다.

관문참여觀問參與의 과정을 통하여 살아가는 이야기를 이해하는 과정에서 반드시 등장하는 공유라는 부분도 있지만, 전혀 엉뚱한 새로운 삶의 경험도 하게 된다. 새로운 경험이라는 장의 제공이 공생을 찾아가는 길이라는 점을 알게 해준다. 울릉도의 박해수 씨와 우화수 씨의 이야기를 들었던 과정이 공생하는 과정의 조각들이었음을 다시 한 번 감사의 마음으로 새기게 된다.

3장

독도 해정학

문화주권과 커먼스 정치

울릉도와 오키노시마

지정학의 시대에 반복되었던 약육강식의 점령과 전쟁 구도는 인류사의 커다란 오점으로 남았다. 호모사피엔스는 오점을 반복할 만큼 어리석은 종이 아니다. 지정학을 대체할 수 있는 해정학은 대결 구도가 아닌 공생 구도를 지향한다. 독도를 인류 투쟁사의 희생물로 전락시키는 우를 범하지 않으려는 인식의 발로가 해정학을 제안한다.

본고는 고위정치가 치열하게 작동한 결과 멸종 상태에 이른 '가지'의 운명을 서술하면서 생태계와 결부된 문화주권의 문제를 제시하고 지역의 삶이 중심인 새 정치를 모색하는 커먼스commons 개념을 전제로 집필되었다. 권력 행사가 속성인 고위정치 중심의 경쟁 관계가 빚어낸 삶의 양태를 폭로하고 자료를 통해 학살과 멸종의 세월을 고발한다. 이 역사의 현장이 우리에게 반면교사 역할을 할 수 있다면, 저자의 목적은 달성하는 것이라고 생각한다. 이 논의의 지리적 배경은 남한과 북한, 러시아, 일본, 중국이 직간접으로 경쟁 관계를 드러내는 '동아시아의 지중해'인 동해와 이 해역의 중심에 자리 잡은 울릉도와 부속 도서이다. 이 해역에서 더는 고위정치가 지향하는 대결 구도를 재생산하지 말자는 뜻에서 중간 단계의 실천적 개념인 문화주권과 커먼스 정치를 논의한다.

그림70 저동항 오징어축제 중의 떼배 경주

여름이 되면 울릉도 사람들은 오징어축제를 기다린다. 저동의 어판장에는 축제용 오징어들이 즐비하고, 사람들은 오징어를 담은 수조에 들어가서 맨손으로 오징어잡이를 시작한다. 누가 정해진 시간에 더 많은 오징어를 잡느냐가 관건이다. 아이들은 손바닥 안에서 미끄러져 나가는 오징어를 놓쳐 아쉬워하고 즐거워하기도 한다. 현란하게 장식한 현수막들로 둘러싸인 어항 주변에서 가장 눈에 띄는 문구가 "독도영유권"이다. 이것을 만든 사람들은 '대한민국특수임무수행자회 경상북도지부'이다. 사진의 깃발에는 "일본은 울릉도 땅"이라고 적힌 내용도 보인다. 반면, 오키노시마에서 찍은 사진도 있는데, 일관되게 "죽도竹島를 돌려달라. 섬과 바다"라고 적혀 있다. 오키노시마에서 영토 분쟁이 일어나는 지역까지 얼마나 떨어져 있는지를 표시한 이정표도 있다.

울릉도와 오키노시마의 사진들에는 공히 영토주권에 관한 주장이 담겨 있다. 주권을 둘러싼 충돌이 극명하게 드러나는 현장인데, 현수막이나 간판으로는 이 목소리들이 일상과 어떻게 접합되어 있는지를 알기 어렵다. 분명한 것은 일상의 문화주권이 개입할 여지가 별로 없다는 점이다. 영토주권을 천명해야 하는 국가권력이 직접 충돌하지 않는 가운데 대리인들의 언설이 충돌하고 있는 현장이다. 호적(또는 본적지)으로만 본다면 독도에서는 기상천외한 일이 벌어지고 있다. 한국인 1,919명이 등재

그림71 울릉도에서 매년 개최되는 오징어축제 행사에 등장한 현수막들

그림72 오징어축제의 한 항목으로 시행되는 어선 노젓기 행사에서 어선에 꽂힌 깃발들

되어 있고(2006년 기준), 일본인 69명이 등재되어 있다(2005년 기준). 사람이 거주하는 지구상의 어느 곳에도 이런 해괴한 일은 없다. 이러한 언설들이 양 지역의 문화주권과 어떠한 관계를 맺고 있는지를 알려면 다른 방향에서 구체적으로 분석할 필요가 있다.

일본도서학회 2012년도 연차회의가 오키노시마의 도젠島前에 있는 아마초海士町에서 열렸는데, 필자가 연사로 참가하였다. 여기서는 오키노시마 교육위원회의 생애학습과 문화진흥계장인 노베野辺一寛 씨의 안내를 받았다. 울릉도에서 직선거리로 250킬로미터 떨어져 있어서 쾌속선으로 다섯 시간 거리인데, 나는 인천공항에서 비행기를 타고 칸사이공항에 도착하여 다시 국내선 비행장이 있는 이타미로 이동했다. 연결 편이 매끄럽지 않아서 오사카에서 하루를 자고, 다음 날 정오가 지나 국내선 비행기를 타고 도고의 공항에 도착했고, 다시 늦은 오후에 배를 타고 아마초에 도착했다. 다섯 시간이면 도착할 거리인데 서른 시간 넘게 걸렸다. 만약 울릉도에서 출발한다면 가장 빨리 갈 수 있는 방법을 동원하더라도 무려 쉰 시간이 넘게 걸린다. 열 배가 넘는 시간과 비용을 들여야 하는 이유는 무엇인가? 국가라는 조직, 국경의 존재로 인하여 사람들은 멍에를 짊어지고 일상을 살아간다. 왜 이렇게 살아야 하는가?

울릉도라는 지방이 오키노시마라는 지방과 직접 교류하고

그림73 오키노시마의 사이고항 부두에 내걸린 현수막(왼쪽 위),
오키노시마에서 선전용으로 배포하고 있는 사진(왼쪽 아래),
오키노시마의 도로에 걸린 이정표. "죽도竹島"까지 161킬로미터라고 적혀 있다(오른쪽).

살아갈 수는 없는가? 국제관계의 영향으로 인하여 방제관계方際關係, interlocality가 제대로 작동할 수 없는 현장은 이 세상에 얼마든지 많이 있다. 방제관계가 국제관계에 종속되는 구조가 일상문화론과 함께 동행할 수 없는 것이 근대국가와 국가주의 등장 이후의 삶이 되어버렸다는 점을 알 수 있다. 국가권력이 지방의 문화주권을 억제해야 하는 이유는 무엇인가? 크로폿킨Kropotkin의 사상과 무정부주의를 다시 생각하는 이유가 있다.

국가권력과 공문서

대한제국은 1900년(광무 4년) 11월 27일 자 관보에 울릉도에 관한 칙령을 발표하였고, 여기에 독도를 "석도石島"라고 기록하였다. 19세기 초 일본에서 소위 '죽도 사건'(이 '죽도'는 울릉도를 말함)이라고 불리는 밀무역 사건이 일어나자 태정관 이름으로 일본인들의 울릉도 도항을 금지하는 훈령문을 공포했다. 정부가 도항 금지령을 내렸다는 것은 적지 않은 일본인들이 울릉도로 내항했었음을 반증한다고 해석할 수 있다. 정치권력을 유지하는 문제는 변경 지역의 관리와 밀접한 관련이 있음을 알 수 있다. 변경이 잘 관리되지 않으면 정치권력은 쇠약해질 수밖에 없다. 이 경우는 조선과 일본의 관계와 깊은 관련이 있었다. 그림76은

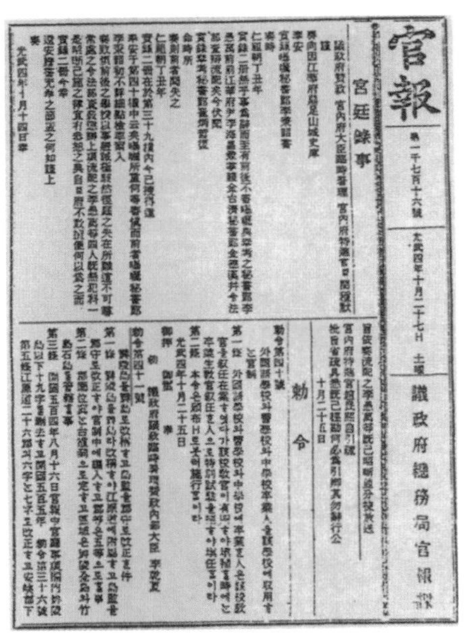

官報

第一千七百十六號　光武四年十月二十七日　土曜

議政府總務局官報課

勅令

勅令第四十號

外國語學校와醫學校와中學校卒業人을該學校에取用すと[illegible]

第一條 外國語學校와醫學校와中學校에卒業き人은該學校敎官을[illegible]

第二條 本令은頒布日로봇터施行홈이라

光武四年十月二十五日

御押　御璽　奉

勅

議政府議政臨時署理贊政內部大臣 李乾夏

勅令第四十一號

鬱陵島를鬱島로改稱す고島監을郡守로改正き件

第一條 鬱陵島를鬱島라改稱す야江原道에附屬す고島監을郡守로改正す야官制中에編入す고郡等은五等으로홀事

第二條 郡廳位置と台霞洞으로定す고區域은鬱陵全島와竹島石島를管轄홀事

第三條 開國五百四年八月十六日官報中官廳事項欄內鬱陵島以下十九字를刪去す고開國五百五年勅令第三十六號第五條江原道二十六郡의六字と七字로改正す고安峽郡下[illegible]

그림74 대한제국 칙령의 일부로 울릉도에 관한 내용이 수록되어 있다.

그림75 일본 태정관이 발행한 문서로 "울릉도도항금지" 훈령문이다(독도박물관 소장).

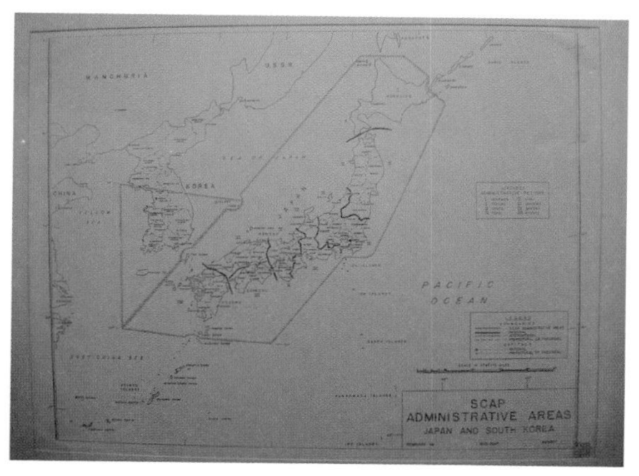

그림76 2차대전 이후 연합군 총사령부가 작성한 명령서의 일부인 지도.
일본과 한국의 경계를 표시한다(독도박물관 소장).

대동아전쟁에서 패해 무조건 항복한 일본에 상륙한 연합군 총사령부가 작성한 것으로 일본의 국가 경계를 분명히 보여주는데, 독도가 한국의 영토라고 표기되어 있다. 바다의 경계선이 직선이 아니고 독도 부분을 의도적으로 우회하여 부분적으로 원형으로 구획되어 있는 것을 볼 수 있다.

반면 오키노시마의 어부들은 자신들의 생계가 걸린 어장으로 독도 해역을 인식하기 시작한다. 근대국가의 국경이 명확히 존재함에도 불구하고, 이를 무력화하려는 시도가 제국주의적 야욕과 결부되는 사례를 독도에서 볼 수 있다. 일본 제국주의가 준동하던 시점에, 오키노시마의 어민이 이른바 어업권을 획득하기 위해 일본의 독도 영유를 부추기는 과정이 드러난다. 국가권력과 일상의 생계 활동이 야합하여 약소국의 영토를 탈취하는 프로젝트가 추진되었던 것이다. 물론 이에 기여하는 사람은 '어업권'이라는 이권을 손에 넣는다. 구체적인 과정을 살펴보자.

> 1903년(명치 36년) 하쿠슈伯州 토우하쿠군東伯郡 오가오무라小鴨村(현재 사이고초) 나카이 요자부로中井養三郎는 리양코섬〔島〕 해려海驢 잡이를 기도하여, 동향의 오하라小原某 시마다니島谷某 등과 함께 네 척 길이의 어선으로 일본해의 파도를 건너 리양코섬에 상륙하였다. [...] 처음으로 (섬 정상의 바위에) 일장기를 걸었던 것은 1903년 5월 모일이었고, 해려업이 유리하다는 점을 알게 되었다. 이듬

> 해 1904년 어기에는 각지의 어부들이 도항하여 경쟁적으로 마구 잡아들여 폐해가 크다는 점을 알았다. 요자부로는 리양코섬이 조선 영토라고 믿고, 조선 정부에 임대하청을 하기로 하고, 1904년 어기가 지난 다음 상경하여 오키隱岐 출신의 농상무성 수산국원 후지타藤田勘太郎를 통해 수산국장과 면담하게 되었다. 국장이 그의 의견에 찬성하여, 해군수로부에 리양코섬의 소속을 확인하게 되었다. 요자부로는 수로부장 키모쓰키 카네유키肝付兼行(1853~1922)[87]를 면회하여 가르침을 청하였고, 리양코섬이 어디에 속하는지 알 수 있는 증거가 없다는 이야기를 들었다. 그리하여 어업 활동을 할 뿐만 아니라 아예 일본 영토로 편입할 수 있는 방법을 들었다. 이에 결의에 차서 리양코섬 편입/임대원을 내무, 외무, 농상무 3대신에게 제출하였다.

"1904년 어기가 지난 다음 상경"했다고 했으니, 나카이는 1904년 8월 이후에 해군수로부장을 만났을 것이다. 대체로 8월에 가지잡이가 종료되기 때문이다. 측량 전문가인 해군수로부장(해군대좌)이 리양코섬 영유 의지를 최초로 표명했음을 알 수 있고, 나카이라는 어민 겸 사업가는 해군수로부장의 사주를 받아 독도 영유 프로젝트의 임무를 수행한 하수인 역할을 한 셈이다.

87 그는 1888년 해군수로부장에 승임되었다.

이 당시의 상황을 잘 뒷받침하고 있는 일본외무성이 편찬한 문서가 있다. 일본외교문서日本外交文書 제37권에 의하면, 외무성에서 마산, 목포, 인천 등지의 영사들과 경성(서울)의 하야시 공사林公使에게 1904년 2월 말부터 명령서를 하달하였다. 그 내용은 전쟁 준비를 위한 망루와 급수조 등의 건설에 관한 것이었으며, 7월부터는 울진 죽변과 절영도 방면으로 확장되었다. 집중적인 공략이 영흥만과 진해만에서 이루어졌음도 알 수 있다. 제38권(1905년)에는 한일의정서 제4조에 의거한 군용지 수용에 관한 내용들이 수록되어 있다(일본외무성 편찬 1958. 7.).

당시 수로부장 키모쓰키는 홋카이도 개척사開拓使 밑에서 측량기술자로 일한 바 있는 수로 측량의 전문가이다. 그가 러일전쟁이 한창 준비되던 시기에 나카이의 제안에 자극을 받아 리양코섬 영유권 탈취 작업을 획책한 장본인이라는 점은 거의 확실하다. 측량이라는 근대적 기술을 기반으로 영토 확장을 시도하였던 것이다. 나카이가 리양코섬의 어업권을 획득하려고 동분서주할 때, 키모쓰키는 수로부장이자 해군대학장이었으며, 러일전쟁이 진행 중인 1905년에 해군 중장으로 진급하였다. 1907년 퇴역했으며 남작의 작위를 받았다.

수로부장 키모쓰키와 일본 해군 망루

그 후 국가권력은 어업 감찰 명목으로 나카이라는 개인에게 독도의 어업과 관련된 모든 권리를 몰아주었다. 어업권이 제국주의 팽창에 이용된 것이다. 이로써 일본 제국주의는 오랫동안 독도 해역의 어로를 기반으로 살아왔던 여러 지방의 문화주권을 유린하였다. 또 1904년 2월 23일 공포된 한일의정서 제4조에 근거하여 1904년 7월 21일 독도에 전쟁용 망루를 설치하기도 했다. 1903년 8월부터 러시아의 차르 정부와 협상에 들어간 일본은 1904년 2월 4일부로 협상 중지를 선언했다. 사실은 그해 2월 초에 마산포와 원산 등에 일본군을 상륙시키는 등 전쟁 준비에 여념이 없었다. 이 모든 작업이 러일전쟁(1904년 2월 8일~1905년 9월 5일)이 벌어지던 때 진행되었음을 생각하면, 일본의 독도 영유권 주장의 국제정치적 배경에 전쟁 수행의 목적이 있었음을 지적해야 한다.[88]

전쟁의 와중에 일본 정부는 독도의 영토 편입 시점을 1905년 2월 22일로 병기하면서 소위 "죽도 탐험"을 1906년 3월 27일로 강행하였다. 1905년 5월 28일 러시아 함대가 울릉도 남방 18리의 해상에서 침몰하면서 잔잔해진 해역을 건너 울릉도로 도항

88 隱岐支廳 編 1972: 48-258

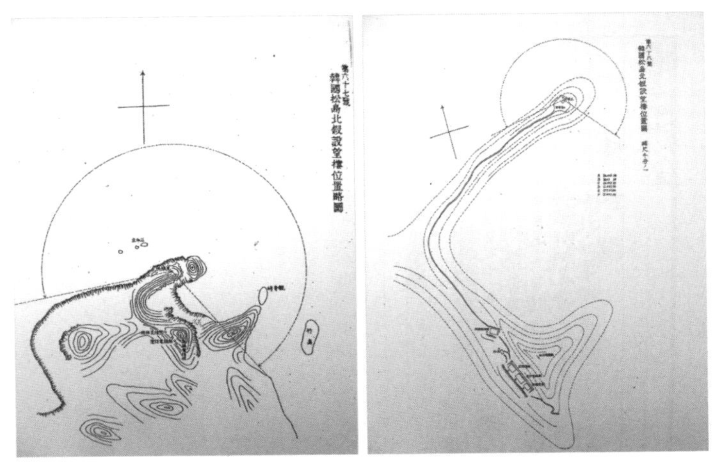

그림77 러일전쟁 도중 울릉도 석포에 건설되었던 망루와 군대 막사 자리의 도면

그림78 러일전쟁 일본 병사(왼쪽), 일본군 막사가 있었던 자리에 현재 공원이 조성되어 있다. 위의 도면에 드러난 군대 막사의 흔적이 유적으로 잘 남아 있다(오른쪽).

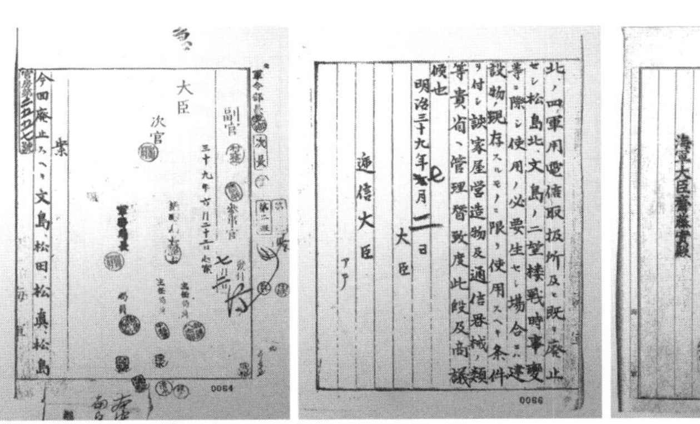

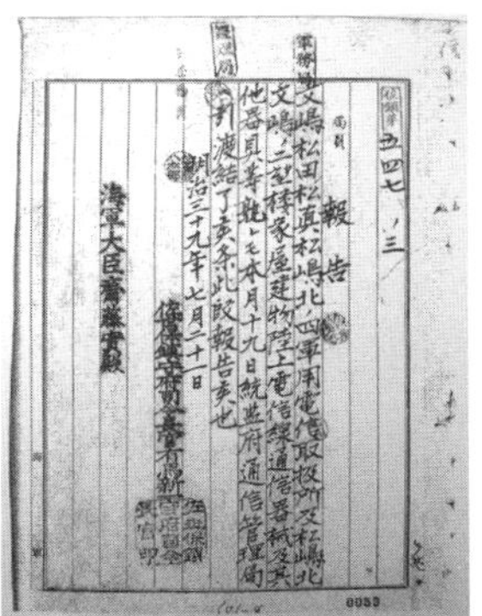

그림79 독도에 가설 망루를 설치한다는 일본 해군의 공문서

하였다. 시마네현 사무관 칸세 유타로神西由太郎와 오키도사를 비롯한 45명의 시찰원이 독도를 방문하여 소나무를 여러 그루 심기도 하였다. 제국주의 시기에 불거진 독도 영유권 문제는 지금도 해소되지 않고 있으며, 궁극적으로 해당 지역 어민들의 일상생활에 심대한 영향을 미치고 있다.

제국주의적 침략의 대상으로 지목된 것은 해당 지역(해양 포함)의 토지와 사람들이다. 침략 수단으로 동원된 것은 측정이라는 기술이다. 토지 측정은 측량이라고 하였고, 신체 측정은 계측이라고 하였다. 근대 제국주의는 정복 대상에 대한 정확한 정보가 필요했다. 일본은 측량 기술을 동원해 토지소유권을 근대적으로 분류하고 관리한다는 명목으로 주민 활동을 통제하였다. 소유권이 분명치 않은 땅이나 바다는 주인이 없다는 핑계로 법령을 들이밀어 수탈하였다. 이것이 소위 토지조사사업과 수로측량사업의 목적이자 결과였다.

전통적으로 독도 어장에서 어로 행위를 한 집단은 오키노시마 도고의 구미 마을 주민에 한정되지 않는다. 도젠의 어민도, 하마다의 이와미 어민도 이 해역에서 어로를 하고 살아왔다. 울릉도 어민들은 독도의 작은 암초들 하나하나에 전라도 흥양의 영향을 받아 이름을 붙여주었다. 장기간 독도를 관리해온 행위가 어로권을 넘어 문화의 영역에 녹아들었음을 알 수 있다. 일상과 관계라는 문화론의 차원에서 고려한다면, 울릉도 어민의 문화주권이 도젠과 이와미 어민들의 권리보다 훨씬 더 강력하다는 점을 인정해야만 한다. 독도와 인근 해역에서 경제 행위를 하면서 암초와 해저에 토속명을 붙이고, 이를 대대로 자손들에게 물려주었으니, 애당초 문화주권의 수준이 차원을 달리하고 있음을 방증하는 것이다. 어로 행위뿐만 아니라 지명 만들기도 당당하게 문화주권에 포함될 수 있다.

"(『리바이어던』에서 표현된) 주권이란 홉스가 언급했듯이, 대표자가 아니라 계약된 시민으로 구성된 주체에 부여된 것이다. 여기서 말하는 주체는 사회적인 것이다."[89] 주권을 법적 구성물로 바라보는 입장을 인정함에도 불구하고, 법률이 문화적으로 특수한 개념을 포함하고 있다는 다원주의에 입각하면, 일사불란한 보편적 국가주권이란 개념의 의미는 퇴색된다. 이러한 상황을 고려할 때 문화주권이란 개념을 제안할 수 있다. 왜냐하면 주권이 사회적인 것이라는 주장에 의미를 부여하기 때문이다.

나는 보편성을 추구한 정치사상가들의 논의를 무시하고 오로지 상대성의 기반 위에서 논의해보자고 주장하는 것은 아니다. 보편성과 특수성 사이에 존재하는 상대성을 감안하되, 인간 생활의 역사적 기반 위에서 주권이라는 현상의 문화적 상대성을 고려함이 당연하다고 본다. 문화적 상대성에 대한 최소한의

---

89 신용하 2012

배려가 궁극적으로 '소수'의 인권을 존중하고 지향하는 목소리의 씨앗이 될 수 있다. '소수'를 배려하지 않는 법이 지배하는 사회를 추앙하게 된다면, 세상은 약육강식의 논리가 지배하는 정글로 추락하고 말 것이다.

'극소수'라는 말은 '거의 멸종된 상태'라는 말일 터다. 이미 사라져버린 수많은 종들의 운명과 앞으로 사라질지도 모르는 종들의 미래를 생각하면, 이 '소수'는 양적인 문제에만 국한되지 않는다. 쿠바의 관타나모 수용소와 여기 수감된 사람들에게 미국의 주권이 미치는 영향을 논의해야 한다고 주장하는 논문[90]은 시공간을 구성하는 사회적 주체를 성찰한 끝에 나온 것이다.

나는 감히 주권이란 단어 앞에 '문화'라는 형용사를 두었다. 사회적 주체에 '소수'를 포함해 확장하면, 이 논의는 충분히 설득력을 얻을 수 있다. 이로써 장 보댕Jean Bodin의 신성주권과 토머스 홉스Thomas Hobbes의 세속주권 개념을 뛰어넘는 주권 이론의 발전에 기여할 수 있다고 생각한다. 신성주권과 세속주권을 거쳐 이제는 문화주권의 논의를 시작해보자는 나의 주장이 과욕으로 비치지 않기를 바란다. 이러한 주장을 하는 이유는 최소한도 문화주권의 논의가 세상을 보다 행복하게 만들 수 있는 길들 중의 하나라고 생각하기 때문이다.

---

90 Wachspress 2009: 318

법다원주의의 기반에서 실마리를 풀어내고 있는 논자들[91]은 지역화된 문화적 이론의 의미를 강조하고 있다. 이로써 문화주권은 권력 연구의 지향점인 지역화된 체계에 기반을 마련할 수 있다. 지역 정체성은 문화주권을 기반으로 하고 있기 때문에, 서로 관련된 이웃의 인정이 필요하다. 오늘날 우리 사회의 '다문화'에 관한 논의도 마찬가지다. 경기도 안산의 특정 구역에 대한 문화주권을 논의해야 할 때가 이미 도래했다고 생각한다.

"주권이란 일반 의지와 공통 이익이라는 아이디어를 기초로 정치적 사회가 성숙되고 국가가 탄생했듯이 역사적으로 진화해 온 것으로 생각된다. [...] 주권은 먼저 내부에서 발생하며, 시민과 공동체가 근대국가에 대하여 정치적이고 윤리적인 강제를 시행하게 된다. 이 내부적 주권은 외부적 주권의 기초가 되고, 국가는 국가체제 속에서 필요한 역할을 수행할 권리를 부여하는 것이다. 이러한 현상은 국민국가의 관점을 반영하고, 주권에 문화와 문명의 논의와 밀접한 관련이 있는 도덕적 요인이 포함되어 있음을 방증한다."[92] '도덕적 요인'이 문화주권 논의의 종결점이 될 수가 없다는 것이 나의 생각이다. 두아라Duara는 주권이라는 문제가 구성원들의 일반 의지 및 공통 관심사와 분리될 수 없으며, 주권이 그러한 의지를 표현할 뿐만 아니라 의지가 주

91 Wachspress 2009

92 Geertz 2004

권을 표현하는 것이라고 얼버무리고 있다.

의지라는 애매한 개념에 안주하는 한 주권 문제는 도덕적 요인을 적극적으로 내포하는 입장을 쟁취하지 못한다. 기어츠의 '도덕적 요인'이나 두아라의 '의지'만으로는 문화주권의 논의가 완결될 수가 없다. 국민국가에 초점을 맞추고 있기 때문에 주권에 관한 논리를 치밀하게 펼치지 못하고 있음에도 불구하고, 주권과 문화의 관계에 내포된 강력한 도덕적 요인을 강조함으로써 문화주권론의 실마리는 제공하고 있다. 문화주권 논의는 이제 시작된 과제이다.

탈정치화하는 주권 논의가 권력으로부터 자유롭다는 해석은 나름의 위험성을 안고 있다. 자본주의를 구가하는 시장에서 나타나는 주권의 현상[93]이나 근대국가의 이념에서 이탈한 주권 논의[94]가 완결되기 위해서는 주권의 원초적 기반인 삶과 존재양식의 보루 역할을 하는 생태계의 문제로 논의가 확장되어야 한다. 기어츠가 제시한 도덕적 요인은 생태계의 영역까지 꿰뚫고 들어가야 한다. 그런데 코마로프 부부가 예견하는 자본주의의 메시아성性으로 논의의 초점이 옮겨가는 데 모골이 송연해지는 전율을 느낀다. 미래를 겨냥하는 공생주의 인류학 입장에서는 결코 받아들이 수 없는 주장이다. 생물문화 다양성을 기반으로

93 Duara 2003: 20

94 Comaroff and Comaroff 2000

한 커먼스의 자리를 넘보는 자본주의를 경계하지 않으면 인류의 미래는 없다.

자본주의의 메시아성이 자리 잡는 날 문화의 논의가 경제도착증후군의 포로가 되어버리고 마는구나! 경제와 문화의 관계가 시장 논리라는 블랙홀로 휩쓸려 들어간다면, 우리는 경제에 내재되었다embedded고 믿었던 문화마저 놓쳐버리게 된다. 19세기말 자본주의의 폐해가 극상에 달하였을 때, 비시장경제의 양상에 대한 논의를 위해서 원시경제론을 주목하였던 칼 뷔허Karl Bücher(1847~1930)의 혜안에 감탄하게 된다(Bücher 2013). 시장 논리에 스러져가는 인간 관계의 따스함을 다시 생각해야 했던 것이다. 그렇지 않으면 생태계에 관한 논의뿐만 아니라, 그마나 기어츠가 제시한 도덕적 요인도 설 자리를 잃게 된다.

로마보고서와 교토의정서를 탄생시킨 생태 위기는 체르노빌과 후쿠시마로 인해 초미의 관심사로 부각되고 있다. 시장 논리를 외치는 이들은 체르노빌과 후쿠시마의 재앙을 여전히 '강 건너 불'로만 볼 것인가. 환경이 철퇴를 내려치기 전에 지혜를 발휘해야 한다. 문화주권 논의는 호모사피엔스가 지구상에 살아오면서 '슬기롭게' 생각하고 행동해온 과정의 덩어리인 지혜에서 출발했을 뿐만 아니라, 도덕적 요인을 포함하는 문화주권 논의는 생태계 영역으로 확장되면서 호모사피엔스의 미래를 위한 완결성을 추구할 수 있다.

시장 논리의 오만을 제어할 '보이지 않는 손'은 형태야 어떻든 환경의 제약에 기인한 개념이다. 당연히 손오공(시장경제)은 부처님의 손바닥(생태환경)을 벗어날 수 없다. 열역학법칙이 경제에서만 예외가 될 수 있는가? 생태학적 건강성에서 에너지를 얻지 못하는 존재의 권리와 주권에 대한 논의를 한다면 그것은 사상누각일 수밖에 없다. 생산기반이 무너져 먹고살 양식이 없는 상태에서 주권 논의는 공리공론에 불과하다. 설사 그러한 주권이 존재한다고 하더라도 그것은 독재 정권의 횡포와 만행이 일시적으로 탈바꿈된 것일 뿐이다.

이러한 맥락에서 약속받은 생산양식을 보장받기 위해 커먼스를 거론하게 된다. 이를 통해 커먼스와 결합된 문화주권을 논의하는 장을 열 수 있다. 문화주권의 원천과 내용뿐만 아니라, 각자 표현방식이 달라도 배척하지 않고 어떻게 하면 모두 함께 어울려 살아갈 수 있을까를 고민하는 공생의 장을 마련하는 것이 출발점이다.

동아시아 지중해

동아시아 지중해의 원양항해자들, 전라도 흥양의 어민들이 언제부터 목재를 구하려고 천 리 길이 넘는 항해를 시작했는지는 알 수 없다. 거문도와 초도를 포함한 흥양의 어민들이 늦어도 18세기 후반에는 생계를 잇기 위하여 거문도와 울릉도를 왕복했다는 점이 프랑스 함대의 기록을 통해 간접적으로나마 확인되었다. 자신들의 고장에서 배를 짓는 데 필요한 목재를 얻을 수 없게 된 시점부터 원양 항해를 시작했을 것이다. 1885년(고종 22년) 4월 15일 영국 동양함대가 거문도를 불법 점거하는 사건이 발생했다. 청나라 이홍장李鴻章이 외교적 해결에 나선 이후 1887년 2월 27일 영국 함대는 거문도에서 물러갔다. 약 22개월간 거문도에 주둔했던 영국 해군이 남긴 기록에 거문도의 전경이 드러나는데, 이 섬은 거의 민둥산이었음을 알 수 있다.[95] 그러니 거문도에서 산출되는 목재로는 배를 만들 수가 없는 상황이었다.

거문도 주민들은 무역풍이 불기 시작하는 봄에 쿠로시오해류를 타고 출발하여 태풍이 연이어 들이닥치는 늦은 여름이 오기 전에 돌아온 것으로 보이지만, 시기가 꼭 정해져 있지는 않은 듯하다. 어민들은 바람, 심지어 역풍을 이용해서도 항해를 할 수 있었다. '나선'(전라도 배라는 뜻)이라는 말도 생겼다. 경상도 사람들이 나선에 필요한 물자를 거래하고, 나선에 편승하여 가장 단거리 항해가 가능한 구산포로부터 울릉도로 건너갔다. 나선이 이 해역의 생명줄이었다는 사실도 문화주권의 토론에 포함

95 Anonymous 1885: 541

되어야 한다. 왜냐하면 이 논의에는 전라도 방언인 독도의 명칭('독섬')의 출발점에 자리 잡고 있기 때문이다.

최단거리를 선택하여 거문도에서 출발한 나선이 연안을 따라서 울진의 구산포에 도달했고, 구산포에서 동쪽을 향하여 직선으로 항해하여 울릉도에 이를 수 있다. 약 3~4개월간 울릉도에 거주지를 마련한 홍양 사람들은 울릉도의 목재로 배를 건조하여 타고 간 배를 버리고 새 배에 목재를 싣고 고향으로 돌아갔다. 목재와 함께 울릉도 근해의 어장에서 포획한 어물들을 건조된 상태로 가져갔다. 거문도 어부들의 울릉도 왕래는 아관파천(1896년) 이후 울릉도 벌목권이 러시아로 넘어가는 시점에서 종료되었다고 생각된다. 1897년경 러시아가 울릉도를 일시 점령하였으며, "러시아는 요동반도의 여순항에 요새를 건축하기 위하여 울릉도의 느티나무를 반출하였다."[96] 당시 울릉도의 벌목을 둘러싼 국제적인 이권 다툼은 상당히 복잡한 양상을 띠고 있었다. 일본인들이 대거 벌목에 나섰고, 여기에는 소수의 조선인들의 이권도 얽혀 있었기 때문이다. 더는 무상으로 벌목을 할 수는 없게 되었고, 거문도 어부들은 울릉도 항해를 이어갈 이유도 여유도 상실하는 시점을 맞이하게 되었다.

제국주의가 준동하던 19세기부터 20세기 초에 사람들보다

96 Hansen and Stepputat 2005

그림80 오키노시마에서 거목이 되어 자라고 있는 울릉도의 향나무(하시모토 씨 댁)

그림81 오키노시마에 있는 신사(후쿠우라福浦 벤텐지마弁天島에 있는 벤자이텐샤弁財天社)는 울릉도에서 베어 간 목재로 지었다.

훨씬 오랜 세월 동안 울릉도와 독도를 기반으로 살아왔던 생명체들은 어떠한 경험을 하였는가? 울릉도의 나무들은 제국주의자들의 직접 수탈 대상이었고, 울릉도 해역의 가지들은 멸종의 길을 걷게 되었다. 지난 역사를 거울로 삼아 반성하지 않으면 이 해역을 무대로 살아가는 사람들의 건강한 미래는 보장될 수 없다. 이 해역에서 사라져버린 생명체들은 우리에게 무엇을 말하고 있는가?

거문도에는 현재 울릉도의 목재로 만든 집이며 '다듬잇돌', 제사용 향목香木 등이 있다. 울릉도의 초대 도사島司는 거문도 출신의 오성일吳性鎰이었다. 관련 교지가 거문도에 보존되어 있는데, 거문도와 울릉도의 인연이 아주 깊다는 것을 방증한다. 오키노시마 도고에는 울릉도에서 벌채해 온 나무로 지은 작은 신사와 개인의 가옥이 잘 보존되어 있을 뿐만 아니라, 울릉도에서 가져간 향나무(수령 120년 정도)도 거목이 되어 잘 자라고 있다. 19세기 말 교토의 히가시혼간지를 수리할 때 사용한 목재에 울릉도에서 벌채한 것들이 상당수 포함되어 있음을 이 절의 문서에서 확인할 수 있었다.

가지의 멸종

가지는 자원군국주의의 준동에 의해 현재 거의 절멸된 상태이다. 가지라는 종의 절멸과 관련한 이야기를 생태사의 한 장에 기록하여 미래 세대를 위한 교육 자료로 활용해야 할 것이다. 현재 일본 오사카의 텐노지동물원에는 독도에서 포획한 가지의 박제 표본 다섯 개가 있고, 오키노시마의 생태자료관에는 독도에서 포획한 가지의 가죽으로 만든 가방과 가지의 이빨로 만든 반지가 진열되어 있다. 살아서 바닷속을 유영하는 가지는 자취를 감추었지만 가지의 유전자는 미래의 복제 가능성을 남기고 있다. 울릉도와 독도에는 가지의 이름만 남아 있고, 일본의 신문에는 가지의 서식지(독도 서도의 아랫부분에 두 개의 우물이 있는데, 하나는 '카제후키이風吹井', 다른 하나는 '시오후키이潮吹井'이다. 1934년에 이곳을 방문한 신문기자가 이름을 지었다.[97])에 해당되는 지명과 가지의 박제품들이 남아 있다. 생태재판소를 설립해서라도 가지 절멸의 역사적 책임을 물어야 한다.

《오사카아사히신문》의 마쓰우라 기자와 하세가와長谷川義一 사진사가 담당했던 연재기사가 있다. 이 두 사람은 오키노시마에 있었던 이케다 코이치池田幸一가 취득했던 어업허가를 기반으로

97 松浦直治 1934. 7. 5.

朝日新聞　2019年(令和元年)5月19日(日)

竹島アシカ猟　盛

網がアシカに引きずられるなど、捕獲時の危険に備えて銃を構える中渡瀬仁助さん

アシカ10
れ、岩で

그림82 《아사히신문》(2019년 5월 19일자)에 실린 1934년의 가지 포획 장면

요시다 시게타로吉田重太郎가 조종하는 목선 '칸부쿠마루神福丸'에 동승하여 어부들과 함께 10일간 독도에서 텐트 생활을 하였다. 러일전쟁 당시 가지잡이의 주목적은 피혁과 기름이었으며 총을 사용하여 포살하였다. 그 후 개체수가 급감하면서 1930년대에는 동물원이나 서커스단용으로 생포하는 방식이 주류를 이루었다. 일행 중에는 유명한 엽사 나카토세 니스케中渡瀬仁助('시마도료島頭領'라는 별명이 있었다.)와 오사카시립동물원(현재 텐노지동물원)의 테라우치 노부조寺內信三 수의사도 동행하였다. 성체는 그물로 포획하여 한 마리씩 목제 상자에 넣었고, 섬 내의 동굴을 탐색하여 가지 새끼들을 포획하였다(《아사히신문》 1910년 5월 19일자). 이상의 자료를 통하여 1934년 6월 28일부터 7월 8일 사이 독도에서 자행되었던 가지 포획 사건의 전모를 확실하게 알게 되었다.

현재 텐노지동물원에 보관되어 있는 성체의 가지 박제품들이 그때 포획했던 것들이고, 검은색 털을 가진 새끼 가지 박제 두 점은 사진에 보이는 새끼 무리 속에 있었던 것이라고 생각된다. 가지의 서식지를 습격하여 새끼들을 포획했던 인간 행위가 독도에서 가지가 멸종하는 시기를 앞당겼다는 주장을 부인할 수 없다. 《아사히신문》에서 공개한 이상의 사진들이 그 과정을 증명하는 자료가 되기에 충분하다.

박제된 가지와 독도의 가지 어업

일본 어민들은 독도에서 많은 전복과 해산물들을 채집 건조해서 일본으로 가지고 갔다. 제주도의 좀녀들을 고용했던 사진이 남아 있다. 성체가 된 가지는 이마 한가운데에 약간 도톰하게 솟아오른 부분이 있다. 가지와 아주 유사하게 생긴 강치(일본어로는 토도)는 이런 특성이 없어서 쉽게 구분할 수 있다. 독도에서 포획해 간 가지의 박제품에는 어린 가지 세 마리가 있다. 이들 어린 가지의 털은 검은색인데 한 마리는 태어난 지 얼마 안 된 듯하다. 어린 가지들이 많이 포획되었는데, 이것이 단기간에 독도의 가지가 멸종한 큰 원인일 것이다.

일본에서 다섯 가지 종류 포유류(사슴, 멧돼지, 일본원숭이, 황곰, 흑곰)에 대한 역사적 연구[98]를 한 결과 야생동물의 분포 유형은 인간의 간섭에 의해 변화하고, 이는 생태사의 차원에서 파악할 수 있다는 점을 알 수 있었다. 이런 결론이 바다 포유류에도 적용될 수 있는지를 두고 심도 있는 연구를 해야 한다. 포유류에 관한 생태사적 연구 결과는 포유류의 성체에는 적용이 가능하고, 유체의 경우 추가 연구와 설명이 필요하다.

어린 새끼를 생포하여 서커스단과 동물원에 팔아넘길 수 있

---

98 Tsujino, Ishimaru & Yumoto 2010: 187

게 되자, 어부들은 서식처에 모여 살고 있던 가지 새끼들을 생포함으로써 가지의 재생산 과정을 완전히 파괴하고 말았다. 종 다양성의 기반을 무너뜨리는 절멸 행위를 자행한 것이다. 러일전쟁 기간에 가지의 기름과 가죽을 얻기 위해 남획을 촉진했다는 점도 지적할 수 있다.

1947년 여름 조선산악회(송석하 회장)는 국토구명사업의 일환으로 울릉도독도 학술조사를 실시하였다. 그로부터 약 1년 뒤인 1948년 6월 8일 미국 제5공군 소속의 폭격기가 독도를 대상으로 사격 훈련을 실시하였다. 이 폭격 사건으로 인해 그곳에서 어로작업을 하던 어부들이 피해를 당했다는 정보가 포항에 있는 미군정USAMGIK의 정보원으로부터 보고되었다. 당시의 사건에 대한 보고서에는 독도를 "Liancourt Rocks"라고 표기하였고, 섬 주변 반경 5마일은 위험구역danger area이라고 지정되어 있었다. 공군사령부는 6월 15일 자로 독도를 폭격 범위로부터 해제한다고 하였으며, 1948년 9월 16일자로 "Liancourt Rocks"는 "bombing and gunnery range"에서 영구히 해제된다는 문서가 발견되었다(RG554, USAFIK, Entry 1370, 290: 51/1213/6, Box 141: Target and Bombing Ranges 1948, National Archives at College Park, College Park, MD).

미공군의 폭격 훈련 당시 문서들은 가지라는 동물에 대해서는 전혀 언급하고 있지 않다. 가지의 운명이 이토록 인간에 의해

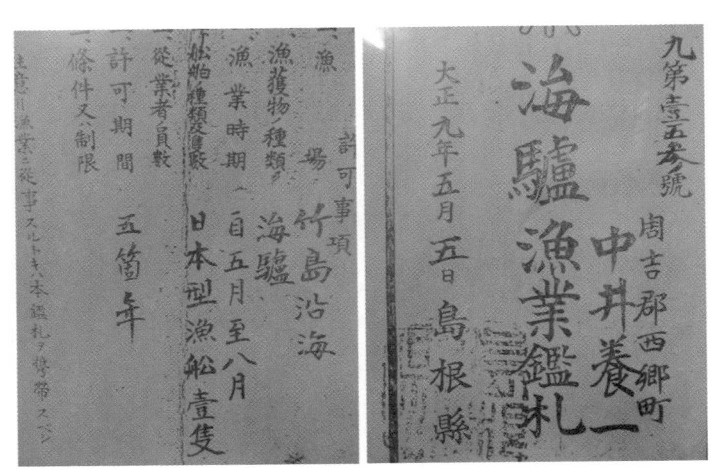

許可事項
一、漁場 竹島沿海
一、漁獲物ノ種類 海驢
一、漁業時期ハ 自五月至八月
一、船舶種類及隻數 日本型漁船壹隻
一、從業者員數
一、許可期間 五箇年
一、條件又ハ制限
注意 漁業ニ從事スルトキハ本鑑札ヲ携帶スベシ

九第壹五參號
海驢漁業鑑札
周吉郡西鄕町
中井養一
大正九年五月五日
島根縣

그림83 1953년 6월 10일 자로 시마네현 지사가 발행한 어업허가증. "아시카"잡이를 허락한다는 내용과 함께 해당 장소가 "竹島"라고 기록되어 있다(왼쪽, 오키노시마 향토자료관 소장). 1920년(다이쇼 9년) 5월 5일 자로 시마네현에서 나카이 요이치中井養一에게 발행해준 해려어업감찰海鱸漁業鑑札(오른쪽).

철저하게 외면당하는 신세가 되었음을 지적하지 않으면, 다음 차례는 사람의 운명이 외면당할 것이다. 러일전쟁 때에는 일본군에게 군수물자를 포획당했고, 제2차 세계대전 직후에는 미공군에 의해 폭격을 당하는 위험에 노출되었음을 무시할 수 없다. 가지의 운명으로부터 사람의 운명 또한 배울 수 있다. 가지의 다음 차례로 사람을 겨냥하는 것이 전쟁을 수행하는 군사조직이라는 점을 분명하게 인식해야 한다.

우리는 일상의 힘이 국제정치의 맥락에서 어떤 역할을 할 수 있는지를 생각해보아야 한다. 나는 일상의 국제정치화라는 틀을 염두에 두고 있다. '독섬'과 '죽도竹島'를 비교해보면, 전자는 일상생활이 반영된 명칭이고, 후자는 군사작전이 개입된 명칭이라는 결론을 내릴 수 있다. 국제정치의 맥락에서 군사작전이 일상생활을 지배한 과정을 증명한다면, '리앙쿠르암Liancourt Rocks'을 대체하는 새로운 명칭에 관한 논의도 종결지을 수 있다고 본다.

독도에는 약간의 식물들이 살고 있다. 그러나 대나무는 찾아볼 수가 없다. 대나무의 일종인 시누대가 울릉도에 군락을 이루고 있다. 오키노시마 어민들의 머릿속에 리앙쿠르암이라고 각인되었던 섬의 이름이 '죽도'로 변경된 시점은 러일전쟁이 종결된 이후이다. 러일전쟁 당시 일본 해군의 문서에 드러난 명칭인 '죽도竹島'는 울릉도를 가리키고 독도에는 '송도松島'라는 이름이 붙어 있었다. '죽도'가 독도를 가리키게 된 것은 그 후의 정책에 의한 결과이다.

우리는 외교 분쟁과 군사적 충돌 이전 단계에서 진행되고 있는 미디어 전쟁을 경험하고 있다. 경쟁우위를 점하기 위한 미디어 전쟁과 외교 전쟁의 실탄 역할을 하는 지도가 대중의 눈길을 끌고 있다. 지도는 훌륭한 선전 효과를 발휘한다. 그러나 언설 전쟁의 실탄 역할을 해야 할 논리와 용어들이 독도를 주변으로 살아가는 사람들의 일상과 접목되고 있는지를 면밀히 연구할 필요가 있다. 예를 들면, 지명에 대한 연구다. 지명 중에서도 일상생활에 뿌리박은 토속지명ethnotoponym이 연구의 관건이라고 생각한다. 울릉도 해역에 널리 펴져서 유전되고 있는 토속지명, 전라도 흥양 지방의 방언에 관한 체계적인 연구가 이 문제에 접근하는 하나의 길이다.

조선 정부가 15세기경부터 강도 높은 공도 정책을 폈기 때문에 17세기경부터 울릉도는 일본의 오키노시마와 이와미 어민들의 독무대가 되었던 적이 있었다. 그러나 19세기 중엽 일본 막부의 통제와 밀무역 엄단 정책의 영향으로 일본 어민들의 울릉도 식민 행위가 거의 근절된 적도 있었다. 이후 울릉도는 19세기 말까지는 주로 거문도를 포함한 전라도 흥양 사람들의 식민지였고, 20세기 초부터는 오키노시마 구미의 어민들이 식민 행위를 주도했다고 할 수 있다. 국가권력의 중심이 이동하는 시기, 즉 한반도가 일본의 식민지로 전락하는 시기에 울릉도의 운명도 바뀌어갔음을 알 수 있다. 러일전쟁을 준비하던 일본 해군이 울릉도와 독도에 망루와 통신소를 설치하고 군대를 주둔시킨 것은 이러한 과정과 밀접한 관계가 있다. 독도의 영유권이라는 문제도 마찬가지다. 현재 오키노시마 사람들은 어업권이라는 일상의 문제를 거론하면서 '죽도'의 영유권을 주장하고 있다. 한국에서는 어떤가? 독도영유권에 대한 울릉도 사람들의 인식과 국가권력의 움직임 사이에 어떤 괴리감은 없는가?

국가란 일상을 살아가는 사람들을 기초로 구성된 체제인데, 이른바 국가의 의지와 행위가 일상을 살아가는 사람들의 희망과는 무관한 방향으로 진행되는 경우가 있다. 단적인 예가 전쟁이다. 국제정치에서 흔히 보는 분쟁 역시 일상 문화에서 정당성을 찾아야 하는데, 그렇지 않은 사례가 종종 드러난다. 국민의 혈세를 사용하면서 국민의 희망과 의지를 배반한다면 한마디로 언어도단이 아닌가?

나는 일상에 기초하지 않은 국가의 독단적인 행위야말로 파시즘의 뿌리라고 생각한다. 그런 의미에서 동해(일본해)에 일고 있는 분쟁 상황에 일상의 개념을 도입할 것을 주장한다. 일상에 기초한 국제관계로서 이 문제를 조망하고 언급하고 행동으로 옮기기를 바란다. 실천 방안의 하나로 방제성方除性, 다시 말해 "로컬 투 로컬local to local"을 제안한다. 울릉도 주민들이 서울을 경유하지 않고 오키노시마 주민들과 직접 교류하는 것을 말한다. 일상화라는 차원에서 두 지역 주민들이 국경을 넘어 직접 관계를 맺을 수 있도록 해야 한다. 이것이 일상의 글로벌화라는 구도의 실행 모델 역할을 할 수 있다.

커먼스 정치

국가와 국가 간의 안전보장에 집중하는 고위정치와 국내의 정치경제적 압력을 중심에 두는 저위정치의 분리 정책이 이집트와 이스라엘을 중심으로 한 중동 평화에 전혀 도움이 되지 못한다는 마이클 바넷의 논의[99]에 주목한다. 이 견해는 바야흐로 영토 분쟁의 소용돌이 가능성이 몰아치기 시작하는 동아시아에도 적용할 수 있다. 중일 간의 댜오위다오(센카쿠제도), 러일 간의 남쿠릴열도, 한일 간의 독도 영유권 분쟁에 대한 해답을 모색하는 첫걸음으로 바넷의 '고위-저위' 통합 관점이 작동하고 있음을 확인할 수 있다. 그러나 바넷의 주장은 어떠한 실천적 해결책도 제시하지 못한다는 한계가 있다. 바넷의 관점이 근대국가의 형성 과정에서 출발하기 때문에, 21세기 국민국가가 경험하고

---

99 Barnett 1990

있는 발등에 떨어진 불과 같은 문제와는 거리가 멀기 때문이다. 따라서 바넷의 관점에서 출발하여 커먼스와 관련된 생태학적 인식과 구도로 나아간다면, 동아시아의 국경 문제를 해결할 새 장이 마련될 가능성이 있다.

한때 동해는 러시아의 핵물질 폐기장으로 이용된 바 있다. 이 주변에 포진하고 있는 원자력발전소의 핵물질이 이 해역에 유입될 가능성도 배제할 수 없다. 일대의 가장 큰 강인 두만강 유역에서 신속히 진행되고 있는 산업화로 생긴 오염물질이 흘러드는 상황이어서 이에 대한 해결책도 제시해야 한다. 또 북선 주민의 대량 탈북 가능성도 있으니 남한을 비롯한 러시아와 일본 같은 주변국은 비상 대응책을 마련해야 한다. 동해 일대에서 펼쳐지는 모든 문제는 언제든지 다자간의 문제로 비화할 수밖에 없는 상황이라는 인식이 전제되어야 한다.

정치가 일상을 반영하지 못하는 것이 문제다. 이것은 정치 영역에 다층위 분화라는 과제를 남기고 있다. 이런 차원에서 저위정치 나름의 의미가 있다고 볼 수도 있지만, 저위정치만으로는 고위정치를 통제하질 못한다. 고위정치의 행패를 견제하는 방안으로 또 다른 층위에 있는 커먼스 정치를 제안해본다. 커먼스는 기본적으로 생태계에 기반한 개념이며, 여기에 지구온난화와 미세먼지 그리고 미세플라스틱 문제 등이 작동하는 것을 커먼스 정치라고 말한다.

일상은 생태계를 기반으로 한다. 먹이사슬로 연결되어 있는 이 해역의 생태계를 심각하게 걱정할 수밖에 없는 상황이다. 중요한 것은 이 해역의 주민은 사람만이 아니라는 점을 확인할 필요가 있다. 인간중심주의에 기인한 자원 착취와 제국주의적 침략 과정에서 수많은 생명체들이 사라졌고, 극명한 사례로 절멸 위기에 처한 가지를 들 수 있다. 현재 괭이갈매기는 무리를 지어서 날고 있지만 가지는 눈을 씻고 봐도 없다. 괭이갈매기 역시 언제 사라질지 모른다. 이 해역 주변에 포진하고 있는 원자력발전소를 포함하는 '문명의 이기'를 어찌해야 할 것인가? 가지의 절멸 사태로 인해 일상의 생태화와 글로벌화가 향후 과제임이 명백해졌다.

커먼스commons의 현상은 이질적인 요인들이 각자의 특성을 보존하며 공존하는 모습을 보여주는 것이다. 이질적인 것들이 연결됨으로써 발생하는 시너지 효과를 배경으로 커먼스의 생명력이 지켜질 수 있다는 점은 생태계의 역동성을 통해 익히 알려진 사실이다. 이질적인 요인들의 경쟁과 결합, 소멸과 생성이 진행되면서 나름의 질서가 이루어지는 장이 커먼스라고 생각한다. 인간만을 위하고 인간만을 전제로 한 커먼스는 없다. 만약에 누군가 인간 중심의 커먼스를 주장한다면, 이는 커먼스에 대한 반역이다. 사람에게 먹고사는 일이 중요한 만큼 물새와 포유류 그리고 초목이 먹고사는 일도 중요하다. 커먼스는 존재를 재현

그림84 울릉도의 괭이갈매기

하는 이상이자 실천의 구심점이 되는 사상이다.

맺음말

그림85 시누대 베기(울릉도)

공생주의를 지향하며

일본 사람들은 독도를 죽도라고 부른다. 대 죽竹 자와 섬 도島 자를 쓴다. 독도의 바위틈 사이에 겨우 붙어사는 풀들과 몇 포기의 키 작은 나무들이 전부인데, 어찌하여 일본인들은 이 돌바위 섬을 죽도, 즉 대나무섬이라고 부르는 것일까? 나와 함께 독도에 상륙하였던 일본인 교수는 "타케시마에 대나무가 없네!"라고 탄성을 질렀다. 일본에서 20세기 초에 만든 지도를 보면, 울릉도가 죽도로 표기되어 있다. 그리고 독도는 "송도松島"라고 되어 있다. 소나무가 울창하다면 모르되, 돌바위가 총총한 곳을 솔 송松 자를 붙여서 송도라고 적었다. 최소한도 20세기 초에는 그렇게 적었다. 그러나 당시의 오키노시마 사람들은 대체로 독도를 리양코라고 불렀다. 옛날 프랑스인들이 해도에 기록했던 이름이다. 18세기 중엽 이래로 일본인들에게 구전되어 내려오던 독도의 이름은 리양코(또는 양코)였던 것이다.

최근에 나온 일본의 국경과 관련된 서적에서는 타카하시 가에야쓰高橋景保[100]가 제작한 '일본변계략도日本邊界略圖'(1809)를 인용하였고, 이 약도에는 동해의 조선 쪽을 "조선해朝鮮海"라고 표기

---

100 타카하시 카에야쓰(1785~1829)는 「신정만국여지전도新訂萬國輿地全圖」(1810)를 제작한 후 이노 타다타카伊能忠敬(1745~1818)의 측량 사업을 도왔고, 타다타카의 사후 그의 유지를 이어서 「대일본여지전도大日本輿地全圖」를 완성하였으며, 후일 나가사키 데지마의 오란다상관에서 의사를 했던 지볼트Siebold를 도와 일본의 지도를 반출했다는 혐의로 사형당했다.

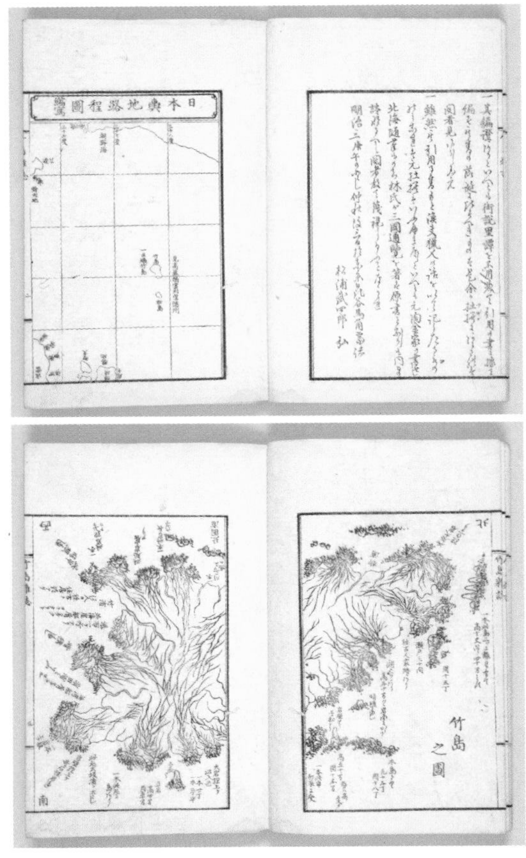

그림86 일본변계략도(1809)(위)와 죽도지도(1871)(아래)

하였으며(浦野起央 2013: 75), 울릉도의 지도가 "죽도竹島"라는 이름으로 제시되었다. 과거의 "죽도지도竹島之圖"의 양면에 반분씩 게재되어 있는 것을 양면을 이어서 하나로 만든 울릉도의 지도다. 이 지도의 출처는 "多氣志樓主人다기지루주인 1871 竹島雜誌죽도잡지. 靑山堂아오야마도"(出所)라고 하였다(浦野起央 2013: 121). 내부의 설명에는 1903년의 나카이 요자부로(오키노시마 도고의 어장업자)의 이름이 나온다. 이 『죽도잡지』(총 21페이지로 구성)는 내각문고 소장(和5522)이며, "多氣志樓主人"은 북해도지지도를 작성하였던 마쓰우라 타케시로松浦武四郎(1818~1888)의 별명이다.

타케시마竹島라는 명칭을 앞세우는 일본 정부의 영토주권론은 그 본질적인 목적이 러일전쟁 당시에 작명되었던 군사작전에 뿌리를 둔다. 그것이 제국주의적 침략성에 기반을 두고 있다는 점을 잘 알기에, 그리고 그로 인한 기억들이 뼛속 깊이 사무쳐 있기에, 한국인들은 결사코 포기하지 않는 이름이 독도다. 영토주권을 넘는 역사적 집단기억이 응축된 곳이 독도라는 점을 이해해야 한다.

그 섬에서 어로를 하였던 일본 어민들은 일상적으로 "리양코암"이라고 불렀다. 일상과 전쟁이 명칭 속에서 갈라지는 현상을 본다. 송도라는 명칭은 러일전쟁 당시 일본 해군의 작전지도에 기록된 이름이다. 그러니 일반인들이 그 이름을 부를 리가 없다. 울릉도를 죽도라고 불렀던 일본인들의 사회적 기억이 각인되어 송도를 밀치고 죽도의 명칭이 안착되었다는 생각을 하게 된다. 그 사회적 기억의 끝자락은 결국 죽도, 즉 울릉도를 향하고 있다는 생각을 저버릴 수가 없다. 지금은 독도를 겨냥하고 있지만, 사회적 기억이 추구하는 궁극적인 목표점은 울릉도가 아닐까 하는 생각을 저버릴 수가 없다. 대상심리라고나 할까? 꿩 대신 닭이라고나 할까? 그 사회적 기억의 추구점이 도달하는 곳은 죽도라는 곳이다.

세상은 아는 만큼 보인다고 했다. 울릉도에 대해서 그리고 독도에 대해서 "아는 만큼"이 얼마나 될까? 일본인들은 한때 울릉도를 죽도라고 했고, 한국인들은 독도에 가려진 울릉도를 제대로 보지도 못한다. 울릉도를 관할하는 지방자치단체인 경상북도에는 해양수산국 산하에 독도정책과라는 조직이 있다. 이 조직에서도 독도는 울릉도의 부속 도서라는 구도 속에서 이 해양세계를 이해하는 관점이 필요하다. 이 관점은 울릉도에서 대를 이어서 살아온 주민들의 관점이다. 인류학을 공부하는 나는 모든 현상을 이해함에 있어서 주민관점native's point of view을 최우선적으로 채택한다. 울릉도를 알고 난 다음에 독도를 아는 것이 순서다. 정치적으로 또는 국제정치적으로 이용당하는 독도를 제대로 알려고 해도, 먼저 울릉도를 제대로 알고 난 다음에 전개될 수 있는 순서다. 동해의 한가운데 우뚝 솟은 울릉도의 성인봉, 이 섬은 동해의 등대 역할을 하고 있다.

울릉도의 삶은 피곤하다. 주민들의 살림살이는 식민지 침탈에 의해서 기반이 무너진 채 표류하고 있다. 어업에서 농업으로, 다시 관광업으로 휘둘리고 있는 주민들의 살림살이는 정착 기반을 상실한 듯하다. 땅과 바다를 배경으로 살아가는 살림살이가 식민 착취로부터 시작된 자본과 권력에 휘둘리면서 허덕이는 모습이다. 주민들 스스로의 삶의 방식이 생성되는 것이 아니라 지난 100년 동안 외부의 힘에 의해서 좌지우지되어온 것이다. 학포에서 드러난 경험이 울릉도의 그 모든 과정을 자세하게 대변하고 있다. 사람들은 땅과 바다를 바라고 삶을 사는 것이 아니라 돈을 바라고 살림을 살지 않으면 안 되는 형국으로 몰렸다. 지속성을 갖춘 공동체로서의 기반을 상실함으로써 한계마을의 현상을 적나라하게 보여주고 있다. 폐촌을 목전에 둔 한계마을의 살림살이를 영위하는 주민들이 안정감을 갖고 공동체를 이룬다는 것은 상상하기 어렵다. 사람이 살아가는 공동체라는 것은 어떤 형태로든 생태계의 기반을 갖고 있다. 주민들이 자생력을 갖고 정착함으로써 살림살이를 기댈 수 있는 생태계가 조성된다.

외부로부터 유입된 자본은 반드시 투자에 대한 이익을 회수해 간다. 그 과정에 희생되었던 울릉도의 삶을 지켜보면서 안타까움을 금할 수가 없다. 사실상 긴 시간대로 본다면, 사람의 살림살이는 아무것도 아니다. 생태계에 대한 본질적인 생각을 하지 않으면, 한계마을도 폐촌도 모두 순간의 우려에 지나지 않는 부질없는 단상이다.

식민지 지배를 앞세운 근대화, 개발독재 시대에 되풀이되었던 근대화, 근대화는 울릉도란 외딴섬에서 지난 한 세기 동안 전개되었던 삶의 동력이었다. 그 마지막 장에서 폐촌화가 진행되고 있다. 그 과정에서 희생된 것은 살림살이였다고 말하고 싶다. 극도로 정치화된 세력들이 언설로 각축하고 있는 울릉도의 해역은 또한 국경지대에 연접해 있다. 일상의 살림살이가 감당해내기 힘든 폐촌화와 국경지대의 언설들이 각축하는 현장은 미래 울릉도의 삶을 어떻게 담보해낼 것인가? 울릉도의 살림살이는 인내하고 있다.

에스노그래피는 생태계라는 토대에서 일상과 관계를 축으로 한 삶의 모습을 보여주는 것이다. 이는 곧 생활을 역사적으로 성찰하는 작업이다. 문화론이 정치와 정책을 비판만 하고 끝나버리면 곤란하다. 왜냐하면 현재 살고 있는 사람들은 정치와 정책의 영향을 받아서 일상을 영위하기 때문이다. 즉 비판의 화살이 이미 정치와 정책의 희생물이 되어 있을 사람들을 향할 가능성이 높기 때문이다. 그들은 이중으로 희생된다. 이 경우 인간관계는 침묵에 빠지거나 폭력을 동반한다. 지속되는 침묵은 정신병동을 양산하고 폭력은 전쟁으로 치달을 개연성이 크다. 일상의 회복, 일상을 기초로 한 문화주권에 대한 관심을 북돋우는 이유는 사람들의 삶을 향상시킬 방안을 모색하기 때문이다. 이때, 사람이란 실존적 존재는 국가나 민족이라는 '상상의 공동체'보다 우선한다. 사람이나 보찰이나 가지나, 모두 상상의 공동체가 아니라 생태계의 일원으로 실존한다. 정책이나 산업에 사람이 희생되어서는 안 되듯이, 가지나 보찰, 향나무 역시 인간의 탐욕에 희생되지 않고 천부의 생명을 이어가야 할 것이다.

13세기부터 17세기까지 발트해 연안 지역의 평화를 유지하는데 크게 기여한 '한자동맹'에서 역내 안정을 도모했던 지혜를 배울 수 있다. 동해 연안 5개국의 지원과 협력을 바탕으로 주요 지역의 지방자치체들이 구성원이 되는 동맹을 결성하는 방안을 생각해볼 수 있다. 가칭 '동해동맹'의 회의체를 위치상 중심에 있는 울릉도에 설치하는 것이 어떨까 한다. 국가권력이 아닌, 지역 성원들의 의지와 신뢰를 바탕으로 한 지역동맹을 결성하자는 것이다. 한자동맹은 성문화된 규약이나 상설 집행기관도 존재하지 않은 상태에서 운영되었으나, 4세기 동안 발트 해역의 일대에서 한 건의 분쟁도 없었다는 사실은 주목할 만하다. 정치적 주권을 가진 실체가 주도하지 않았던 한자동맹에서 문화주권의 가능성을 찾아볼 수 있다. 상업 활동을 축으로 한 70여 개 도시의 동맹 활동을 문화주권이라는 틀로 논의할 수 있다. 서로의 입장을 존중하고 인정하면서 일상 속에서 관계를 형성하고, 이 관계는 다시 일상을 지탱해줌으로써 삶의 바퀴가 돌아가는 것이다.

여러가지 조각난 생각들을 하나의 틀로 엮어서 울릉도를 정리하는 과정에 본서에서 중심적인 사상으로 삼은 것은 사람이 아니다. 중심적인 사상은 사람을 포함한 자연, 즉 분석적인 개념을 동원한다면, 그것은 생태계이다. 생태계의 작동원리를 거스르는 사람의 행동에 대해서 견제하는 것이 미래를 위한 사상의 발로이며, 그것은 인간중심주의를 배격하자는 주장이다. 이러한 사상 속에서 우리는 울릉도에 관한 사람들의 살림살이를 조명하기 위해서 인류학이 고용하는 방법론인 에스노그래피ethnography에 적용하였다. 사람을 바라보는 관점도 상상의 중앙이 아니라 실질적인 삶이 진행되고 있는 울릉도라는 지방의 살림살이가 중심이 되어야 한다는 생각을 펼친 것이 본서의 줄거리이다. 정치적 레토릭rhetoric이 우선된 독도담론에 묻혀버린 울릉도를 우선적으로 바라보자는 주장을 하기 위해서 의도적으로 독도 관련 논의는 부차적으로 취급하였다. 울릉도를 생각하면서, 울릉도 역지의 근대화 과정에서 최대 희생자가 되었던 가지를 본서의 주인공으로 다루려는 노력을 시도하였고, 그 과정에서 가지라는 종이 어떻게 멸종의 길을 걷게 되었는지에 대해서 논증하였다. 제국주의적 침략전쟁을 수단으로 한 근대화 전략이 가지라는 종의 멸종을 초래한 주된 동력이었다는 점도 충분하게 논증이 되었다. 한편, 독도와 관련된 논의는 울릉도 논의의 과정 속에서 다루어져야 한다는 점도 강조한 것이 본서이다. 정치 우선보다는 일상 우선의 살림살이가 생태계를 전제하는 인류학적 사상이어야 한다는 점을 역설하였다. 그 과정에서 나는 두 가지 발견을 하였다. 하나는 울릉도를 중심에 두고, 울릉도 문제를 논의해야 한다는 식물학자의 주장과 독도에 관련된 논의는 울릉도 속에서 이루어져야 한다는 우익 정치인의 주장이었다. 그들의 논의와 주장을 되새겨보는 것으로 본서의 결론에 이르려고 한다.

일본의 식물학계 태두로 불리는 동경제국대학의 식물학자 나카이 타케노신中井猛之進은 울릉도의 식물에 대한 연구 결과를 발표하면서 울릉도를 중심에 둔 가설을 제시한 적이 있다. 이른바 울릉도를 중심으로 한 동해대륙설이다(中井猛之進 1927). 그의 가설은 과학적으로는 황당하다고 결말이 났지만, 울릉도를 중심으로 한 동해대륙설로부터 배울 점이 있다. 울릉도 미래의 해정학적 위치를 생각하면서 오호츠크해와 동중국해의 가운데에 자리 잡은 지중해인 동해(일본해)를 결합하게 되면, 나카이가 제시했던 가설이 떠오른다. 식물학으로부터 창안되었던 울릉도 동해중심설을 외면할 수 없다.

일본의 우익 정객 크즈우 슈스케(葛生修亮 1903.1.4.)는 한국영토인 강원도와 울릉도 속에서 "양코島"(독도)의 특징과 산업적 기대에 관해서 견해를 피력하였다. 침략적 제국주의가 준동하고 있었던 시기에 우익 정객의 논설에서 드러난 울릉도와 독도의 위치를 새삼스럽게 인식하게 된다. 러일전쟁 폭발 직전의 국제정치적 상황 속에서 속살을 드러낸 국제정치적 인식의 일말이 일본의 우익 정객에 의해서 표현되었다는 것은 사실이라는 현상을 생명으로 하는 인류학자의 자양분이 되기에 충분하다. 울릉도 중심의 동해와 울릉도 속의 독도에 대한 이해양식이 제국대학교수 나카이 타케노신과 우익 정객 크즈우 슈스케가 전개하였던 주장이었음을 상기할 필요가 있다. 제국주의적 침략전쟁의 소용돌이 속에서 울릉도와 관련된 주장이 자취를 감추게 되었던 역사적 과정을 환기시키고 싶다.

근대국가 일본의 제국주의적 침략의 일차 희생양은 유구왕국이었고(1879년), 이어 청일전쟁으로 인해 대만이 희생자가 되었다(1895년). 일제는 러일전쟁을 준비하는 과정에서 대한제국의 부속 도서인 독도를 군사기지화(1904년) 하고 이를 징검다리로 통감부를 설치했으며(1905년), 마침내 경성에 조선총독부를 설치했다(1910년). 약육강식의 논리가 국제정치의 질서를 주도한 결과였다. 일본 제국주의의 팽창 과정에서 일어난 영토 편입의 문제는 침략 전쟁의 결과임이 분명하다. 이에 대한 철저한 토론과 성찰 없이는 의미 있는 논의를 할 수가 없다. 이 작업은 고위정치에 맡길 것이 아니라, 양심적인 지식인들의 원탁회의를 통해 수행되기를 희망한다. 일본 제국주의에 맨 먼저 희생당했던 오키나와가 가장 적절한 장소일지 모른다.

본서는 제국주의가 횡행하였던 시기의 식민지 침탈이 생태계에 어떤 악영향을 끼쳤는지를 보여주는 좋은 사례들 중의 하나로서 울릉도를 선택했다고도 말할 수 있다. 근대산업들 중에서도 어업과 삼림업이 식민경영 수단으로 도입되면서, 그러한 식민정책이 한 지역을 생태학적으로 어떻게 파괴하였는가 하는 점을 직간접적으로 이해하는 현장으로서 울릉도는 더할 나위 없는 표본이라는 점을 제시하였다. 환언하면, 현재 우리에게 익숙한 울릉도의 자연과 경관은 사실상 왜정시대에 그 기반이 만들어졌다고 말할 수 있다. 어업의 측면에서는 어종의 남획, 삼림업은 벌목으로 이어졌다. 그 결과 울릉도 해역이 고향이었던 가지는 절멸 상태로 귀결되었고, 울릉도의 수려했던 느티나무 숲은 사라지고 말았다.

독도에서 자취를 감춘 가지는 우리에게 또 다른 과제를 남기고 있다. 독도의 주인은 누구인가? 가지다. 그런데 어느 날부터 순차적으로 두 무리의 손님들이 등장하여, 주인인 가지를 다 죽이고 잡아간 뒤, 서로 자신들이 독도의 주인이라고 주장하고 있다. 심각한 적반하장에 더불어서 이만저만한 언어도단이 아니다. 국가와 민족을 절대적 가치를 앞세우면, 결국에는 이런 일이 벌어지게 마련이다. 참으로 몰염치한 인간들이다. 염치는 사람 사이에서만 작동하는 것이 아니다. 사람과 나무, 사람과 흙, 사람과 물고기 사이에서도 작동해야 하는 것이다. 주인이 사라진 자리에서 서로 자기가 주인이라고 말싸움을 하면서 으르렁거리는 자들이 있다. 몰염치가 지나치면 범죄가 될 수 있다. 이제 죗값을 치러야 할 손님들은 사라진 주인이 다시 등장하기를 학수고대하면서 반성할 차례이다. 그러지 않으면 마땅한 대가를 치를 날이 오고야 말 것이다. 독도의 진정한 주인은 사람이 아니라 가지와 보찰이며, 그들의 이웃인 물고기와 해조류, 그리고 새들일 것이다.

사람이 사는 곳들을 방문하는 것이 인류학자라는 사람의 직업적 작업이다. 지난 반세기 동안 사람이 공동체를 이루면서 살아가는 곳을 돌아본 곳들 중에서 통시적인 측면에서 가장 역동성을 발휘하였던 곳이 울릉도가 아닐까 하는 생각을 하게 된다. 우산국 시대로부터 신라와 여진의 침공으로 얼룩진 살림살이의 굴곡이 있었을 뿐만 아니라, 조선시대의 공도정책을 피하여 피난처로 찾아 들어갔던 사람들이 보금자리를 마련하였던 곳이 울릉도다. 전라도 흥양 사람들이 남긴 토속지명과 방언들이 경상도 방언으로 대체되는 것은 동학농민전쟁의 난리를 피해서 대량 이주하였던 경주 부근 사람들의 유산이다. 제국주의가 준동하던 시절 일제에 의해서 지배당하였던 살림살이의 모습도 고스란히 남아 있는 곳이 울릉도다. 오징어잡이가 삶의 중심을 이루었던 곳이 울릉도라고 하지만 반드시 그렇지만도 않다. 성인봉을 주봉으로 가파른 산악을 형성한 울릉도의 산림이 제공하였던 육지 생태계의 살림살이도 상대적으로 풍부하였던 곳이 울릉도였다. 전형적인 어촌인 현포동에서는 성어기와 휴어기에 맞춰 인구이동 현상이 두드러지게 드러났다. 뱃길로 연결된 육지와의 관계는 상대적으로 이동인구가 많은 현상으로 이어졌다(전경수 · 최미희 2017.12.22.).

끊임없이 살림살이의 주인공들이 적지 않은 숫자로 대체되어 온 경험을 안고 있는 울릉도의 특성은 인구학적 역동성으로부터 이해해야 할 필요가 있다. 마치 400미터 계주繼走의 주자들이 바톤터치baton touch를 하면서 이어가는 살림살이의 모습을 연상하게 된다. 통시적 바톤터치의 경험이 울릉도 살림살이의 특징이라고 지적하고 싶다. 울릉도 살림살이의 시간적 깊이를 가늠해볼 수 있는 울릉도 발생의 구전민요를 찾을 수 없었음도 통시적 바톤터치 현상의 한 관점과 결과를 보여주는 것이라고 생각된다. 한편, 바톤터치의 과정이 엄청난 역동성을 발휘하기 때문에 발생하는 불안정성과 새로운 주자의 등장에 의한 새로운 에너지 유입을 기대하게 된다. 이러한 과정에 익숙하지 않으면 시스템이 무너질 수도 있다. 주어진 자연환경과 인구학적 바톤터치의 역동성에 익숙해진 울릉도의 살림살이라는 가정의 설정이 가능하다. 21세기의 결혼이민자 등장도 이러한 역동성의 과정으로 이해하는 것이 울릉도식의 살림살이에 적합한 것이다.

대마도 공주 풍미녀가 데리고 왔다는 학의 전설에서 유래된 학포는 19세기말 조선 정부가 파견하였던 검찰사 이규원이 입항한 포구였다. 그곳은 울릉도에서도 아주 협소한 포구이자 주변이 험준한 낭떠러지로 둘러싸인 곳이다. 조선 정부의 어명을 받은 고위 관리가 입항함에 있어서 지형적으로 험준한 곳을 택했던 이유가 있었을 것이다. 사람들이 많이 거주하는 태하와 같은 개활지가 아닌 좁고 험준한 곳을 택했던 이유는 당시 울릉도 주민들이 당했던 '수토搜討' 경험이었을 것이다. 몇 년에 한 번 씩 수토사로 파견되었던 조선 정부 관리에 대한 증오심과 경외심이 있었을 것이다. 오랜 동안의 공도정책과 반복되었던 수토사 파견으로 울릉도는 사실상 '버려진' 섬이었다. 즉 '버림받았던' 울릉도 사람들이 조선 정부의 관리를 대하는 마음이 편하지 않았을 것은 분명하다. 울릉도 주민들에게 수토는 일종의 트라우마적인 현상이었을 것이다. 따라서 상대적으로, 파견되었던 정부 관리도 편하지 않았을 것이다. 그러한 조선 정부와 울릉도 사이에 형성되었던 심리적 현상을 고려해서, 이규원 검찰사가 학포로 입항했던 것이라는 생각을 한다.

제국주의를 앞세운 일본 식민주의자들의 울릉도 등장은 전혀 다른 방향에서 울릉도에 지울 수 없는 상처를 안겼다. 현대적인 항구와 전기 등의 등장으로 울릉도 근대화에 기여한 점을 지적하는 경우도 있지만, 울릉도의 자연은 제국주의적 침탈에 의

한 상처가 깊이 있게 각인되었다. 육상에서는 대규모의 벌채가 자행되었고, 해양에서는 가지가 멸종에 이르는 경험을 하였다. 멸종된 가지와 남벌된 삼림은 복구될 기미가 전혀 보이지 않는다. 일제에 의한 생태적 트라우마인 셈이다.

또 다른 형태의 트라우마도 등장하였다. 학포의 마을 입구에 건립되어 있는 시멘트 구조물로 만든 대공초소이다. 울릉도 해안의 여러 곳에 건립된 이색적인 건물이다. 지난 세월 반복되었던 대간첩 작전지로서 두각을 나타냈던 곳도 울릉도였기 때문에, 반공주의에 의한 국가적 지배 양상이 주민들에게 미친 영향을 고려하지 않을 수 없다. 실제로 폐촌의 경험을 한 곳이 와달리이기 때문에, 지금도 소위 '울릉도 간첩단 사건'은 울릉도 주민들에게 트라우마로 각인되어 있는 것이 사실이다. 신라의 이사부에 이어서 고려 시대에 자행되었던 여진족들의 침입에 의한 우산국의 파괴상으로부터 시작된 트라우마의 역사는 울릉도가 안고 살아온 살림살이에 구조화되었다고 생각한다. 역사적으로 반복되었던 트라우마의 경험이 울릉도의 살림살이에 내재되어 있음을 외면할 수 없다. 역사적이고 생태적인 트라우마에 의한 상처가 깊은 만큼 리질리언스 또한 강인하게 훈련된 삶이 울릉도 살림살이의 특징이라고 이해하고 싶다. 이렇게 설명하는 것이 역사인류학의 방식일 수 있다.

이 책의 도입부에서부터 필자는 공생과 공생주의란 용어를 사용하였다. 그것은 하나의 희망적 가설이다. 민족주의나 국가주의를 표방하고, 그러한 이념으로 뭉친 집단이 대결하는 한 공생은 공염불이 되고 살림살이는 거덜났다는 것이 울릉도의 역사에서도 충분히 증명되고도 남음이 있다. 가지를 비롯한 동물들과 느티나무를 필두로 한 식물들과 공생하지 못하는 구도는 궁극적으로 인간 집단의 공생도 이루어내지 못했던 사실을 직시한다.

제국주의와 식민주의가 준동하였던 파괴적 시대의 경험이 반면교사가 되어서 민족 지배의 공영이 아니라 생태계 속의 공존을 담보하는 공생주의를 지향하며 본고를 작성하였다. 우산국의 우해왕이 대마도 공주 풍미녀와 혼인을 하였던 해상 공생의 전설을 들으면서, 필자는 울릉도와 오키노시마 사이의 직항공생을 그릴 뿐만 아니라 울릉도를 거점으로 한 환동해 크루즈를 꿈꾼다. 풍미녀가 울릉도까지 항해하였던 신혼길의 축제가 실천될 수 있는 역량이 공생주의의 실천이다. 바다를 살림살이의 근간으로 하는 삶이 울릉도의 바다에서 실천되기를 고대한다. 오딧세이의 단막이 희망과 기대의 실천으로 이어지길.

참고 문헌

김기혁 · 윤용출. 2006. 4. "조선-일제 강점기 울릉도 지명의 생성과 변화." 문화역사지리 18(1): 38-62.

김수희. 2016.6. "1930년대 오키(隐岐) 어민의 독도강치 어렵과 그 실태", 독도연구 20:67-89.

김원룡. 1963.『울릉도』,『國立博物館 古蹟調査報告 第四輯』, 서울: 乙支文化社.

김원룡 · 임효재. 1968. 12. 20. 남해도서고고학. 서울: 서울대학교문리과대학 동아문화연구소.

김재승. 1997. 4. 20.『근대한영해양교류사』. 김해: 인제대학교출판부.

대한지리학회. 2005. 11. 영남권 일본식 지명의 조사 및 정비 방안연구. 서울: 건설교통부 국토지리정보원.

都逢涉 · 沈観鎭 1938.3.31. "鬱陵島所産藥用植物附島勢一班", 朝鮮藥学会 雜誌, 18(2): 59-81.

독도박물관. 2009. 6. 근대 울릉도독도를 조명하다: 독도박물관 주최 2009 특별전(2009. 6. 22-8. 22).

박성용. 2008.『독도, 울릉도 사람들의 생활공간과 사회 조직 연구』. 경인문화사. 99-103쪽.

박성용. 이기태. 1998. "독도 · 울릉도의 자연환경과 도민의 문화: 독도 어로공간과 울릉도 민속종교." 울릉도 · 독도의 종합적 연구. 경산: 영남대 민족문화연구소. pp. 241-284.

方鍊鉉 1947.10.30. "鬱陵島踏査記: 獨島의 하루", 京城大學豫科新聞 13号, 2面.

서원섭. 1968.5. "울릉도 민요연구", 어문학 18: 45-81.

—— 1969.1. "鬱島 仙境歌考", 경북대학교 논문집 13: 11-16.

—— 1970. "鄭處士述懷歌 攷", 경북어문학회 어문론총 4(1): 39-69.

송병기. 2007.7.15.『울릉도와 독도』(개정판). 서울: 단국대학교출판부.

신용하. 1989. 2. "조선왕조의 독도영유와 일본 제국주의의 독도 침략." 독립운동사연구 3: 43-117.

—— 2012. 2. 10.『독도영유의 진실 이해』. 서울: 서울대학교출판문화원.

여영택. 1978.2.25.『울릉도의 傳說·民謠』 서울: 정음사.

영남대 민족문화연구소. 2003.『울릉도·독도·동해안 어민의 생존전략과 적응』, 영남대학교출판부: 경산.

_____ 2005.『울릉도·동해안 어촌지역의 생활문화 연구』, 서울: 京仁文化社.

울릉도 통계연보. 2007, 2008.

원홍구. 1959.1.25. 척추동물학(종합대학용). 평양: 교육도서출판사.

유미림. 2019.6. "일제강점기 언론에 보도된 울릉도 사회", 해양정책연구 34(1): 23-65.

李元雨. 1947.10.30. "鬱陵島의 民謠", 京城大學豫科新聞 13号, 2面.

이진명(역). 2000. 독도, 지리상의 재발견. 서울: 삼인.

전경수. 2018. 7. 30. "탐라복과 탐라해: 공공체의 海政學을 위하여." 濟州島研究 50: 159-197.

전경수·최미희, 2017. 12. 22. "일제의 창씨개명 정책 실시와 조선민중의 은항책", 근대서지 16: 435-469

조강희·조승연. 1999.「울릉도 독도의 종합적 연구: 제4부 인류학 분야; 독도·울릉도민의 사회 조직과 경제생활」.

주강현. 2008. 12. 10.『강치야 독도야 동해바다야』. 서울: 한겨레출판.

_____ 2016. 12. 10.『독도강치 멸종사』. 파주: 서해문집.

최영동·조현미. 2001.「도서 관광지로서의 울릉도의 현황과 개발방향」. 2001.

하영휘 외. 2020.1.30. 윤이후의『지암일기』. 서울: 너머북스.

한상복·이기욱. 1981.『鬱陵島 獨島의 人類學的 調查 報告』, 韓國自然保存協會,『韓國 自然保存協會調查報告書 第19號 - 鬱陵島 및 獨島 綜合學術調查報告書』, 서울: 韓國自然保存協會. 247-294쪽.

大韓每日申報. 1897. 4. 8일자, 1909. 5. 8일자, 1909. 8. 19일자

葛生修吉. 1901.6.15 "韓国沿海事情", 黒龍界 1(2): 13.

葛生修亮. 1903.1.4 韓海通漁指針. 東京: 黒竜会.

善生永助. 1933. 朝鮮の聚落(前篇). 京城: 朝鮮總督府.

松浦直治. 1934. 6. 28. "日本海のアシカ狩(1)." 大阪朝日新聞 189114號.

——— 1934. 6. 29. "日本海のアシカ狩(2)." 大阪朝日新聞 189115號.

——— 1934. 7. 5. "日本海のアシカ狩(8)." 大阪朝日新聞 189121號.

——— 1934. 7. 7. "日本海のアシカ狩(10)." 大阪朝日新聞 189123號.

內藤正中. 2000. 10. 30. 竹島(鬱陵島)をめぐる日朝關係史. 東京: 多賀出版.

和田一雄/伊藤徹魯. 1999. 1. 22. 嗜脚類: アシカ.アザラシ の自然史. 東京: 東京大學出版 會.

森須和男. 1992. 12. 24. "江戸時代の文獻に見える鬱陵島(當時の竹嶋)におけ-る." ニホン アシカ ニュ-ス 3: 5-7.

山口壽之·久恒義之. 2006. 2. 15. "フジツボ類の分類與要費 鑑定の手引き", フジツボ類の 最新學, 日本付着生物學會 編. 東京: 恒星社厚生閣. pp. 365-391.

押野明夫. 2006. 2. 15. "新食材と-して のフジツボ養殖生産の試み." フジツボ類の 最新學. 日本付着生物學會 編. 東京: 恒星社厚生閣. pp.305-316.

川上健三. 1966. 죽도の歷史地理學的研究. 東京: 古今書院.

大西俊輝. 2003. 1. 31. 日本海の죽도 -日韓領土の問題. 東京: 東洋出版. (譯 권오엽·권정 2004. 11. 11. 독도(獨島). 서울: 제이앤씨).

山口貞夫. 1940.8.1. "沿海地名雜記(一)", 民間傳承 5(11): 2.

鳥居龍藏. 1914.11. "民族學上より見たる濟州島", 東亞之光 9(12): 29-37.

——— 1915.2. "民族學上より見たる濟州島", 東亞之光 10(2): 39-45.

——— 1918.7.1. "人種考古學上より觀たる鬱陵島", 東亞之光 13(7): 31-36.

——— 1918.9.1. "人種考古學上より觀たる鬱陵島", 東亞之光 13(9): 14-22.

——— 1924.9. 日本周圍民族の原始宗教: 神話·宗教の人種學的研究. 東京: 岡 書院.

森須和男. 2014.3. "近代における鬱陵島の鯣(スルメ)産業と隠岐島", 北東アジア研究 25: 97-123.

石川義一. 1923. "濟州島及欝陵島民謠調査に就て", 朝鮮 101: 108-116.

石戸谷勉. 1917.1. "鬱陵島の森林植物", 朝鮮彙報: 105~113.

——— 1929. 1. 1. "內地に栽植する桐は果して鬱陵島の原産なるや." 朝鮮 164: 67-70.

隱岐支廳 編. 1973. 1. 27. 隱岐島誌(全). 東京: 名著出版.

兒島俊平. 2011. 12. 1. 山陰地方漁業史話. 浜田: 石見郷土研究懇談会.

浦野起央. 2013. 日本の国境: 分析.資料.文獻. 東京: 三和書籍.

日本外務省 編纂. 1958. 7. 日本外交文書 第37巻(1904年), 第38巻(1905年). 東京: 巖南堂書店.

樋作博之. 1962. 5. 20. "トドについて", 钏路市立鄕土博物館官報 125: 38.

四柳嘉孝. 1952. 2. "娛能登のアシカの傳承", 加能民俗 12: 7-8.

藤田 久. 1962. 5. 20. "知床隨想", 钏路市立鄕土博物館官報 125: 34-38.

中井猛之進. 1927. "朝鮮半嶋ノ東西ニ孤立スル鬱陵島ト大黑山島トノ植物帶ノ比較," 東洋學藝雜誌 43(4): 214-227.

福原裕二. 2011.3.a "20世紀初頭の欝陵島社会", 北東アジア研究21: 43-56.

_____ 2011.3.b "20世紀前半鬱陵島各種統計(第1版)", 北東アジア研究 21: 89-103.

青柳忠一. 1887.7. "隱岐國水產ノ景況ヲ述ヘ併テ改良ノ意見ヲ陳ス", 大日本水產會報告 65: 13-23.

匿名. 1915.3.1. "慶尙北道鬱島水產現況", 朝鮮彙報 1: 79-87.

『人類學雜誌』 32(11), 1917. 11. 25.

Anonymous. 1885. 11. 14. "Notes at Port Hamilton, our new Harbour in the East." The Graphic. p. 541.

Barnett, Michael. 1990. "High Politics is Low Politics." World Politics 42(4): 529 – 562.

Bücher, Karl. 2013. Industrial Evolution. Vernon Art & Science(원전은 1893 Die Entstehung der Volkswirtschaft)

Comaroff, Jean & John L. Comaroff. 2000. "Millennial Capitalism: First Thoughts on a Second Coming." Public Culture 12(2): 291 – 343.

Duara, Prasenjit. 2003. Sovereignty and Authenticity: Manchukuo and the East Asian Modern. Lanham: Rowman and Littlefield.

Geertz, Clifford. 2004. "What is a State If It is Not a Sovereign?", Current Anthropology 45: 577 – 593.

Hansen, Thomas & Finn Stepputat. 2006. "Sovereignty Revisited." Annual Review of Anthropology 35: 295 – 315.

Tsujino, Ryou, Eriko Ishimaru & Takakazu Yumoto. 2010. "Distribution patterns of five mammals in the Jomon period, middle Edo period, and the present, in the Japanese Archipelago." Mammal Study 35: 179–189.

Wachspress, Megan. 2009. "Rethinking sovereignty with reference to history and anthropology." International Journal of Law in Context 5(3): 315–330.

Yang, Mayfair Mei-hui. 1994. Gifts, Favors, and Banquets: The Art of Social Relationships in China. Ithaca: Cornell University Press.

신문 및 웹사이트

《경향신문》 1981. 5. 4.

《매일경제》 1978. 6. 29.

http://www.kr-jp.net/meiji/koushikan/akatsuka1900letterA.pdf

찾아보기

전경수

인류학자. 1949년에 태어났다. 서울대학교 문리과대학 및 동 대학원을 졸업하고 1982년에 미네소타대학에서 인류학 박사학위를 취득했다. 1982년부터 서울대학교 인류학과 교수로 재직하고 2014년에 은퇴하여 현재 동 대학교 명예교수로 있다. 주요 저서로 『한국문화론』(전4권), 『문화의 이해』, 『한국인류학 백년』, 『브라질의 한국이민』, 『까자흐스탄의 고려인』(편), 『베트남일기』, 『똥이 자원이다』, 『환경친화의 인류학』, 『탐라·제주의 문화인류학』, 『손진태의 문화인류학』, 『백살의 문화인류학』, 『인류학과의 만남』, 『문화시대의 문화학』, 『사멸위기의 문화유산』(편), 『우즈베키스탄에서 배운다』(편), 『파푸아에서 배운다』(편) 등이 있다.

울릉도 오딧세이

1판 1쇄 찍음 2021년 3월 4일
1판 1쇄 펴냄 2021년 3월 10일

지은이 전경수
펴낸이 정성원·심민규
펴낸곳 도서출판 눌민

출판등록 2013. 2. 28 제25100-2017-000028호
주소 서울시 은평구 가좌로11가길 30, 301호 (03439)
전화 (02) 332-2486 팩스 (02) 332-2487
이메일 nulminbooks@gmail.com
인스타그램·페이스북 nulminbooks

Printed in Seoul, Korea

ISBN 979-11-87750-41-3 93380